读客®

轻学术文库

既严肃严谨又轻松好看的学术书

意大利兴衰史

[英] 乔治·霍尔姆斯 编著

马辉 孟梅艳 栗娜 译

文汇出版社

图书在版编目（CIP）数据

意大利兴衰史 / (英) 乔治·霍尔姆斯
(George Holmes) 编著；马辉，孟梅艳，栗娜译. —— 上
海：文汇出版社，2023.8
　　ISBN 978-7-5496-4052-2

　　Ⅰ. ①意… Ⅱ. ①乔… ②马… ③孟… ④栗… Ⅲ.
①意大利 – 历史 Ⅳ. ①K546

中国国家版本馆CIP数据核字(2023)第120534号

意大利兴衰史

编　　著 / ［英］乔治·霍尔姆斯
译　　者 / 马　辉　　孟梅艳　　栗　娜

责任编辑 / 甘　棠
特约编辑 / 徐贤珉　　乔佳晨　　王星麟
封面设计 / 张王珏　　申碧莹

出版发行 / 文匯出版社
　　　　　上海市威海路 755 号
　　　　　（邮政编码 200041）
经　　销 / 全国新华书店
印刷装订 / 河北中科印刷科技发展有限公司
版　　次 / 2023 年 8 月第 1 版
印　　次 / 2023 年 8 月第 1 次印刷
开　　本 / 880mm×1230mm　　1/32
字　　数 / 322 千字
印　　张 / 13

ISBN 978-7-5496-4052-2
定　　价 / 79.90 元

侵权必究
装订质量问题，请致电010-87681002（免费更换，邮寄到付）

目　录

第一章
从奥古斯都到狄奥多西：诞生与没落

西蒙·斯温

在从奥古斯都到狄奥多西的4个世纪的时间里，意大利的政治历史主要表现为罗马帝国的历史。与此同时，历史研究和考古发现为我们越来越多地揭示了帝国时期意大利城镇和农村的生活面貌。罗马本身的境况早已扭曲失真，而我们可以从这些研究和发现中，从我们所掌握的艺术、建筑和文学方面的知识中，很好地了解当时的文化、社会和经济等方面的真实情况。

完整的意大利

意大利作为一个以罗马为中心的政治结构而存在，这一理念的出现在很大程度上归功于第一任罗马皇帝，盖乌斯·尤利乌斯·恺撒·屋大维，史称恺撒·奥古斯都，他在公元前27年取得这一封号。作为一个地理名词，现代意义上的意大利也属于罗马。这个名字最早出现在公元前6—前5世纪的希腊早期文献中，意指位于半岛南部的希腊殖民定居区。而现代含义最早见于罗马剧作家普劳图斯创作于公元前3—前2世纪之交的作品中。之所以其意义会发生变化，是因为罗马希望将自己塑造成意大利各族人民的领袖，成功击溃了诸如伊庇鲁斯的皮洛士和迦太基人等外国侵略者，在此前的1个世纪中，他们都曾试图挑战实力不断增长的罗马。在很长一段时间内，罗马与其意大利各邻邦和盟友之间问题和冲突不断，不过等到奥古斯都执政时，罗马已经完全认同了意大利。

在奥古斯都上台之前，罗马与盟友之间的问题在于，盟友认为自己征收的税款造就了帝国的繁荣，因而要求拥有政治权利，但罗马拒绝赋予这些同盟国完整的公民权，因此引发了所谓的"同盟者战争"（公元前91—前87年）。在战争期间，这些盟国转而用"意大利团结起来"的理念对抗罗马。这场战争最后以罗马的让步告终，他们同意赋予波河以南所有意大利人公民权。至于波河以北地区，如布雷西亚（古罗马称Brixia，今作Brescia）和梅迪奥兰（古罗马称Mediolanum，今作Milano或Milan，即米兰），则仍归属山南高卢行省。直到公元前49年，他们才第一次拥有了公民权，此后不久便被并入意大利。至此，意大利在地理和政治上的版图已经和我们今天所熟悉的相差无几。

统一所带来的最实际的影响，是意大利所有的城镇都变成了"独立市"，它们都拥有由罗马统一指定的政治和行政管理机构。从尤利乌斯·恺撒执政开始，罗马逐渐将意大利人融入自己的社会生活中，也正是恺撒将奥古斯都立为自己的继承者。恺撒的权力基础，部分来源于意大利的精英阶层，他们刚刚被赋予了选举权，从而拥有了进入罗马元老院的权利。这一融合的过程在奥古斯都手中彻底完成。他之所以这样做，主要是考虑到当时的局势，在罗马内战中，他和马克·安东尼的较量已经到了最后关头，在公元前31年，最终爆发了亚克兴海战。长期以来，本地的意大利贵族一直寻求罗马显贵家族的庇护（在罗马社会中，没有这种庇护将寸步难行），而罗马贵族也很乐于接受他们的支持。在公元前1世纪90年代，意大利人原本发誓效忠护民官李维乌斯·特鲁苏斯。而到了公元前32年的时候，"完整的意大利全境都自愿发誓效忠于我，并要求我在亚克兴海战中担任他们的领袖，最终我领导他们取得了胜利"。在奥古斯都的记忆中，意大利人便是这样拥护他的，他在生命的最后时光写下的自传《功德碑》中也是这样记录的。意大利的诞生，是帝国的艺术。

对于屋大维而言（他当时仍然叫这个名字），"完整的意大利"这一概念绝不仅仅是为他的王朝战争提供了一个"民族"的正义理由而已。的确，他深谙操纵舆论之道。例如，奥古斯都时代的诗人们的爱国主义精神，就是他为了塑造个人形象而精心设计出来的一个产物，而这只不过是众所周知的一部分。而且我们今人确实只能从胜利者的角度来看待历史。不过大量证据显示，意大利贵族确实认同新恺撒一派。奥古斯都再次从大约400个意大利城邦招揽人才进入自己的政府，从而向意大利人证明了自己是值得信赖的。当时的罗马元老院里出现了听起来很可笑的意大利名字，如买缪斯·莫瑞斯·翁柏和赛克斯特斯·少迪丢斯·斯特拉博·李布斯丢斯。此外，还有伊特鲁里亚人富豪盖乌斯·梅塞纳斯，他资助了诗人贺拉斯和维吉尔；还有马尔库斯·阿格里帕（其确切出生地不详），他或许是皇帝最重要的盟友。重要的是，在当时的独立市中涌现了一股支持奥古斯都的浪潮。正如维吉尔诗中的朱诺所说，奥古斯都的罗马帝国，其力量来自意大利人。

一块神圣的土地

奥古斯都将半岛重新划分成了11个行政区，这象征着罗马和意大利建立起新的同盟关系。山南高卢被分解为艾米利亚、利古里亚、威尼西亚-伊斯特里亚和山北高卢（八至十一行政区）。除此之外还新添了拉丁姆-坎帕尼亚、阿普利亚-卡拉布里亚、卢卡尼亚-布鲁提恩（布鲁提恩即现代的卡拉布里亚）、萨姆尼、皮西努姆、翁布里亚和伊特鲁里亚（一至七行政区）。很多行政区甚至在伦巴第人入侵之后还能够以某种形式存续下来，这一事实体现了奥古斯都这一举措的意义。各地的人口也受到了新皇政策的影响。在意大利的领土上，罗马人建立起了自己的聚居区，拉丁各民族之间建立了紧密的联盟，这曾是共和国实现罗马化的工具之一。公元前1世纪不断的内战造就了一大批老兵，他们渴盼从自己的将领手中得到土地。因此，奥古斯都宣称，他对意大利的重构包括他"授权建立起的28个殖民地"，他说："在我有生之年，这些地方都兴旺繁荣，人口稠密。"虽然如今人们已经很难找到这些地方（其通常是对已有城镇的扩充），也很难确认它们当年的繁华程度，但是这样的说法本身同现实一样重要。

"罗马化"是一个模棱两可的术语。它不仅指接纳罗马的物质、政治和语言文化，还指罗马人强制推行的政策。正如我们在宗教领域所看到的那样，区分这一过程往往会让人误解。罗马人很善于利用宗教强迫他人接受或培养其权势。随着这些殖民地的建立，各地都建起了Capitolia，即罗马"国"的神庙，供奉朱庇特、朱诺和密涅瓦3位尊神。这些神庙遍布意大利及其他地区。但更重要的是，我们需要认识到，在关键性的宗教活动中，罗马和意大利都有许多共同之处。事实上，宗教活动在意大利社会中起着非常重要的作用（其影响可见于维吉尔的《埃涅阿斯纪》），而在奥古斯都加强自身集权的过程中，宗教也至关重要。

在意大利各地，人们都崇拜朱庇特、玛尔斯和塞尔斯等神明，他们都可以同希腊神话中的诸神一一对应起来。此外，意大利还拥有一个本土宗教，代表性的圣林和神龛连接成网络，遍布在这块神圣的土地上。从萨莫奈的阿尼奥内找到的青铜碑可以追溯到公元前200年，青铜碑上列出了18座雕像和17座供奉不同神灵的祭坛，其中便包括青铜碑所悬挂的圣林，类似的场所在帝国时期得到蓬勃发展。弗洛尼亚圣林位于罗马以北，此地也被奥古斯都划为殖民地，在1—2世纪期间建起了超大规模的宗教场所。狄安娜的圣林位于今天罗马南部的内米地区，因为有着名为"森林之王"的奇特仪式，即使在古代也是人们议论的焦点，十分出名。在小普林尼富有魅力的描述中，翁布里亚的克里通诺河源头，圣殿星罗棋布，穿着宽大外袍的河神正在宣读当地的一则神谕。

直到4世纪下半叶，这个世界才受到了来自基督教的终极威胁。我们很难理解其本质和意义。这些意大利异教徒固然信奉自己的神灵，但对教义没有任何概念，也没有任何人要求他们只能信奉某一个神灵。尽管他们也会同某一神灵建立起特别的联系，但是，对个人而言，他们以宗教的名义向神灵献上祭品或许下誓言，只是为了寻求安全或是获得繁荣。偶尔，知识分子会抨击大多数人所信奉的神灵及其传说，但这并不意味着信仰危机；同样，虽然也引入了如密特拉和伊西斯这类的救世主神，毫无疑问，民众广泛接受了这类神，但这并不意味着民众对基督教天堂的渴望。

对罗马国家而言，祭祀众神也是一项非常重要的事情。在罗马，拥有神职和行使政治权利之间，存在着非常紧密的联系。在尤利乌斯·恺撒之后，奥古斯都在他帝王的头衔上加上了"最高祭司"一职，为帝国树立了典范。为了巩固他作为唯一统治者的个人权力，他还允许其他地方的居民将自己作为神灵来崇拜，这样的做法此前并无先例。这被称为君主崇拜，在希腊历史中早有先例，不过从未变得像罗马帝国时期那样司空见惯（在帝国阶段，君主崇拜甚至延续到了最初几位信奉基督教的君主的统治时期）。与其继任者一样，奥古斯都十分谨慎地避免在罗马本地出现这样的崇拜。但在意大利的其他地区，这种庙宇十分普遍。例如，奥斯提亚保留下来的罗马和奥古斯都神庙，建于提贝略统治时期，以及公元前3年建于庞贝的奥古斯都幸运神庙。这种对君主的崇拜往往同对某一个传统的神的崇拜结合在一起。在意大利和西部行省，神职人员通常由释奴担任，他们组成奥古斯都六人祭司团，这些人经济实力强大，但通常被市政管理体系排除在外，显然从很早的时候开始，教派便被当作凝聚这一群体的手段，使他们完全效忠于皇帝。不过，市政管理阶层的精英们通常会积极争取，希望自己的城市能够被许可建设这样的神庙，以此作为同中央政府加深联系的方法。

从罗马到地方

其他一些重要因素也制约着罗马对意大利的影响力。这片土地的地理条件决定了通往它所有地区的交通都颇为不易。古老的多样性得以保存下来。例如，意大利中部和南部的语言，奥斯坎语（阿格农碑镌刻的便是这种文字）、翁布里亚语及被称为赛贝里语的一些相近的次要方言等，在进入帝国时期的时候可能仍在使用，之后才被拉丁语所取代，直至消亡。毋庸置疑，奥斯坎语仍然通行于庞贝，从公元62年的大地震到公元79年维苏威火山喷发，在此期间，街头涂鸦都是这种语言。尽管地理学家斯特拉波曾痛心地认为，除了塔拉斯（塔兰托）、雷吉昂（雷焦卡拉布里亚）和那不勒斯外，希腊式的意大利已经被野蛮化了。就那不勒斯而言，在4世纪早期君士坦丁执政之前，在公共场所的铭文中显然没有使用拉丁文，这说明了文化遗产的巨大影响力（同时，也体现了罗马人对希腊的一切都十分痴迷）。西塞罗在翁布里亚为阿梅利亚（阿米里亚）的罗斯克乌斯和拉日奴姆（位于莫利塞的拉里诺）的克罗恩求斯辩护时，在演讲中曾经描述过意大利小城镇上人们的生活，整个帝国时期大体都保持了这样的场景。同样的政治冲突，引发暴力或司法阴谋；为保证财富一直在少数人之间流行的各种手段；在当地投资以彰显自己的地位；对自己的祖先血统故弄玄虚，试图营造自己同王朝的各种关系——在意大利的"集镇怪物"里（公元100年前后，历史学家弗罗鲁斯是这样描述他们的），这些行为在整个帝国时期都显而易见，同时，意大利人也并不是从罗马人那里学会这样做的。

尽管如此，罗马帝国还是对独立市产生了巨大的影响。修路和供水造福人民，广受欢迎。路网的建设从共和国时期便已开始。但奥古斯都时期的翻新和扩建为接下来的几个世纪定下了基调。"在我第七次担任执政官的时候，"他说道，"我修复了从罗马到里米尼的弗拉米尼亚大道，包括除了米尔维奥桥和米努基乌斯桥外的所有桥梁。"奥古斯都还说服自己麾下已经功成名就的将领们去重修意大利境内其他的道路。直到今天，弗拉米尼亚大道在位于翁布里亚的纳尼亚地区纳河河谷处的大桥，虽然仅有部分留存，却依然令人叹为观止，这清楚地证明了奥古斯都翻修工程的成功。奥古斯都时代100年之后，图拉真大帝在意大利启动了一项同样雄心勃勃的计划，伟大的盖伦甚至认为这项计划可以同自己在医药道路上的探索相提并论："他把路修到潮湿泥泞的地方和高高的堤坝上，穿过灌木和荒野，在无法跨越的河流上建起大桥；路太长的地方，他就修一条更近的路；而在一些因为山势陡峭而难行的地方，他将道路改道去那些地势平缓的地区；如果道路两侧有野兽出没或者过于偏僻，他就会弃用这些路线，而去走干线公路，并改善原本崎岖不平的路况。"盖伦是在2世纪90年代前后从罗马的角度写下这段话的。贺拉斯在《讽刺诗集》中描绘了诗人悠闲的旅程，我们可以将两者进行对比，贺拉斯沿着古道之一的亚壁古道，从布鲁迪辛乌姆（布林迪西）一路南下，展现了"邪恶的旅店老板"、小镇官员、失败的幽会、当地的美味佳肴等历史场景，十分幽默。在贺拉斯时代，旅人在这条路上通行时，要到达安可西索（特拉齐纳，今为特拉西纳）和它著名的朱庇特神庙，不得不艰难地攀爬那"闪闪发光的"白色悬崖：而正是多亏了图拉真大帝的工程师们，才得以在海岬下方修建起道路通行。

水渠和供水管道是另一项把中央和地方联系起来的福利设施。对平民而言，水井和蓄水池一直都是最重要的水源。外表气派的高架渠（这一术语包括供水管道）使城市可以建起公共喷泉和浴池，我们可以发现很多建于1—2世纪的这类建筑的遗迹，显然这些建造开始于奥古斯都时期。历史学家维莱伊乌斯·帕特尔库鲁斯在描述伟大的塞里诺供水系统时，就曾经记录过坎帕尼亚地区的城镇在健康和环境方面的吸引力都大为提升，这一系统的管道长达60英里[1]，为那不勒斯、普特奥利（波佐利）、庞贝、诺拉和库迈（库马）供水。帝国的种种便利措施都汇聚到了罗马，其中，克劳狄乌斯所修建的长达59英里的新阿涅内水道最为壮观（它同克劳迪亚水道交汇后流入马焦雷门，这部分水道至今仍有遗迹保留下来）。不过，意大利自然也受益颇多。

比起从皇帝那里得到的帮助，地方富豪定期的捐赠可能更加重

---

[1] 1英里约等于1.61米。——编者注

要。在当时精英阶层的理念中，慷慨大方是极为重要的。对这些富豪而言，出钱改善自己的社区，以此来彰显自己的财富，其重要意义不亚于政治上的晋升。很多碑文可以证明当时的地方权贵有多热衷于改造自己的家乡。例如，塞尔斯·斯特拉波在1世纪初升任埃及总督的时候，还特意找时间回到位于伊特鲁里亚（博尔塞纳）沃尔西尼的家乡，为当地修建了漂亮的新浴池，他当然要立碑来纪念这样的丰功伟绩。小普林尼在罗马的日子同他在位于科姆（科莫）小城一样开心自在，而他在行政长官任内的所作所为，值得我们仔细探讨。

清　贫

　　普林尼并不是一个"集镇怪物"；相反，他是同时代人中的超级富豪，并在仕途中屡次得到提拔，他在公元100年被任命为补任执政官（意即，他并不是有权用自己的名字来命名纪年的两位执政官之一），在大约110年到113年他去世之前，他都担任比提尼亚与本都（位于土耳其西北部）行省的总督。我们对其事业和经济情况的了解，全都来他著名的十卷《书信》之中。当代人认为，如果一位元老要维持住塔西佗口中所谓的"清贫"，大约需要800万塞斯特斯，而据估算，小普林尼的资产要数倍于这一数字。现代人很难找到一个能够轻易地了解这一数字意味着什么的语境；但是我们可以这样比较，例如，2世纪时古罗马军团中士兵的工资是每年1200塞斯特斯（其中大约五分之一用于购买食物），或者也可以参考另一个极端情况，当时罗马皇帝哈德良要在罗马特洛伊建成一座水渠，雅典巨富克劳狄乌斯·阿提库斯很轻易便奉上了1600万塞斯特斯。除了在科姆的财产外，普林尼还在翁布里亚的提佛尔努姆·提伯瑞努姆（卡斯泰洛城）拥有一个大庄园，在距罗马17英里的劳伦迪乌斯村还有一处海边度假别墅。正如他本人所说，他"几乎在任何地方都拥有自己的土地"。

普林尼对科姆最慷慨的礼物之一，是他为一座公共图书馆捐款总计大约100万塞斯特斯。在一封写给庞培乌斯·萨图尔尼努斯的信中，他发誓自己捐款的目的不在于追求名声，仅仅是为了给后人树立典范。不过，他还是向地方元老们（当地元老院的议员，人数大约100人）发表了演说，宣称自己"有义务为自己和祖先的慷慨而发声"。在另一封信中，他还许愿要留给科姆40万塞斯特斯，不过他把这条写进了一封由朋友起草的遗嘱中，而遗嘱严格来说是无效的。在信中他发问道，自己已经"捐出了160万塞斯特斯"，又怎么会这么不喜欢这座城市呢？提佛尔努姆·提伯瑞努姆也收到了普林尼的馈赠。他在此地建起了一座神庙，供奉着他收藏的各位皇帝的雕像，其中包括图拉真皇帝像，他还特别谨慎地征得了后者的许可。建造这座神庙的名义是："虽然他们提佛尔努姆人明智善断，但更重要的是他们拥有无与伦比的热情，这使我从孩提时代开始就希望能够帮助到他们。"在神庙的落成仪式上普林尼举办了一场公共盛宴，对普林尼而言，这是对当地人展示自己的机会。

科姆人也得到了他的恩惠。一篇铭文中记载了他遗嘱中列出的3项慈善捐款：第一项是图书馆的维修保养费用（10万塞斯特斯）；第二项是高达186.6666万塞斯特斯的遗产，用于保证100个被释奴隶的日常生活开销，在这些人死后，所余款项将会用于"为这座城市的人提供一顿大餐"；第三笔费用为（大约）100万塞斯特斯，用于建造一座新的浴池。还有另外两笔额外款项：一笔是30万塞斯特斯的安装费用，另一笔为20万塞斯特斯的保养维修费用。他最有趣的礼物是在有生之年送出的。在给同乡坎尼乌斯·鲁弗斯的一封信中，为确保能够捐资赞助一项年度盛宴，他建议对方道："我想不出有什么办法比我现在已经在做的更恰当的了。"

普林尼的解决办法，是他为当地儿童建立的社会救助体系的一部分。这些被称为贫儿救助金计划的项目，有很多证据证明其在2世纪初期的意大利得到了实施推广。政府的资助当然是最重要的类别；但也同样能够看到私人推动的计划。普林尼把土地捐给科姆的市政机构，再以3万塞斯特斯（6%）的价格承租下来。私人资本将持续投入这项计划中，因为相对于土地对生产者的价值而言，租金实在非常便宜，因此，不费吹灰之力就可以找到一位"上帝"。

人们认为普林尼的基金会资助了175名儿童。关于政府的贫困儿童救助项目，如今人们已经找到了两项非常翔实的证据，我们可以将普林尼的项目与之对照。证据是在两个非常小的城镇里被发现的，详细记录了图拉真统治早期的土地所有制和分配情况。从意大利中南部的里格尔斯·贝比阿尼出土的青铜碑，记载了101年实施的一项贫困儿童救助基金的使用情况。在这项计划中，政府为土地所有者提供了一份401.8万塞斯特斯的贷款，其年收入按5%计算，大约为2万塞斯特斯，这笔钱可以资助大约110个孩子。

更重要的发现是一张几乎完整的铜桌，它出土于位于意大利北部皮亚琴察（皮亚琴扎）以南18英里的韦莱亚（韦勒亚）。其上刻有674行铭文，详尽地描述了两项资助计划所涉及的房产的价值，这两项计划建立于公元98年到113年，目标是资助300名受益人（其中的12%为女童），贷款总成本约为120万塞斯特斯。普林尼自己夸耀说，他建立个人资助计划完全是出于自己的公益精神。这也许能够解释为什么其他人也都资助各种贫困儿童援助计划。尽管一些人认为图拉真主要是希望通过低息贷款来促进意大利农业的发展，但无法提供确凿的证据。相反，当时领取救济金的儿童比率很低，因为拮据的父母可以为孩子领取一种古早形式的家庭福利津贴（男孩每月16塞斯特斯，女孩每月12塞斯特斯，因此申请救济金的人非常少）。

然而，民众是否真的有这种需求，并不是帝王关注的焦点。在图拉真即位之初，普林尼在一篇赞美皇帝的演讲中，将救助金描述成一种鼓励人民提高生育率从而为军队输送兵源的手段。公元前2世纪时，提比略·格拉古在战乱中哀叹伊特鲁里亚没有充足的自由人人口。这种对可征召的士兵人数的重视，是罗马一贯的政策。奥古斯都颁布的家庭律法也体现了同样的担忧。到了图拉真执政时期，这种焦虑在某种程度上已经变得没有必要，因为在1世纪时，从意大利征召的士兵人数便急剧下降，到了2世纪时，确切的证据显示军队中罗马士兵的人数仅为总人数的1%。（事实上，马可·奥勒留和塞普蒂米乌斯·塞维鲁在2世纪后期可以征集齐5个军团，这说明如果有必要的话，是可以征到足够的意大利士兵的。）尽管我们现在所找到的关于各种贫儿资助计划的记录仅来自49个城镇（大约占城镇总数的10%或更多），并且尽管在第一大区（拉丁姆–坎帕尼亚）、第四大区（萨姆尼）和第六大区（翁布里亚）出土的证据分布最广（第一和第六大区同时也拥有最多能够证明城市发展历史的发现），但显然这种资助计划在整个意大利境内都得到了推广。同时，这一计划也并没有随着图拉真的去世而终止。他去世于117年，在之后的1个世纪中，这些计划仍然得以延续。重要的是，在亚平宁半岛之外的其他地区，这些计划几乎都没有出现过。这再一次证明了意大利人思想的活力。

这些贫儿救助基金反映了安敦尼王朝初期（96—192年）富有的农村地主阶级的存在，众所周知，吉本曾称他们为人类所曾见过的"最幸福、最富裕"的人。在里格尔斯·贝比阿尼铜碑所记载的碑文中，超过四分之一借贷的人，借款数额不超过5万塞斯特斯，而最小的土地价值为1.4万塞斯特斯。在许多城镇，第二个数字意味着其没有资格成为地方元老。因此，普林尼在科姆告诉他的朋友罗马提乌斯·菲尔姆斯："你地方元老的身份，证明资产评级结果显示你拥有10万塞斯特斯。"（而且，他可能还会借一笔30万塞斯特斯给后者，以使其资产能够达到进入骑士团的水平，骑士团是仅次于元老院的精英社会阶层。）在韦莱亚，资产的最低额度为5万塞斯特斯。但是鉴于贷款更倾向于用大额的资产作担保（原因显而易见），即使在韦莱亚，我们发现的信息都表明，在城市周边生活着很多小农。

农村经济

小普林尼的舅舅老普林尼在1世纪70年代创作《自然史》的时候曾经写道："实事求是地说，我们不得不承认，大庄园已经毁掉了意大利，而且事实上近来其他的行省也深受其害。"犯人和奴隶都被刺了字，他们被指派去从事农业生产，而且"当我们发现这帮奴隶的产出远低于（从前的）将军时，自然没有什么好奇怪的"！这些评论在现代产生了深远的影响，人们在探讨意大利农业的运行状况时往往首先就会提及这些话，而并非考虑我们之前讲的那类证据。我们很难知道确切的真相。毫无疑问，当时的一些贵族确实拥有极大的庄园；问题的关键在于，他们在取得这些土地的过程中是否侵害了小自由农和佃农的权益。"大庄园"一词最早出现在普林尼的时代。他用一种非常戏剧化的手法描述了这种情况的不断蔓延，辞藻华丽。他将旧时的将军们想象得十分理想化，这是一个线索。因为在这里，我们熟知的那种卫道士对往日淳朴生活的怀念之情同罗马人所特有的农民家长的概念结合到了一起，代表了一种早期罗马的国家领袖，即使正在耕种自己的一小块（但收获颇丰的）土地，只要接到去前线参战或者去元老院开会的命令，他们都绝不会有任何推辞。

在老加图关于农业的著作中（写于大约公元前160年），他设想了一个兼有奴隶和自由人的劳动力市场，通常小规模地生产各种农作物（包括葡萄和橄榄，更重要的是生产各种主食谷物，例如小麦和大麦，同时还饲养一些家畜）。在公元前2世纪，不是每个人都同意这样的观点。普鲁塔克认为："盖约·格拉古曾经在一本小册子中提到，公元前133年，他的兄长提比略在去努曼提亚的途中，经过伊特鲁里亚境内时，他发现乡村荒芜，而在农田里耕种或者伺候牲口的那些人往往是从外国买来的蛮族奴隶。"我们现在知道，格拉古是在利用人们对人力资源的道德恐慌来捞取政治资本。反驳他们的有力证据来自考古学的一个分支，即现场调查。

第二次世界大战以来，根据可确定年代的陶器类型收集表面遗存和确定居住地的技术已经形成了自己的特色。意大利境内最重要的考古发掘工作是在伊特鲁里亚南部的维爱（维洛）附近进行的，那里的调查规模足够大，内容足够详细，可以消除大多数对其结果有效性的怀疑。同样在伊特鲁里亚，在罗马以北100英里的奥勒良大道旁，在3世纪早期的罗马帝国古城科萨的断壁残垣上，考古学家的工作也令人印象十分深刻。在伊特鲁里亚南部的调查中，最重要的是证实了在共和国晚期（格拉古旅行的时期）及1—2世纪，存在着大量的小农场。我们能找到的一个绝佳的例子是位于罗马以北不远克罗迪亚大道上的一座小房子和谷仓，坐落于今天的克罗基奇亚：建于帝国早期，在3世纪时相当兴旺，当时的主人在原房屋的基础上又加建了一间浴室，里面有黑白海豚马赛克图案的装饰（不过显然不久之后就没有人住了）。最近在托斯卡纳（图斯卡尼亚）遗址的研究证实，从共和国到帝国时期，在克罗迪亚大道附近一直都有人定居。相对来说，农民居住的房屋很可能无法留下太多痕迹，考虑到这一点，以上发现就显得更为重要了。这些别墅遗址最容易引起人们的注意，拉姆齐·麦克穆伦曾把它们描述为"支离破碎的城市"。调查考古学使我们可以了解到这片土地上的那些不太富裕的居民的生活。

　　为了探究别墅同周围村落的联系，紧邻科萨的塞特菲纳斯特雷别墅是一个很好的研究对象，它体积庞大，是一个阶梯式的"平台"别墅，最早可以追溯到公元前1世纪早期。它不仅仅是一个住宅，这里还配备了良好的酿酒设施和充足的储藏空间，包括饲养家畜的空间。主人一定使用过奴隶劳动，但我们无法确定奴隶的确切数量。在1世纪末，塞特菲纳斯特雷别墅进行了大规模的翻新，但和阿格·科萨努斯地区的其他几座大型别墅一样，它在2世纪开始衰落，在2世纪70年代就已经明显被废弃了。此后，这证实了人们曾经的怀疑，越来越多的别墅出现了普遍的衰落。当然，其他受调查的区域情况确实各不相同。从贺拉斯的故乡韦诺萨东南，远至今天的阿普利亚的格拉维纳（也可能是古代的希尔维姆），对这两地之间的走廊进行考古发掘时共发现了11座奥古斯都统治时期的墓葬，并且可以看出，直到3世纪的时候，附近的常住人口都维持了这样的水平。同样，最近在因泰拉姆纳（皮尼亚塔罗-因泰拉姆纳）以东的下利里斯河（利里）河谷开展了发掘工作，结论认为在2—3世纪时，当地的居民人口显著增长。尽管如此，学者们普遍认为，大约从2世纪开始，人口数量便开始下降了。至于具体的数字，据推测，公元前1世纪晚期，自由人的人口最多为350万到

450万人，奴隶的数量为200万到300万人，人口的高峰出现在1世纪中叶，总数达到700万到900万人，之后便逐渐下降，到公元650年时人口已经降至仅235万人。

此处，我们可以参考意大利在公元前1世纪到2世纪之间贸易模式发生转变的情况。在评估意大利贸易的时候，当下很流行的做法是调查沉船。从用来装载货物，特别是葡萄酒的容器的类型来看，这些沉船大多可以追溯到公元前1世纪。现在已经探明的沉船遗骸中，大多数都是来往于意大利和高卢之间的船只，其中很多来自坎帕尼亚、拉丁姆、伊特鲁里亚南部（这3个地区都是意大利著名的葡萄酒产区），以及撒丁岛北部和法国南部沿岸。不过，近来一位学者注意到发现这些沉船的地点同那些"充满乐趣的夏日海滩"之间存在着联系，而我们不能仅凭一种主要商品的贸易情况就贸然得出结论。如果葡萄酒出口在公元前1世纪达到顶峰，并在公元100年终止，这可能有助于解释阿格·科萨努斯等葡萄酒产区的别墅没落的原因——但海事调查的局限性也是显而易见的。

或许，与整体经济健康状况更相关的是生产率和陶器的种类。我们的很多证据都来自那些红釉瓷器，它们被称为"特拉·西吉达拉"或者阿雷坦陶器，它的生产始于公元前1世纪中叶上亚诺河谷的亚雷提恩（阿雷佐）。这一制作精良的产品在国内外都获得了巨大的成功。然而，我们可以清楚地从庞贝和其他地区进口的数量得知，在100年的时间里，亚雷提恩和意大利其他地方的出口生产已经完全被高卢南部的生产中心所取代。罗马本身的影响力一定会使这些数字有些失真，我们或许应该先将之放在一边：最近对在奥斯提亚出土的瓦罐进行了分类，结果再次表明当时意大利农产品产量下降，同时来自非洲和西班牙的进口产品数量相应上升（特别是广受欢迎的鱼肉调味料，即鱼酱油），但是，意大利的很多农产品还是通过其他的运输路线进入了罗马。

此外，在建筑领域我们也能找到很多证据来印证这种相对繁荣。人们通常觉得2世纪之后建筑数量减少，这在很大程度上是由于我们能够找到的碑文证据减少了。这一情况不仅发生在意大利。在整个帝国的境内，为庆祝遗赠、创办、荣誉和建筑落成等设立的纪念碑在3世纪时迅速减少。人们通常认为这种情况意味着在一个皇位不断更迭、中央政府统治不稳（至少在284年戴克里先即位之前是这样的）的时期，许多地区的社会、经济和军事等方面都存在危机。不过，现在看来，一概而论地认为整个帝国境内都存在危机未免操之过急。首先，除了波河河谷地区曾被日耳曼-马科曼尼人入侵过，意大利本土在这一时期并没有见到任何"蛮族"入侵者（这与东方的大多数地区不同）；不过，罗马的奥勒良城墙（270—280年）提醒着人们，这座城市曾经面临日耳曼人的威胁。然而，公共建筑的建造和新的基金、游乐设施的设立在公元250年之后确实停止了。1世纪是新公共建筑建造的巅峰，而为了分发食物和抚恤金的基金则在2世纪的中叶达到了顶峰。

但是，建筑物以某种形式延续了下去，我们可以从那些极具特色的技术和风格，甚至从砖瓦上的标记中一窥究竟。大富豪们仍然在继续建造别墅，例如罗马城外塞提·巴斯有一栋有纪念意义的别墅（建于2世纪中叶），它使用的一些装饰手法，例如主建筑采用了高处照明，昭示着帝国晚期宫廷装饰的风潮。城镇中的公共建筑物的开发也没有停止。在阿尔巴·富森斯（位于亚平宁山脉中部阿韦扎诺附近），在3世纪时浴池和市场都被翻修过。在科萨新近出土的铭文自豪地记载着在马克西米努斯·色雷克斯皇帝统治时期（235—238年），市民中心曾经被彻底检修过。因此，我们可以说，在1—3世纪期间及以后，意大利的经济很可能衰落了。但我们绝不能过分以偏概全或者作戏剧化的描述。每个地区的情况不同，需要分别考虑。由于缺少能够准确探明时间的陶器碎片（因为无法确定各地分别使用了哪些陶器），对于那些依赖实地调查的历史学家来说，这造成了特别大的困难。我们不得不认为，延续和失传并存，永恒和断裂同在。

捐助和政治

通过更加直接地考察意大利城镇的政治生活和制度，我们可以清楚地认识到这种连续性。在这一时期，那些大人物出于对家乡的真正的忠诚，以及通过捐助和亲缘家族而形成的关系网络，他们同自己的故乡紧密联系在一起。他们对公共事业慷慨解囊，因而获得了崇高的荣誉与地位，这样的事情被人们津津乐道。在吸引富豪们持续关注家乡的过程中，名为"穆尼拉"（意为"义务"）的制度发挥了重要的作用，这是罗马人从希腊人那里学到的一种确保精英阶层提供公共服务的方法。我们可以从municipium这个词的拼写中（它是一个复合词，是由"义务"和在此处意为"履行"的两个词合成的）发现这些"穆尼拉"的重要意义，因为罗马人的公民权包含需要履行特定义务和责任的含义。在一座小城里，这些义务包括从为浴池提供油到率领代表团去觐见高级领导人。在服务地方和帝国事务之间总是存在着一种紧张关系，精英阶层自然会为后者所吸引。帝国中央政府高层在免除某人的地方义务时往往十分谨慎，并不会轻易首肯，但从3世纪末期开始，免除那些拥有高阶的地位或官职的大人物的地方义务已经变得十分常见，这被认为对地方的财政状况产生了决定性的负面影响。即使在此之前，潜在的付款者就一直试图逃避这种义务，而同样地，市政府也试图扩大这种义务的范围。最明显的一个目标群体便是从他处迁居本地的永久居民。因此，阿奎莱亚一座雕塑的底座上配有镌刻于105年的一段铭文，纪念了一位当地的贵族，他在帝国享有崇高的地位，因而能够有机会向图拉真发出请求，认为这些外来居民"应该在我们的城市中履行义务"，并得到了皇帝的首肯，这一胜利广受当地居民的欢迎。

阿奎莱亚是座大城市，可以拥有元老院阶层的高级官员为其说项。而许多小一些的城市则不得不抓住一切可能的机会，尽量找到能为自己在罗马发声的人。例如，本地人斯波莱提乌姆（斯波莱托）的盖乌斯·托拉苏斯·塞维鲁，便是最理想的人选。他在纪念自己在家乡修建了一座浴池和其他善行时，在结尾处自豪地写道："由于他对共和国作出了杰出贡献（指斯波莱提乌姆），本地元老院决定接纳其为本市的捐助人。"相似地，翁布里亚的小城马提利卡（马特利卡）选择依靠自己的优秀儿郎盖乌斯·阿鲁斯·克莱门斯，他是一名职业军人，曾在图拉真和哈德良时期获得多枚勋章。皇帝任命他为马提利卡的守护者，由此可以看出他十分适合捐助人这一角色。最晚从图密善统治时期开始，这些守护者在罗马帝国境内十分活跃，在地方经济事务中拥有相当广泛的权利。现在人们认为，与其说是他们削弱了地方的独立性，不如说是他们充当了地方和中央政府之间的联系纽带——像克莱门斯这样的人本身就是完美的捐助人人选，但这一点直到4世纪末期才得以证实。

坎努西姆：罗马的地位和希腊的根源

在关于小城市政治结构的描述中，最有趣的文件当数坎努西姆

（卡诺萨·迪·普利亚）碑集。这一铜碑上列有公元223年在任的坎努西姆所有地方议员的名字，以及当地捐助人的名字。它的日期已经处于许多现代学者所描述的"3世纪危机"之中了。随着安敦尼王朝的最后一位皇帝康茂德于192年被暗杀，之后的30年中，在帝国高层的政治斗争中充满了暴力的内战和谋杀。塞普蒂米乌斯·塞维鲁建立的新王朝从一片动乱中崛起，与之前的王朝截然不同。对意大利而言最重要的是，塞维鲁来自非洲城市列伯提斯·马格那，那里是迦太基-腓尼基人的大本营，并未受到罗马定居者的侵扰。他的（第二任）妻子很可能是叙利亚埃美萨的一位阿拉伯王室成员，这凸显了他是第一位出生在意大利境外且不具有意大利血统的皇帝的事实。

毫不夸张地说，意大利传统的崇高地位及帝国以意大利为中心的观念从此一落千丈。坎努西姆将所有统治阶级的姓名都一一列举在碑文上，距此不过一百多年，一位基督教皇帝将在博斯普鲁斯海峡沿岸建造他的"新罗马"君士坦丁堡，他对政务的轻重缓急及治理范式有着截然不同的主张。标志着这一进程的大幕拉开的事件是塞维鲁的儿子马尔库斯·奥列里乌斯·安敦尼（其名字就是为了彰显塞维鲁家族同伟大的安敦尼王朝皇帝们之间有亲缘关系）——人们更熟悉他的另一个名字，卡拉卡拉——决定赋予帝国境内所有自由居民以罗马公民权。这一举措背后的原因仍有争议。但它造成的一个后果是，这份权利曾经只属于全体意大利人和帝国其他地区的部分居民，而从此之后，这项特权已经毫无意义。从那时开始，帝国社会在贫富分化中越发分裂，对有荣誉的人（高贵阶层）和没有荣誉的人（卑贱阶层）之间的区分越来越多地以法律条文的形式出现，而罗马的公民权——以及意大利的优势地位——已经不再重要。

正是由于这样的政治环境，坎努西姆的两位公民领袖通过碑刻的形式使他们自己与同事们永垂不朽。碑文的开篇是一份31位罗马元老的名单，他们同意出任坎努西姆的捐助人（其中一人的名字后被划去）。我们无法确认这样的人数是否高得不同寻常：坎努西姆地处通往重要海港城市布朗迪西恩的干道旁，拥有足够多的机会吸引大人物的青睐。碑文的第二项内容则是一份骑士团的8位捐助人的名单。这些人很可能是当地居民，因为其中4个人曾在元老院担任监察官，即在人口普查的年份担任主政务官（两头政治）。在正常年份中，独立市由两位政务官共同治理，这延续了罗马以往每年都会选出两位执政官的做法，以及旧日作为共和国基石的合作原则。罗马人还发展出了一种更高级的行政长官制度，即监察制，每五年就有两个人主持进行为期18个月的审查。监察官的主要职责是监察居民名册，并审核财产评级以及骑士团和元老院的成员资格。罗马人十分重视公共和私人道德情况，监察官在调查这方面的问题时也拥有广泛的权利。可以推测，坎努西姆的双监察官应该也发挥了类似的作用。

监察官们所拥有的崇高地位，也反映在碑集铭文的下一部分中，4名男子是受推监察官，也就是说，他们不是通过寻常的晋升手续，而是被破格提拔推举的。之后还列有29位前执政官、11位市政官（并不真正负责监管建筑和娱乐等）、9位前财政长官、32位"无票决权元老"（没有任何行政经验的地方元老，也就是说，他们也是被推举进入元老院的）及25位"长袍者"。最后这一组特别值得我们关注，因为我们可以从其身上考察地方元老院是如何构成的。"长袍者"意指身穿名为镶边托加长袍的年轻人，随着年纪（从15岁到18岁不等）渐长，他们会舍弃这种底部饰有紫色下摆的长袍，而穿上成年人专属的全白长袍。"长袍者"这一名称，意味着这些年轻人或者是现任地方元老的孩子，或者出身于其他官宦之家。他们虽然在元老院并没有投票权，但是在候补空缺职位。换言之，这意味着元老院的职位是世袭的。同时期的一则法律条文禁止曾经担任过地方元老的官员任职。坎努西姆是否还有如庞贝城在1世纪时举行的那种正式的选举尚不可知。不过，通过选举进入元老院看起来似乎毫无可能性。这事实上同《狄奥多西法典》所记载的情况一致，后者收录了从312年到438年帝国所制定的法律条文。

在坎努西姆，地方元老的人数通常为100人。60多个家族都有族人在其中任职，但阿布起亚家族是其中的佼佼者（除"无票决权元老"一职外，其他位置都有其族人）。据说到2世纪末期时，这些官职已经越来越失去吸引力了。支持这一观点的论据之一是，其中一些人的名字表明他们是被释奴隶的后裔。释奴本身是没有资格出任元老的，但其后代并不受此限制。罗马人的名字通常包括三部分，为了掩盖自己最初的奴隶出身，他们中的许多人都会选择一个听起来像希腊名字的词作为自己的姓（前两个名字通常是从他们前任主人那里借用而来的）。其中最明显的一个例子是特立马乔，名字听起来富有东方风韵，他出自佩特罗尼乌斯笔下，是个释奴，生活在小城市中，因经商而巨富，在《萨蒂利卡》中，他在坎帕尼亚的格雷斯卡城堡举办了著名的盛宴。在坎努西姆的碑集中就记载有希腊名字。不过，坎努西姆的情况与众不同。它原本是希腊的一个殖民地。公元前1世纪时，贺拉斯曾经嘲笑过当地双语并用的情况。在2世纪中叶，赫罗狄斯·阿提库斯，克劳狄乌斯·阿提库斯之子，为当地修建了一座高架渠。因此，这一证据无法证明当时的人们不愿意出任地方元老（当然，在帝国末期时肯定存在那样的情况）。对一些人来说，拥有一个完全罗马或者意大利式的名字是非常体面的事情。其中的一位"长袍者"名叫提图斯·埃利乌斯·赫科特乌斯，当时元老院共有三位名叫T. 埃利乌斯的高级元老，他肯定是其中一人之子，这三人都拥有完全罗马式的名字（而赫科特乌斯却没有）。此外，有些高阶政务官的名字也出自希腊语，坎努西姆人并不以其祖先为耻。

庞贝：金钱和选票

如果忽略庞贝，那么任何对城市政治的考察都将是不完整的。这座城市的近代历史开始于同盟者战争之后，由于战争期间它加入了同盟军阵营，因而苏拉（Sulla）强迫操奥斯坎语的当地人接纳了自己麾下数千名老兵，以示惩罚。当它在公元79年被摧毁的时候，城市人口很可能达到了8000—12 000人（由于我们尚不清楚其确切的管辖范围，所以很难估算出农村人口的数量）。显而易见，庞贝是一个很繁华的城市，对研究罗马经济的学生而言是一个耳熟能详的经典案例。关于当地财富的属性，研究者得出了不同的结论。传统观点认为，庞贝的土地上曾经种植着大量的经济作物，特别是用于酿酒的葡萄，然而最近的一些研究提出了不同意见。后者认为，由于需要给庞大的人口提供足够多的食物，当地应该会更重视粮食作物的生产。庞贝的酒并不曾凭借其非凡品质而闻名于世，因而认为这些酒主要还是瞄准了当地市场，尽管由于价格低廉，其销售量事实上可能达到了一个惊人的数字（此处可以再次参考坎帕尼亚海岸运酒船的沉骸）。当然，如果是在考察这座城市的制造业（如纺织业，包括缩绒、染色、制毡等）基地时得出结论，认为该行业的主要目的是满足当地人民的需要，而非服务其他地区，那么这样的观点至少看起来是说得通的；而且，在这座城市里不同行业的数目（据统计有85个，这意味着作为一个地方的中心，它可以满足人们的多种需求）也同样可以验证这一假说。

在庞贝，我们可以很清楚地看到政治和经济如何在同一座独立市中共存。在经济层面，最有趣的一份证据是记录在153块烧焦的木制刻板上的账本，发现于银行家、收款人（钱庄主）卢修斯·凯基利乌斯·朱孔都斯的家中。朱孔都斯的一个主要营生便是承包当地税收。纵观古代世界，或者（如前文所述）通过"义务"制度，或者通过签订合同的方式，将公共服务"私有化"，在税收领域更是如此。自从公元前175—前150年，埃米利乌斯·保卢斯征服马其顿以来，罗马公民一直无须缴纳直接税。在帝国体制中，意大利一直都被免于征收直接税，直到3世纪末期戴克里先开始在半岛北部征税，4世纪初期伽列里乌斯又将人口普查扩大至包括罗马在内的其他地区（不过，罗马在一段时间内都没有执行这一政策）。然而，在地方层面和国家层面而言，间接税一直都是非常重要的。朱孔都斯显然承包收取的是市政牧场税和某种市场税。

朱孔都斯的其他交易活动与其拍卖生意有关。我们找到了137份卖方声明（其中包括6位女性），声称自己已经收到了朱孔都斯支付的费用。这些文件大多写于公元54—58年。其中，许多声明中并没有说明交易的商品是什么，但交易金额清楚地表明朱孔都斯经手的都是大生意（据估算，平均金额达到4500塞斯特斯）。他的生意绝大多数似乎都具有很大的随意性，并不固定，主要贩卖杨木或奴隶等商品。可以想象，在一个虽然发达但仍处于前工业化阶段的社会中，这种商业活动应当是很常见的。

除金融信息外，朱孔都斯的账本中披露的社会信息同样十分有趣。多达10名见证人在销售记录上签名。我们认为，签名的顺序严格遵循了社会等级，元老院的元老署名位于最前面。这种情况完全在情理之中。

通过阅读法典和分析一些已经得到充分证明的个例，人们可能会得到一种印象，觉得罗马的社会关系极为复杂，且具有可流动性；上文提到，庞贝人即使签名时也会将各人相对的社会地位等级加以比较，无疑可以作为这种印象的佐证。释奴，例如佩特罗尼乌斯笔下的滑稽角色特立马乔，无论拥有了多么巨额的财富，也无论他居住在多么宏伟的房子中，他们永远都要受到自身法律地位的束缚。总的来说，家族和亲缘远比金钱更加重要。

除此之外，庞贝还因为大约2500张白底红字的竞选海报而闻名，这些海报号召人们投票支持市政府选举中的各位候选人。这给旁观者留下了生动的、人人积极参与的民主制度的印象，以为这里真正重视公民投票，对选民发表的游说演讲也被认真对待。事实上，许多评论家都是如此解读的。然而，古代社会的一些基本事实使这样的解释最终无法成立。精英阶层最关心的始终是如何使城市居民永远保持驯顺，为此他们努力确保食物供应充足和娱乐设施完善。因为骚乱通常是由于粮食的短缺引起的，这种危险永远存在，并且极易引发政治动荡。公元59年的庞贝动乱就是一个很好的例证。起初，庞贝人和纽塞利亚人在一场角斗中发生了冲突，在塔西佗看来，这场暴乱就是由庞贝城中非法的政治"俱乐部"煽动的。当时的统治者与被统治者之间的沟通确实往往比今天更加直接和开放。当时还没有媒体，向大众发表公开演说和慷慨激昂的长篇大论是至关重要的。但是，类似的对话其实从来没有发生过。选举并不会去真正评估政客们在任职期间的表现，因为候选人一旦当选，即使只是如市政官之类的低级行政官职，也意味着他可以终生在元老院中占据一席之地。同样，罗马人也不可能容忍一个真正的民主制度。纵观罗马历史，我们可以毫不意外地发现，上流社会群体总是在干扰民主制度。这不仅仅是一种司空见惯的经济结盟。提供捐助和接受庇护，是罗马社会中的一个根本性的制度化的组成部分。无论是底层民众还是上流社会，都不会用民主的方式来思考问题——这并不意味着对民主制度的全盘否定，但否定了该制度的作用。

庞贝的竞选海报上印着如"所有的金匠都希望盖乌斯·库斯皮乌斯·帕纳萨当选营造官"或者"我请求你选举霍洛康尼乌斯·弗里斯库斯为营造官，他是共和国里最有风度、最有价值的人"之类的内容。在希腊语和拉丁语中，政治评价往往以道德观念的形式出现，庞贝也不例外。同样是在1世纪，当时在西班牙新设立了独立市，从那里发现了残存的市政宪章，从中可知投票是在选区里进行的。候选人需要在多数选取中都获得胜利，才能赢得最终的胜利：根据《马拉加宪章》的记载，"直到选举出了足够多的候任政务官"，现任的政务官才会宣布当选者。我们很难确认候选人在选区内可以通过哪些渠道募集资金，才能确保最终当选为地方要员。在最近的一项研究中，研究人员将注意力集中在了当地的"俱乐部"或者社团上，这些组织负责维护社区中团体的利益，负责人通常由释奴担任。我们还可以发现，富人住宅区遍布整座城市，这说明了当时社会中存在着我们熟悉的侍从体系。在自己的选区之外，接收到元老院元老的赞助，对于其赢得选民支持肯定也是很重要的。

在营造官这种最低级的政务官的选举中，在竞选海报上，一些候选人成对出现，要求选民同时支持两个人，这意味着庞贝确实存在对选举的某种操控。学者们相信，在有两个职位空缺的时候，从未有哪一年出现过两对以上的候选人。在监察官的选举中，竞争似乎也已经被禁止了。据说到了末期，每年的这两个职位只有两个人参选。这部分印证了我们从营造官的选举中得到的印象。不过，在监察官的选举中，候选人依然成对出现，以此凸显他们对彼此及其支持者担负着重要的义务。这样的选举绝对算不上民主。此外，不要忘了，在地方元老之中，一定有许多人并不是通过人民选举产生的。每年都新增两名营造官，这意味着元老院无法一直保持100人的数量，而有证据表明，较大城镇的议会的规模往往就是100人。同坎努西姆的情况类似，许多元老肯定是被直接任命的。

艺术与文化

对政治的探讨该告一段落了。庞贝古城也向我们展示了罗马帝国统治之下意大利装饰艺术的盛况，其中有些是我们已经知道的，也有些是我们应该知道的。灾难发生时，这座城市正在进行重建。但是，同我们了解到的尼禄和韦帕芗时期的罗马城相比，它的面貌还是显得十分古旧。事实上，1世纪见证了一场建筑革命的开端，这场革命塑造了其后3个世纪的建筑风格。在这里，混凝土至关重要。我们常常可以在罗马帝国公共和私人的建筑物上看到曲线和多边形，但直到1世纪的后半段，建筑师们才开始探索利用这些设计来改造室内空间的可能性。砖拱是另一项经久不衰的罗马工艺。这两种技艺在庞贝古城都很少见。同样，在庞贝我们也没有发现太多迹象表明在城市空间使用方面发生了变化，而这种变化在2世纪的时候是非常明显的，当时，人们渐渐厌倦了大型的独立住宅，反而喜欢上了幽静的乡间别墅，由此导致旧有的城市住宅群逐渐消失，重新设计时房屋的占地面积更为紧凑。同时，在这里我们也尚未发现有很多砖砌或混凝土制成的公寓或公寓楼，而这些可以说是2世纪之后最重要的变化了。在4世纪时，罗马公寓的数量不少于46 000栋，而相比较而言，独立住宅的数量才不过1790座。罗马的奥斯提亚港就拥有大量这类的房屋。而在庞贝，这一过程不过刚刚开始，而且没有特意修建的公寓。

就内部装饰而言，庞贝古城在末期采用的样式也显得十分过时。我们难以确认这样的印象是否受到现有证据的误导。然而，在2—4世纪的意大利，没有任何建筑呈现出类似公元前1世纪到1世纪期间那种蓬勃发展的风格特点。在共和国晚期，庞贝的壁画发生了急剧的变化，原本所谓的"第一风格"主要采用涂色的纸灰来进行粉刷，后来人们开始用富有想象力的阴影和透视手法来取而代之，营造出非常梦幻的建筑形式，被称为"第二风格"。1世纪时，建筑专家又设计出另外两种风格：一种是在建筑环境中引入一种矫揉造作、过分修饰的效果，在建筑结构上很难实现，因而已经被抛弃；另一种也是最后一种风格，将这种梦幻的建筑与巴洛克元素及其他各种新的装饰形式结合在一起。艺术史学家发现，由于过度堆砌技巧，晚期的一些作品显得非常没有品位。

当然，这是我们现代人的观点。事实上，我们对于庞贝之后的意大利艺术的发展知之甚少，自然也无从知晓当时的人们是否喜欢这些作品。我们实际上无法概括出当时的流行趋势。在奥斯提亚发现的证据表明，2世纪时人们似乎抛弃了那些视角和形式。在2世纪和3世纪，神话内容的壁画似乎日渐稀少，与此同时，描绘狩猎和聚会场景的壁画则大量涌现。也是在这一时期，至少在罗马及其周边地区，人们更喜欢纯粹的线性装饰，运用线条、虚线、角度和格子呈现出惊悚的——或惊艳的——效果。当然，创作技巧也不像之前那样富有灵性；不过，我们是否能够因此便断定艺术形式出现了衰落则完全是另外一回事。在戴克里先和君士坦丁的新帝国中，得益于中央集权的官僚化的体制，将皇帝奉为超凡的神一样的角色，我们可以毫不意外地发现，当时显然更流行正面肖像画，那些伟大的人物进行自我宣传，与过去传统的经典感觉截然不同。

谈论过艺术，我们也可以简要地分析一下文学，因为"黄金时代"那些最著名的有作品传世的罗马作家几乎全部都是意大利人（李维、西塞罗、卡图卢斯、普罗佩提乌斯、维吉尔、奥维德、萨鲁斯特、贺拉斯）。此后，意大利人同其他外省人（事实上，他们所有人都生活在罗马及周边地区）一起取得了巨大的成就。罗马帝国拉丁文学中最引人注目的事件是2—3世纪文学作品的严重匮乏。在弗拉维时代，瓦莱里乌斯·弗拉库斯和西利乌斯·伊塔利库斯（可能来自帕塔维姆）创作了自己的叙事诗，之后直到4世纪，除朱文纳尔［来自阿奎纳（阿基诺）］外，没有再出现过其他重要的拉丁诗人。这些巴洛克风格的作品十分生硬，并不符合现代人的品位。来自那不勒斯的帕皮尼乌斯·斯塔提乌斯是弗拉维时代一位比较优秀的诗人。尽管他的叙事诗往往过于戏剧化，并且总是在追求变化和新奇的风格，品位奇特，但在应景诗中斯塔提乌斯还是展现出了对形式的掌控力。在我们看来，他最能引起我们兴趣的是他那不勒斯的出身背景。作为一位修辞学教师的儿子，他的五卷本《希尔瓦》表明，在1世纪中叶，这个城市有着活跃的双语教育和浓厚的知识氛围。

罗马帝国中期在散文方面也所出甚少。在图拉真和哈德良时代，帝国中拥有如苏维托尼乌斯（可能来自非洲）和塔西佗（可能来自意大利北部）等大家，但此后便无以为继，杂记家奥勒斯·格留思、弗朗托的书信和阿普列乌斯夸夸其谈的小说《金驴记》都无法填补这一空白。这几位作家都不是意大利人（后两位显然是非洲人，而格留思很可能也是），直到很久之后意大利才又出现了优秀的作家。3世纪时，仅有的几部优秀拉丁文学作品都是由基督教作家完成的，如德尔图良和居普良（同样都来自罗马帝国的非洲部分）。4世纪的时候曾出现复兴，但我们能够找到的最接近罗马或意大利的作家是来自西西里岛的占星家费尔米库斯·马特尔努斯，他后来皈依基督教。直到4世纪的下半叶才再次出现了一群以罗马为生活中心的杰出文学人物，其中包括昆塔斯·奥列里乌斯·叙马库斯、他的姻亲维利乌斯·尼科马霍斯·弗拉维努斯等人。这样的圈子可以向我们揭示那些已经逝去的古代异教贵族生活的许多方面，他们仍然十分珍视罗马这一概念，但对意大利本身却并不在意。

4世纪的世界

叙马库斯这样的人物在意大利拥有大片土地。在卢卡尼亚的沃尔塞（布奇诺）出土了一本土地登记簿的些许残片，它可以追溯到323年，从中我们可以窥见4世纪的贵族地主世界的一些细节。同单纯的文献阅读相比，它以更加直观的方式指引我们了解当时的世界。显而易见，沃尔塞这些文件的根源在于新帝国对意大利的税收要求，和其他地方一样，当时的意大利是一个省（或者更确切地说，它已经被划分为几个小省）。该文件涉及至少70份地产。它们被划分为7个"帕奇"（乡镇的农业区域）。一般而言，与人口普查的结果类似，我们应该可以从这本登记簿中发现若干个人土地所有者（在2世纪的食品登记簿中就发现了这样的情况），但让人好奇的是，并没有任何迹象表明存在个人土地所有者。这些农场和住宅的名字都取自其某位前任主人，然而，在这个地区的同时代人或之前的几代人中都找不到这些名字，这只能有两种解释，要么是土地持有模式发生了急剧变化，要么可以理解为这些土地几个世纪以来都被同一个家族牢牢把控。后者才是正确的答案。事实上，人们已经知道了这些土地所有者的名字，因为他就是铭文序言中所提到的特尔齐乌斯。这位特尔齐乌斯和卢修斯·特尔齐乌斯·阿普罗尼亚努斯是同一人，他出生于一个极为富有的家族，于339年出任罗马的行政长官。因此，沃尔塞的铭文确确实实证明了意大利贵族通过不断联姻和积累财富，在整个帝国时期保持了地位的稳定和家族的繁盛，直到5—6世纪蛮族入侵和查士丁尼出征收复失地时，这种生活方式才被打破，当时的人们再次意识到意大利和教皇在意识形态方面具有重要意义。

这些时期的历史本属于下一章的讨论范畴。但这时发生的一件事情预示了之后的历史，并显示了基督教在4世纪末期的统治地位。因此，我们应当将这件事交代清楚后再结束。

在这一时期，我们还不能通过基督徒的人数来衡量基督教的影响力，因为很明显，直到6世纪时还有许多人崇拜旧神。准确地说，君士坦丁重新统一帝国后（324—337年）改信基督教并大力推广这一新的宗教，其所带来的最重要的结果是，主教和教会得以长期窃得世俗权力。390年，狄奥多西皇帝与时任米兰主教的圣安布罗斯在当地进行的辩论，便是这一根本性转变最有力的证据之一。米兰和阿奎莱亚（后者在5世纪和6世纪的入侵中被摧毁）凭借在连接东西方的主要道路体系中占有的战略地位，在4世纪时成为意大利最重要的城市。狄奥多西是一个非常虔诚的人。他之所以在主教面前屈服，是因为安布罗斯拒绝让他参加圣餐，直到他为自己授命在帖撒罗尼迦进行屠杀而忏悔。安布罗斯的处罚贴合了这位罗马皇帝的需求，他想要从一个庄严的所在（皇宫）去到另一个庄严所在（教堂）。狄奥多西从此变得更加虔诚，结果他颁布了一系列法令，禁止异教在公共生活中扮演任何角色。因此，他在事实上终结了一个延续了几个世纪的社会政治体系，不仅在意大利和罗马（当时为了支持一项反对同性恋的法律，他十分狡黠，呼吁罗马要重新焕发"古老的乡村活力"），而且在整个帝国范围内都是如此。众所周知，图尔西和辛马齐这样的西部大地主家族长期以来拒绝放弃异教信仰，因为这些信仰完全可以满足他们的需要。他们总是在文学作品中不断回顾过去那个早期的罗马，它对意大利的统治，以及帝国版图的不断扩大。这些家族因循守旧，而与此同时，安布罗斯和狄奥多西则象征着未来的中世纪，以及国王和教皇之间的不断纷争。

第二章
400—1250年的意大利：中世纪政治概要

布莱恩·沃德–铂金斯

蛮族征服和统治：
从罗马之劫（410年）到狄奥多里克之死（526年）

410年8月24日，一支由阿拉里克率领的哥特军队进入罗马，在这座城市整整洗劫了三天。罗马世界受到了相当大的冲击——自从高卢人在公元前390年攻占这座城市以来，800年里从没有发生过类似的事情，而且即使是在公元前390年，首都也被大声鸣叫的鹅拯救了。基督教徒们不禁要问，上帝为什么要抛弃刚刚皈依的帝国？在阿非利加行省，希波的主教教区虽小，但主教奥古斯丁学识渊博，受到这一事件的启发，写下了《上帝之城》一书，其英文版长达1000页，巧妙地阐述了神的旨意及人与神的力量之间的关系。

410年这一确切的年份，似乎可以用来作为意大利中世纪开端的标志——一个来自北方的外族入侵者摧毁了整个半岛，扶持了一个傀儡皇帝，还有一位牧师受此触动完成了基督教最伟大的著作之一。这绝对不是我们上一章所探讨的奥古斯都的世界，曾经的罗马军团在地中海所向无敌，罗马帝国的力量被维吉尔写进他杰出的异教史诗大肆颂扬。然而，这样突然的、完全的转变显然不是在某一个日期的一朝一夕中完成的。3世纪时，罗马的统治地位已经面临严峻的挑战，当时的蛮族入侵者虽然没能攻下这座城市，但已经构成足够的威胁，迫使罗马在其周围修建了长达19千米的防御墙。帝国的力量也没有一下子被410年8月所发生的事件轻易摧毁。哥特人最终于412年迁出意大利，并于418年以罗马盟友的身份在高卢南部定居下来。事实上，无论在政治上还是在军事上，这座城市都已经变得无足轻重——最后一位生活在这里的皇帝是马克森提乌斯，他于312年被君士坦丁击败并杀害，真正的权力中心向北转移到了位于现代德国境内的边境城市特里尔及意大利北部城市米兰和拉韦纳。同样，作为基督徒，奥古斯丁"期盼"中世纪的到来，他之所以著书立说，并不是为了应对当时的危机。5世纪早期，异教（或按照现在流行的说法，多神论）在意大利仍然十分活跃——当奥古斯丁质疑罗马的永恒神圣地位时，异教徒鲁提里乌斯·纳马提亚努斯写了一首更传统的诗歌，来赞美哥特人洗劫之后罗马这座城市的复兴。

然而，鲁提里乌斯错了，因为罗马并没有复兴。5世纪时，帝国逐渐失去了所有的行省：起初是像不列颠这样地处边远的不重要的行省，但后来是阿非利加行省（429年），后者对罗马的谷物供应和维系帝国军队所需的税收至关重要。到了5世纪末期，意大利已经不再是一个幅员辽阔的帝国的中心，相反，它成了外来入侵的"受害者"。例如，汪达尔人定期从自己位于北非的新家园出发袭击西西里，并在455年精心计划，对罗马实施了第二次洗劫。自那时起，这座半岛或多或少一直都扮演着受害者的角色，让人惊讶的是，有时甚至十分享受——例如，今天许多意大利人选择性地遗忘了他们在近代曾以极大的热情拥护殖民主义和法西斯侵略，但他们往往乐于铭记德国在1943—1945年占领意大利期间所犯下的残暴罪行。

在意大利国内，帝国统治在5世纪时的终结意味着安全的终结，意味着必定可以取得财富和地位的时代的终结，但社会并没有在一夜之间便完成转变。富有而有文化的地主继续统治着他们的庄园，甚至继续举办极其昂贵的游戏聚会来供人们娱乐。帝国军队中具有蛮族血统的军官越来越多，不过这些人很乐意采用罗马的生活方式，并以此在罗马社会中找到自己的位置。作为仆从也好，作为侵略者也罢，蛮族人最终还是进入了帝国境内，其目的不是摧毁，而是享受他们在莱茵河和多瑙河前线时垂涎不已的高度的物质财富和精神文化。在意大利社会内部，有些变化发生得更加无声无息，且同蛮族入侵并无关系，但它们与帝国的覆灭同样重要。特别是在4世纪晚期和5世纪时，基督教取得了决定性的胜利，将罗马庙宇逐渐关闭，任其腐烂，人们甚至将有些庙宇拆毁，仅仅是为了将原建筑材料用去别的地方，与此同时，城市里建起了崭新的教堂，就建在那些烈士的坟墓上。到了5世纪末，在任意一座意大利城镇中，神圣且重要的区域不再是卡皮托利尼众神庙广场的周边位置，相反，在这块区域的核心往往是一座天主教堂，被一圈墓地教堂围在中央。

尽管帝国军队的蛮族指挥官奥多亚克于476年废黜了西罗马帝国最后一任皇帝罗穆路斯·奥古斯都，并攫取了足够多的土地，将他自己和麾下的日耳曼军队都变成了贵族，但至少从表面看来，一切似乎都没有发生变化。奥多亚克十分谨慎，他没有疏远东罗马帝国的皇帝，因此仅以东方帝王属下的一个国王的身份来统治意大利：他也同样十分谨慎地安抚意大利的贵族们，允许其保留了所有传统的政府官员的职衔，并且授予他们一些虽然微不足道但具有象征意义的职权（如铸币权）。

在奥多亚克统治时期，意大利自3世纪以来第一次铸造铜币，其上骄傲地刻着传奇的"SC"字样（Senatus Consult：经元老院批准）。也许没有人真的愚蠢到相信罗马和帝国的力量没有发生任何变化，但维持这样一种假象对每个人来说都是最佳的选择：统治者采用的是一种恰当的罗马方式，意大利贵族觉得自己受到重视；蛮族以为自己被帝国的统治中心所接纳（很显然，他们实际并没有）；即使实际管理者是蛮族，东方的君主们仍然可以假装西部行省真的在自己的掌控之中。从几个世纪未受挑战的帝王集权，过渡到屈从于野蛮人的统治，在这一过程中，如果不假装一切如昨，意大利将无法缓冲所受到的巨大冲击。

这种局面一直延续到了6世纪初期，尽管蛮族出现了一位新的军事霸主，即东哥特的狄奥多里克，他于493年击败并杀死了奥多亚克，在526年去世之前一直统治着意大利。在哥特人的政治宣传话语中，哥特人为了半岛上的罗马居民可以享受和平、舒适、高尚的生活，时刻准备着肩负起管理和保卫意大利的艰巨任务："捍卫文明世界，哥特人的荣光。"狄奥多里克确实为意大利带来了和平，而且，通过一系列联姻、与其他蛮族国王签订条约以及吞并普罗旺斯，他甚至将自己的权力扩展到国外。意大利的统治阶层不仅包括帝国传统中的省长、总督等人，甚至再次出现了一位高卢人省长，他曾经是阿尔勒的居民。

意大利人事后进行了深入反思，加上分析大量的东哥特宣传资料，我们从中很容易发现，狄奥多里克统治时期是意大利的黄金时期，是一个和平安宁的时期，"人们可以在自己喜欢的任何时间做自己的事情，就像白天一样"，而且，在大约14个世纪的时间里，这是半岛最后一次实现政治上的统一。然而，当时的人并不知道接下来即将发生的那些苦难，我们不清楚他们是否会为自己的生活欢欣鼓舞。尽管哥特人无疑十分希望在罗马的框架内进行统治，但他们不可能突然就抛弃自己蛮族的身份，事实上他们很可能自豪于自己的日耳曼血统和成就（包括在378年哥特人击败并杀死了一位罗马皇帝，甚至是公元410年的罗马之劫）。

狄奥多里克是在拉韦纳的一座大理石宫殿中统治国家的，虽然这座宫殿完全按照罗马风格建造，但这里住着的不仅是讲拉丁语的意大利朝臣，还有留着胡子、讲哥特语的蛮族人，他们坚守着自己的异端基督教信仰。在首都拉韦纳和其他拥有足够多的哥特居民的城市中，都存在互相对立的教堂和洗礼堂，一方用拉丁语举办天主教弥撒，而另一方用哥特语举办阿里乌教派弥撒。此外，拉丁人和哥特人究竟谁拥有军事大权，是毫无疑问的，谁真正拥有政治权力也是毫无疑问的。意大利当然受哥特人的保护，一些意大利贵族，如卡西奥多罗斯，甚至在哥特人政府中占据高位，十分富有；但无论宣传话语如何伪饰，这都与共和国和早期帝国的情况相去甚远。

因此，一些杰出的、充满历史情怀的意大利人似乎在憧憬着帝国的回归，也就不足为奇了。到6世纪，西罗马皇室已经没有尚在世的后人，这就意味着要让当时的东方（或拜占庭）皇帝来控制意大利。东罗马帝国的查士丁尼可是一个既有充分动力又有充足野心来"重新征服"西部各省的人，他先是在舅父查士丁（518—527年）麾下，后来他本人即位（527—565年），意大利不可避免地遇到了麻烦。即使在狄奥多里克强有力的统治之下，也难免有阴谋权术的阴影，或者至少是有阴谋的嫌疑。罗马的一位主教死在监狱中，两位著名的元老院元老被残酷地处决——其中一位名叫波爱修斯，他在哥特人的监狱中受尽折磨，同时还写下了《哲学的慰藉》一书。

波爱修斯是最后一批有文化的罗马贵族，对他们来说，其身份地位的最佳佐证在于自己对经典的熟知，而非战马的数目或者右臂的力量。而且，他是被日耳曼国王下令处死的，因此人们往往将之视为古典文化被无知的野蛮人肆意践踏的象征。然而，这样的评价并不准确，事实上正是由于东哥特人对罗马贵族的精心保护，才使得半岛在6世纪晚期能够出现大量如波爱修斯这样的文化人。

一个分裂的半岛：拜占庭和伦巴第的意大利，以及教皇国的出现（535—774年）

526年，狄奥多里克去世，之后查士丁尼成功地迅速重新征服了非洲，并于535年入侵意大利。当时，伟大的历史学家普罗柯比就在查士丁尼重要将领贝利萨留的手下出任谋士，得益于此，我们对其后的战争了解得很清楚。不幸的是，拜占庭帝国对意大利的入侵主要通过围攻的方式进行，就像1943年盟军登陆一样，开始时迅速占领了西西里岛和南部地区，同样在那不勒斯陷入困境，随后进而演变成一场令人沮丧的缓慢的消耗战。直到562年，在经过整整27年的战争后，北方最后的哥特要塞才终于投降。

这场战争中的主要输家当然是哥特人，他们被剥夺了所有的权力和特权，失去了大部分的财富，并在战斗中失去了许多士兵。然而，战争也给意大利本地人造成了严重的损失。普罗柯比在总结战争的结果时讲了3组小猪的故事，每一组都有10头猪，哥特国王在一段时间内不给它们食物，以此来预测查士丁尼入侵的结果："哥特"猪只活下来两头，其他的都死了，而"拜占庭"猪则大部分都存活下来。然而，"意大利"猪中只有一半活了下来，而且它们的鬃毛都掉光了。

从理论上讲，随着重新征服的完成，意大利回到了正常状态——由一位正统天主教罗马皇帝统治。尽管当时人们并不如此认为，但同拜占庭帝国的统治相比，狄奥多里克政权很快就成为人们眼中的黄金时代。新政权没有将帝国首都迁回罗马或拉韦纳的计划；之前即使意大利不再是帝国的中心，但至少还是一个独立王国，现在却变成了一个相当小的边境行省。此时，在意大利征收的大量税收并没有花在拉韦纳和半岛的其他地方，也没有花在修建宏大的新建筑和奖励意大利臣民上，这些钱被运往君士坦丁堡，主要用于保卫帝国的东部边疆。同样，拜占庭皇帝也没兴趣向意大利贵族示好，在其眼中，意大利贵族不过就是他们的子民，向其征收赋税纯属天经地义。就连教会也喜忧参半，他们原本指望恢复正统教会的统治后自己能够获益颇丰。确实，天主教会因没收了阿里乌派教堂和阿里乌派教会土地而获益；然而，东哥特人小心翼翼地不去侵扰意大利天主教会，以避免引起任何麻烦，而君士坦丁堡的拜占庭统治者们却毫不犹豫地试图把他们对正统的独特解释强加给自己的意大利新臣民。

新的拜占庭政权也没能给意大利带来和平。568年，也就是最后一批哥特要塞投降仅仅6年之后，伦巴第人从东北部进入意大利，并进而征服了波河平原的大部分地区及意大利中部和南部的大部分地区，远至贝内文托。不过，拜占庭人保住了更南边的大部分地区，包括富饶的西西里岛及意大利中部和北部的一块狭长地带，位于首都拉韦纳和罗马之间。自此，半岛开始了漫长的政治分裂，一直持续到1870年。

意大利分裂成两个主要的权力集团，这造成了战事频仍的局面，并进一步导致了政治分裂：北部的伦巴第国王，从首都帕维亚进行统治，很少能有足够的力量对位于中部和南部斯波莱托和贝内文托的公爵领地行使有效的政治权力；同样地，拉韦纳的拜占庭总督也很少能有足够的军力去守卫以往罗马帝国的偏远地区。所以，城市大体都只能依靠自己的力量来保护自己。

因此，罗马不得不自给自足，这对于主教辖区的发展至关重要，我们现在称之为"教皇权"。在6—7世纪的大部分时间里，罗马不得不抵御伦巴第人频繁的侵略，罗马及其公国的人民越来越多地向他们的主教寻求保护和食物。教皇这么早就成了罗马及其领地的领袖，这着实令人惊讶，因为就在不久之前的东哥特时代，这座城市里还确实存在着另一种权力来源，且历史更为悠久，那就是元老院，它由富有的意大利地主组成，其起源可以追溯到罗马共和国成立之初。然而，作为一个政治存在，元老院显然没有在历次哥特战争的破坏和纷扰中幸免于难，在拜占庭强加统治后，元老院的种种特权也被忽视，在劫难逃：625—638年，它的所在地，即罗马广场的元老院议事堂，被改造成一座教堂。正如我们所看到的，公元410年阿拉里克对罗马的洗劫只是个开始，但是议事堂的这种转变无疑标志着意大利经典的古代时期彻底消亡。随着元老院的消失，且拜占庭无法实施有效的管控，不管人们喜欢与否，罗马主教显然是照顾其意大利中部教众精神和世俗需要的不二人选；早在格里高利一世教皇时期（590—604年），教皇们就开始以一种为后世所熟知的方式向城市提供食物，为达成和平条约而举行谈判，并为军队支付军饷。

在今人看来，即使在天主教内部，教皇也是不应该拥有世俗权力的，然而必须指出，这种世俗权力确实有其优势，而且在教皇权将影响力扩展至全欧洲的过程中发挥了至关重要的作用。当然，罗马主教手里总有一手好牌：这座伟大城市本身的名字和传统，以及一大批杰出的当地殉道者，包括《圣经》中提到的两位最著名的圣徒——彼得和保罗。此外，就彼得而言，传统上认为他是第一任罗马主教，教皇们在马太福音16章中也得到了基督的谕示："你是彼得，我会把我的教会建造在这磐石之上……我要把天国的钥匙交给你。"今天，这一馈赠的第一句以马赛克画的形式镌刻在文艺复兴时期修建的圣彼得大教堂的穹顶上，这样的安排必然有其用意。然而，为了取得其应有的崇高声望，教皇也需要保持一定程度的独立。如果教皇只不过是拜占庭帝国政策的喉舌，就像君士坦丁堡牧首经常做的那样，或者如果他成为伦巴第王室控制下的主教，他就很难展现出像历史上那样影响广泛的精神权威。一方面，意大利中部教皇国的出现使未来的教皇卷入了十分肮脏的政治斗争中，对他们造成了极大的伤害；但另一方面，它确保了教皇的独立性和自治权，这对保持教会的地位至关重要。不幸的是，这两种后果必然同时发生。

教皇国出现的同时，教皇们也将其影响尽可能广泛地散播到欧洲各个野蛮民族中去。在当时的欧洲大部分地区，教皇的作用微乎其微。例如，在6世纪高卢教会所有的会议记录中，只有一则非常模糊地提到过教皇的首要地位。但在英国，教皇们取得了显著的成功：教皇格里高利派遣的奥古斯丁布道团于597年抵达肯特，后来英国人便将这一历史事件作为他们抛弃异教皈依天主教的源头；而且这种记忆在英国教会和罗马之间建立起了一种纽带，这种局面一直延续到宗教改革时期。

人们通常认为，伦巴第人对意大利的入侵昭示了半岛上黑暗时代的降临，的确，7世纪被看作一个低谷，几乎没有任何财富增长和文化成就的迹象。然而，将这一切都归咎于伦巴第人很可能是错误的。我们有理由相信，早在2世纪，意大利就已经开始缓慢地滑向愈加贫困的深渊，而除了伦巴第人的入侵，在这一衰落的过程中还发生了其他标志性事件，如5世纪帝国的灭亡和6世纪拜占庭帝国重新征服意大利等。

毫无疑问，与东哥特前辈不同，伦巴第人并没有以罗马风格示人的困扰，他们只是偶尔才会用古典风格来粉饰自己的统治。这使得他们看起来似乎没有东哥特人那样文明；但至少在一定程度上，这种反差或许只是表象，而非实质；到了6世纪末，意大利人已经适应了外国统治者，甚至拜占庭人都不再试图将自己的所有政策都包装成罗马模式。确保自己的统治看起来同罗马人的做法没有什么区别，可能已经不像以前那样重要了。相反，如果我们将使用书面文件和习惯居住在城镇看作文明的标志，那么伦巴第人肯定比他们住在阿尔卑斯山北部的日耳曼表亲文明得多。例如，8世纪时，卢卡的伦巴第贵族居住在城镇中，并给教堂捐款，而且他们确保这些事情都被以书面形式记录下来以示后世子孙，许多记录中都有他们的亲笔签名。

同样重要的是，7世纪不仅仅是意大利的"黑暗时代"：大多数北欧国家也是如此，甚至拜占庭也未能幸免。拜占庭在古典时期建立起了高度文明的社会，由于遭受了波斯人，随后又是阿拉伯人的进攻，许多文明特色都永远消失了。事实上，与其他地区相比，伦巴第时期的意大利可能称得上是一个非常富庶的地区，而且难得的是一些生活传统得以延续。例如，无论是伦巴第人还是拜占庭人，在统治意大利时都从未打破半岛的城市管理传统，这无疑有助于维持城镇生活。尽管意大利的城镇面貌发生了巨大变化，已经没有了任何古典城市主义的标志性装饰，但大多数城镇并未消亡。拜占庭统治下的意大利可能是当时整个欧洲和地中海最繁荣、最和平的地区之一。663年，君士坦斯二世离开君士坦丁堡前往意大利，在访问罗马并与贝内文托的伦巴第人作战之后，他在西西里的叙拉古定居下来。随着君士坦斯二世于668年被刺杀，这次迁都的尝试以失败告终，事后看来，这似乎不过是一个缺乏判断力的皇帝做出的古怪的反常举动。但结合7世纪的具体情况，这其实是一个合理的决策；整个爱琴海地区甚至包括君士坦丁堡都处于阿拉伯人的威胁之下，意大利南部和西西里岛则是一个繁荣而安宁的小港湾。

尽管伦巴第人在640年前后占领了利古里亚，并于约公元700年占领了科西嘉岛，领土得到了很大的扩张，拜占庭帝国和伦巴第王国及各公国之间基本保持了权力的平衡，这一局面一直持续到了8世纪。然而，751年，伦巴第国王艾斯杜尔夫占领了拜占庭意大利的首都拉韦纳，半岛的军事和政治形态遂发生了翻天覆地的变化。从此之后，拜占庭只能有效控制西西里岛和南部地区。

北方有一个强盛且在不断壮大的伦巴第王国，而拜占庭的力量已经不足以充当有效的缓冲或者盟友，在这种情况下，罗马教皇发现自己已经直接暴露在威胁之下：这座城市和主教辖区最终很可能会被伦巴第王国吞并。面对这种情况，教皇们要求阿尔卑斯山脉以北的霸主——法兰克的加洛林家族代表他们对意大利进行干预。加洛林家族为攻打伦巴第人提供军事援助，作为交换，教皇们认可加洛林王朝，并以上帝的名义许可他们推翻法兰克前朝王室。754年，教皇斯德望二世前往法兰克王国，为加洛林王朝的丕平加冕。同年（之后又在756年），丕平在意大利开展军事行动，迫使伦巴第人放弃了他们之前占领的教皇国领土。

来自北方和南方的征服：
法兰克人和阿拉伯人的入侵（774—962年）

然而，直到773—774年，丕平的继任者查理曼再次介入，"伦巴第问题"才最终得以解决。这一次，他占领了帕维亚，废黜了国王狄西德里乌斯，并加冕为"伦巴第国王"。

当然，在欧洲神话中，查理曼是个一统天下的英雄，在法国、德国、英国和意大利都受到人们的崇拜。近年来，他的帝国甚至被描绘成欧盟的早期版本（他的首都和墓地都位于亚琛，甚至离布鲁塞尔很近，人们很容易便可以产生这种联想）。但从意大利的角度来看，法兰克人的干预不一定是件好事，当然，人们也没有一直认为它是件好事。在意大利复兴运动时期，当教皇与阿尔卑斯山以北的强国结盟，再一次挫败了将罗马纳入一个意大利王国的尝试时，查理曼在一千年前与教皇的联盟，以及随后阻止了伦巴第人在意大利中部的扩张，都被描述成了教会的一个阴谋，是试图提前阻止意大利（在伦巴第国王狄西德里乌斯统治下）实现其必然的统一！波河平原和意大利中部的大部分地区被一个强大的北欧国家征服并吞并，当然这是第一次，但绝不是最后一次。阿尔卑斯山脉北部和南部地区的军事和政治平衡发生了决定性的变化，恺撒的军团曾经强迫高卢人不情愿地接受罗马的统治，而此刻世界已经发生了变化，这种变化一直延续下来，1943—1945年德国占领意大利北部可以说是这种变化的最后一次体现。

773—774年间发生的一系列事件把半岛的北部稳固地纳入了北欧的政治轨道中。然而，在更偏南部的地区，法兰克人的入侵并没有产生太大的影响。拜占庭帝国仍然控制着西西里、卡拉布里亚和阿普利亚，东罗马帝国的皇帝同北方的一些公国保持着紧密的联系（如果没有什么实际的管理权的话），这些地区的中心位于那不勒斯、加埃塔，以及亚得里亚海出海口新兴的威尼斯城。贝内文托的伦巴第人也没有被法兰克人征服，并在8世纪末和9世纪建立了强大的公国，统治中心包括贝内文托、萨莱诺、卡普亚（直到11世纪诺曼人到来之后才灭亡）。

从长远来看，拜占庭帝国的势力在意大利北部的消亡，以及法兰克人从未成功地将其军事和政治控制力扩展到南部，这些事实都对意大利的形成至关重要。直到8世纪中叶，南北双方的政治和文化方面还都呈现出各方势力纵横交错的局面：说希腊语的拜占庭人居住在拉韦纳、撒丁岛、阿普利亚、卡拉布里亚和西西里岛，日耳曼的伦巴第人则遍布半岛，从贝内文托到皮埃蒙特，从700年前后开始也占据了科西嘉岛。但到了8世纪末，面积广阔的新政治区域形成了，这些地方（碰巧）在当时已拥有悠久的历史，因此有助于形成独特的区域特征：北部地区此时处于法兰克人的控制之下，此后也常受阿尔卑斯山以北势力介入的影响；中部地区是教皇领地和教皇的势力范围；南部地区则与东方和北非有着密切的政治和经济联系。

在摧毁伦巴第王国的过程中，教皇消灭了他传统的敌人，解除了威胁；但是，当然，他得到了法兰克人这样一个强大到令人心悸的盟友。历任教皇都试图用不同的方式来澄清自己与其法兰克保护者之间的关系，其中特别的一个例子是"君士坦丁御赐教产谕"，内容显示历史上第一位信仰基督教的皇帝君士坦丁宣布将大片领土捐赠给其同时代的西尔维斯特教皇，这是教会的一项发明，后要求法兰克人认可这件中世纪著名的伪造法令为真，但现代人几乎可以确定它是在8世纪时被炮制出来的。公元800年的圣诞节，教皇利奥三世在罗马为查理曼加冕，宣布其为新的"罗马皇帝"，这一举措具有革命性意义，目的是试图将教皇拥有精神力量和法兰克皇帝拥有世俗力量这一关系确立下来。在某种程度上而言，利奥的举动是一种务实和明智的权宜之计，认清了8世纪末的政治现实。但是从长远来看，它也造成了严重的后果，因为西罗马帝国的重生不仅使同时代人浮想联翩，也使后来人产生了这样一种想法，认为欧洲可以存在一个合法的"超级大国"，而这个大国的合法性和命运都与教皇的权力密切相关。后世的军队为了拥护各自的领袖称帝，从阿尔卑斯山以北南下，不辞辛苦挥汗赶到罗马，结果却死于疟疾，而一代又一代的意大利人看着他们的庄稼和牲畜被这些军队摧毁，肯定不会认为利奥的这一做法十分高明。

在意大利南部，比起遥远的北方某位国王建立帝国的雄心，阿拉伯人的到来显得更为重要。9世纪时，来自北非的船舰和军队逐渐从拜占庭手中夺取了整个西西里。从现代世界的角度来看，西西里很容易被视为基督教欧洲不可或缺的一部分，它与北非之间有着巨大的政治和文化鸿沟。从后来的发展来看是这样没错，而且欧盟成员国也希望这样的局面能够一直持续下去。但就地理位置而言，西西里靠近北非大陆，而在地中海世界里，海上联系可以同陆地联系一样紧密（特别是离得最近的意大利本土是贫穷多山的卡拉布里亚地区），西西里本可以轻易变成伊斯兰世界的永久一员。事实上，两个半世纪后，诺曼征服将其纳入了一个新的、长久存在的意大利南部基督教国家；但此前这里的许多居民已经变成了说阿拉伯语的穆斯林。

特别是阿拉伯入侵者在加利格里阿诺河河口到那不勒斯北部修建起了坚固的军事基地，他们从那里出发，给意大利本土南部的大部分地区也造成了巨大的破坏。846年，他们甚至航行到了台伯河流域，洗劫了罗马的城外教堂，将使徒和殉道者的尸骨永远地散落丢弃了。这种情况可谓前无古人，后无来者，因为即使是410年、455年和1527年的罗马之劫中，洗劫罗马的都是基督教徒，他们会掠走教堂的财宝，但不会侵扰圣徒们的安宁。在欧洲北部，我们习惯于认为穆斯林的扩张在8世纪早期达到了顶峰，直到732年普瓦提埃之战中被查理·马特击溃；又或者认为顶峰出现于17世纪末期，直到1683年扬·索别斯基解了土耳其人对维也纳之围；但在意大利，阿拉伯和穆斯林成功的高潮无疑出现在900年前后，西西里被成功吞并，甚至半岛上最大的一些城市也遭到了攻击。

尽管在政治和军事上都处于混乱状态，有赖于新兴的地中海贸易，8世纪和9世纪时意大利北部和南部逐渐出现了贸易重镇。其中，最著名的城市当数威尼斯，这主要归功于其之后创造了悠久而辉煌的历史；但在9世纪和10世纪时期，威尼斯只不过是众多富庶的新兴城市之一：威尼斯、巴里、阿马尔菲、萨莱诺、那不勒斯、加埃塔、比萨和热那亚。10世纪后期一位阿拉伯地理学家在描述意大利的城市时特别称赞了阿马尔菲，赞美其为意大利境内"最繁荣、最杰出、最富裕、最奢华"的城市。

今天，如果任何人拜访阿马尔菲岛的岩石半岛，或者是威尼斯的潟湖（当然这是很久以前的事了，远早于大陆出现排水系统、人们搭建起铁路和公路桥梁及建成梅斯特雷这样庞大的城市系统），可能都会惊叹于这些农业落后、地处偏僻的城市，究竟是如何崛起并获得巨大财富的；但从9世纪开始，海上贸易就可以使人们过上富足的生活，而偏远和独立甚至可能成了一个巨大的优势。如同古罗马和它的奥斯提亚港，或者中世纪欧洲的伦敦和巴黎，城市可以通过与强大国家的命运相关联而变得强大；但通过与政治权力保持一定距离，它们可以同时满足不同政权对贸易的需求，因此也可以获得非凡的影响力。这一时期新兴的意大利海港就属于后者，它们可以在阿拉伯人、拜占庭人、意大利南部的伦巴第人，以及法兰克人世界之间开展贸易，利润丰厚。在政治上，意大利被多个权力集团瓜分，遭受了不小的苦难；但是，这些纷争对意大利商人来说可能是件好事，因为他们享有相当大的独立性，并且站在地中海地理和文化的十字路口。

在9世纪下半叶和10世纪上半叶，意大利南部的基本政治格局大体稳定；不过因为涉及拜占庭人、阿拉伯人、伦巴第意大利人，以及一大批基本独立的王室封邑和公国，而且所有人都在谋取各自的利益，所以从细节上看，这一格局不可避免地呈现出高度复杂和不断变化的特征。然而，在意大利北部和中部，随着加洛林王朝从伦巴第人手中夺取的意大利王国的解体，根本格局正在发生变化。与阿尔卑斯山脉以北的加洛林王朝一样，9世纪初曾经强盛一时的王权逐渐陷入王位争夺者之间的内战，而外国侵略者的介入更是加剧了这一局面——阿拉伯人从位于普罗旺斯法拉克西内图姆的基地出发，沿着阿尔卑斯山西部和利古里亚的海岸线一路前进，入侵半岛的中部，而马扎尔骑兵从现匈牙利境内的根据地出发，突袭波河平原。在这种情况下，9世纪末10世纪初的意大利境内的各位国王不得不出钱收买贵族和主教，赏赐其大片土地，授予其如管理城墙、征收通行费和税款等权力，以此换取他们对自己的支持。正如一位敏锐的当代观察家所指出的，"意大利人更喜欢有两个国王，这样当他们试图控制其中一位国王的时候，就可以威胁他说自己要改为拥护另一位国王"。到950年时，无论是北方还是南方，整个意大利都呈现出大大小小的权力集团割据的局面：其中一些领土面积较大，例如拜占庭在意大利本土南部建立的行省，或者北部边境的伊夫雷亚公国，而其他则仅仅占据很小的一块领土，例如加埃塔公国和威尼斯公国（后者的统治者被称为"达克斯"，或者公爵，后被称为"总督"）。

奥托王朝和诺曼王朝的干涉，以及帝国与教皇权力之争（961年至11世纪后期）

10世纪下半叶，德国的奥托王朝在北欧崛起为新的超级大国，同时期在意大利北部所发生的一系列事件都是由奥托王朝的国王们主导的。奥托一世发现半岛内部处于分裂状态，国力疲弱，并受到查理大帝所开创的光辉历史的感召，他于951年首次侵略意大利，961年再次更加果断地出兵，第二次他得以加冕为"意大利国王"。962年，应罗马教皇的请求，他干涉了罗马的情势；作为回报，他得到了帝王的皇冠。

奥托的介入开启了一个新的时代，对德国而言，意大利意味着巨大的帝国利益，这一局面一直持续到1250年甚至更久。从19世纪和20世纪早期民族国家的角度来看，以及从现在的欧洲联邦的角度来看，这些好战的家伙并不值得特别的赞赏。意大利人认为那不过是一个被北欧人野蛮统治的遥远年代；而德国人则认为，那些皇帝本应该专注于建立和维系一个强大而团结的德意志，这才是必须做的正经事，但他们却忙于危险重重而前途未卜的国外征伐，这无疑是很愚蠢的。当然，奥托和他的继任者们并不这么认为：对他们来说，意大利是一个可以征税和盘剥的富饶之地。而且，既然意大利和皇冠都已经被纳入囊中，成为奥托王朝皇帝们与生俱来的权利，放弃它们将被视为软弱的象征。大国往往很难体面地放弃其特权，即使它们显然已成为一种负担；正如英国目前所发现的，君主制和联合国安理会的席位都意味着庞大的开支，这都是帝国时代的遗产。

像所有的统治者一样，德国的国王和皇帝对自己的权力有着极为深刻的认识；而且和所有9—10世纪的国王一样，他们对教会也负有强烈的责任感。其统治的这两个特点几乎不可避免地导致他们会对教皇事务进行直接干预。教皇在10世纪初陷入了罗马城家族政治的泥沼，有时甚至会明显损害其声望。例如，一位教皇甚至把自己的前任和仇敌的尸体挖出来，并对其进行严肃的审判。北方再一次出现了一个强大的基督教皇帝，这重新鼓舞了一些想在罗马重建帝国的人采取行动，同时也意味着人们需要面对一个困难而又微妙的问题，即如何区分教皇权威和帝王权力。

963—1046年，德国皇帝多次干预罗马事务，任命了几位教皇，在此过程中，偶尔有几次还罢免了前任教皇。罢黜的理由总是合乎道德的

（在任者的腐败行为）；在10世纪，北欧人对罗马和教皇有了清晰的看法，而且这种观点持续了很多年——那里是拉丁人阴谋和腐败的温床，为正直的北欧人所不齿。但宗座上坐着的是一个顺从听话的教皇，从中德国皇帝显然可以得到巨大的利益。在这一时期，特别是在奥托三世统治期间（983—1002年），在大部分时间里他都选择居住在罗马，在这样一个强大的世俗国家的控制下，教皇近乎沦为区区一个主教。

实际上，帝国掌控的不过是教会所拥有的全部世俗权力，然而在11世纪下半叶，一场广泛的支持教会改革的运动影响了整个西方基督教世界，因此这种对教皇的控制面临着越来越多的挑战。改革的主要目的是希望创造一个纯粹的、孤立的教会制度，不受家庭、性别、金钱或世俗权力的影响和束缚。不可避免地，在改革者们看来，那种加洛林和奥托帝国教会觉得舒服（通常是完全满意的）的世界无疑太过颓废，并且与世俗生活的联系过于密切，因为各位主教（甚至教皇）通常是由国王或皇帝任命的，其任职徽章一直都是由后者颁发的。

从某种程度上来说，教皇必定是这场辩论的中心焦点。当时，各国教会都处于各自王室的控制之下，天主教会不过是一个松散的联盟，与此相对地，人们更希望出现一个独立的教会，这样的理想强调建立一个单独的、国际化的教会等级制度，教皇声称自己是由上帝任命的教会领袖。11世纪下半叶，教皇颁布法令，一方面确立了自己在教会中的首要地位，另一方面反对世俗权力介入教会事务，特别是反对当时统治者将戒指和权杖赐予主教以作为其职衔标志的普遍做法。由于高级神职人员往往也是国家的重要人物，而且他们对德意志帝国的力量贡献甚大，这场争论不可避免地导致了帝国和教皇之间的摩擦。当时在位的是教皇格里高利七世（1073—1085年）和皇帝亨利四世（1056—1106年），这两位都是体魄强健且意志坚定之人，在他们的统治下，分歧演变成了热烈的笔头论战，甚至演变成了公开的战争。

对教皇权力的发展而言，与皇帝展开公开斗争是一段英勇的历史，但其意义却并不一定十分重要，因为这场争论以妥协告终，即世俗权力放弃了任命主教时象征性的形式，但保留了至关重要的任命权。从长远来看，对教会历史更重要的是，一个缓慢但似乎不可阻挡的过程拉开了序幕，从此人们开始认同教会应该有自己的法律（教会法），教廷应该是这项法律的最终仲裁者。在11世纪末和12世纪，整个西方基督教世界上诉到罗马的案件都在稳步增加，并把罗马的教皇宫殿变成了一个真正的法庭，或称为教会法院，拥有一大批官员。

11世纪时，帝国的权威不仅在罗马受到挑战，在意大利北部也是如此。事实上，早在10世纪就有迹象表明，帝国的政治基础正在发生动摇，一个强大的统一国家可能无法永远维系下去。10世纪和11世纪时期，北方的城镇居民变得越来越富有，起先是在热那亚和威尼斯这样的沿海中心，但后来米兰和博洛尼亚这样的内陆城镇也是如此。渐渐地，这种经济力量转化为谋求自治的政治行动。

在德国开始介入意大利事务之前，意大利境内的皇权便已经开始衰弱，甚至追溯到10世纪上半叶旨在争夺意大利王权的各派势力之间旷日持久的内战。例如，916年，克雷莫纳国王授予主教在很多领域便宜行事的权力，主教因此积累起大量财富；奥托皇室只能在一定程度上扭转这一进程：因为大多数权力和财产在转让时都签署了严谨的法律文书，而且只要主教们保持忠诚，皇室正好都乐于通过他们实施统治。但与欧洲大部分地区不同的是，意大利从王室手中流失的权力，不仅落到了贵族主教和伯爵阶级的手中，甚至城市中那些富有的公民和商人也得以分享部分权力。这一过程的各个阶段从未被详细记载，只有一些引人入胜的痕迹流传下来，可以作为证据，例如，996年，皇帝曾经短暂地将特权赐给克雷莫纳的自由公民，而这同他们自己的主教的利益是相违背的。

在11世纪时，教会的势力仍然十分庞大，皇权（特别在德国出兵的情况下）也是如此，但在某些城镇，尤其是在沿海和波河平原地区，公民团体开始开展自主且有效的行动。1024年，帕维亚的公民烧毁了该城的皇家帝王宫殿，那里从伦巴第时代开始就一直是意大利王座所在，准确地说，我们可以认为该行动象征着这种政治转变的发生。这座宫殿再也未获重建，而具有讽刺意味的是，帕维亚获得自由一事在中世纪是非比寻常的，但由于有邻国米兰的衬托，这一事件显得无足轻重。一些沿海城镇早在11世纪就已将财富和航海技能用于开展成功的海外军事冒险。比萨人与热那亚人结盟，在1018年驱逐了撒丁岛上的一位穆斯林统治者，并将撒丁岛收归其联合霸权之下；1062年，他们成功地彻底袭击了巴勒莫，这是阿拉伯西西里最大的港口和城市，满载战利品返航；1099年，与其他意大利城市一道，他们协助第一次十字军东征夺取圣地，在此过程中发挥了重要作用，但目的仅仅是换取优惠的贸易权。

在意大利南部，奥托王朝的出现也产生了影响，因为一些德国皇帝开始认真尝试将自己的权力范围拓展到半岛南部。然而，从长期来看，他们都未能成功，而且其中的一些尝试造成了非常糟糕的后果。982年，奥托二世的远征被疾病和阿拉伯人联手挫败，这一消息引发了他的斯拉夫臣民在萨克森边境举行大规模的起义，并获得胜利。在意大利取得的成功为皇帝带来了财富和声望，他们可以凭借这些来扩充自己在德国的势力；不过，一旦失败就可能带来灭顶之灾。

从长远来看，对南部地区最具意义的变化是诺曼人的出现，他们拥有令人生畏的军事力量，与1066年以后出现在英国的同胞一样，祖先是维京人，但在语言和文化上是法国人（他们在法国西北部定居了

1个世纪）。在11世纪初，诺曼人最早是作为雇佣兵来到意大利的，他们被雇用来参加南方独立的王侯与拜占庭人之间频繁的战争。然而，就像5世纪英国的亨吉斯特和霍萨一样，诺曼人很快发现，他们不仅可以用自己强大的军事力量来对付后台老板，还可以借此赢得他们的支持。诺曼人逐渐彻底占领了南部地区，不仅消灭了伦巴第公国和其他独立的公国，而且驱逐了两个"外国"势力，即卡拉布里亚和阿普利亚的拜占庭人及西西里的阿拉伯人：1071年，在巴里，拜占庭人在阿普利亚地区的最后一个要塞沦陷；1072年，阿拉伯人在西西里岛上的最大城市巴勒莫也被攻破。

诺曼人把拜占庭和阿拉伯势力驱逐出意大利的举动，意图非常明显，并具有极为重要的意义，它确保了意大利全境都成为西方基督教世界（现代的西欧）坚定的一分子，他们所持的诺曼语起源于拉丁语（而非希腊语或者阿拉伯语），而且认同西方拉丁教会，而不是伊斯兰教或希腊正教。我们已经看到，如果不这样做，考虑到邻近的北非伊斯兰地区的影响，西西里的局势很可能会大不一样；但同时我们也要强调，从长期看来，终结拜占庭帝国对意大利本土南部的占领同样具有重要意义。半岛的部分地区，尤其是卡拉布里亚和南阿普利亚，在长达500多年的时间里，都是由君士坦丁堡成功统治的，并且由于拥有像奥特兰托这样的贸易港口和大量讲希腊语的修道院，这些地区都很好地融入了拜占庭帝国更广泛的经济和文化生活之中。诺曼人对南部的征服，终结了拜占庭对该地区在政治上的统治，并以此为开端，许多文化和经济联系最终均被打破。

教皇们的领土位于意大利中部，对其而言，南方新出现的一个不断扩张的势力意味着机遇与危险并存。他们有机会利用诺曼人来抗衡德国皇帝的强大威力，作为回报，他们或许可以将这些诺曼新贵的统治变得合法化；但与以往一样，一个新的强大盟友很可能被证明是不可靠和危险的。曾经有一位教皇试图反抗诺曼人，但在战争中被彻底击败，并于1053年被俘；而另一位教皇同诺曼人结盟，却眼睁睁地看着罗马城在1084年被自己的盟友洗劫，部分城池被烧毁。到了11世纪，教皇国已经形成了完整的管理体制，可以征税，并配备了军队。但是，在意大利的池塘里，如果说诺曼人和德国人是梭鱼，那么教皇在军事上不过是一条小鱼。能否生存下来，能否保持独立，往往取决于自己能否同这些大鱼中的某一方结盟，以及能否说服当下的盟友相信自己的教皇国拥有强大的精神力量和极高的国际声望，如果贸然吞下这一口美味珍馐，很可能会导致严重的消化不良。

皇帝、教皇、国王、贵族和公社
（从12世纪初到1250年腓特烈二世去世）

本节的标题很好地说明了12—13世纪意大利政治的复杂性：在这个半岛上，可以发现中世纪欧洲所有的政治力量表现形式，以及如教会和帝国这样惯于在国际上装腔作势的政治实体，它们的诉求往往同小国重叠。然而，意大利大体的政治格局仍与前一时期相同：南部地区曾经被阿拉伯人、拜占庭人、伦巴第人占据，现在则是诺曼人的天下；中部地区仍为教皇国；北部地区（前意大利王国），先是由伦巴第人占领，后又是加洛林王朝，此时则是德意志帝国的一部分，但各城邦得以在其中行使越来越多的自治权。

在南方，诺曼征服者建立起了一个新的强大国家。这是一个渐进的过程，因为他们最初的征服虽然消灭了大部分的外部竞争者，但各城邦和大领主阶层手中都保留了大量的权力。然而，特别是在鲁杰罗二世的率领下，新的统治者们扩大了西西里和本土的和平区域的面积及其权力范围，鲁杰罗在1130年获得教皇的承认，得以将自己的伯爵头衔提升为国王，宣告了自己毋庸置疑的实力。1130年圣诞节，鲁杰罗在巴勒莫的大教堂中加冕为西西里、卡拉布里亚和阿普利亚的国王。虽然同整整330年前查理大帝新建立的帝国相比，这一新王国似乎并不非同凡响，然而事实证明，它延续的时间更为长久。虽然意大利本土和西西里岛之间偶尔会处于分裂状态，且经常处于外国的缺席统治之下，但是西西里王国还是幸存了下来。直到1860年在面对加里波第的"千人军"时，西西里王国富有戏剧性地突然解体，但同1130年相比，王国基本保住了全部的疆域。因此，即使在今天，人们依然普遍觉得，西西里岛属于意大利南部，而且意大利中部和南部的分界线在罗马和那不勒斯之间（在罗马时代，罗马城同那不勒斯周边的坎帕尼亚保持着密切的联系），这成了意大利人的一个特色概念，也是意大利政坛的特色之一。

诺曼王朝对意大利南部的统治一直延续到1194年被北方德国的霍亨斯陶芬皇室推翻之前。1197年，年仅3岁的腓特烈二世继承了王位。虽然他从父亲那里继承了德国皇室血统，但母亲是意大利南部的诺曼人，而且在意大利长大。直到1250年他去世之前，他最关心的始终是意大利，而非德国，南部才是他和家人的家：他的儿子恩佐曾被长期监禁在博洛尼亚，他在狱中写了一首美丽的诗，令人难以忘怀。在诗中，他把他的诗歌和他的全部心神都献给了南方，献给了阿普利亚，而不是北方，"我的心日夜都在那里"（"là dov'è lo mio core nott'e dia"）。在腓特烈统治时期，帝国的内部事态在一段时间内发生了翻天覆地的变化：意大利暂时处于帝国的中心，阿尔卑斯山脉以北的地区暂居次要地位。这对意大利来说是不是一件好事是有争议的，因为

（我们将会看到）成为腓特烈王国的中心，意味着意大利需要为他宏伟的军事野心买单。

　　诺曼和霍亨斯陶芬在西西里王国的统治（后来被称为"里格诺"），吸引了学者和浪漫主义者的注意：来自北方的强大国王，文雅渊博，在巴勒莫的柠檬树林和快乐花园中处理政务，这些都成为传说，令人向往。里格诺一直被视为一个世界主义的天堂，同时也是一个非常强大的"现代"国家。这两种形象都是真实的，但两者可能都被夸大了。毫无疑问，在12世纪，西西里王国与拜占庭和阿拉伯世界保持着密切的文化联系，而诺曼国王也开设了一个档案馆，在那里所有的资料都用拉丁语、希腊语和阿拉伯语3种语言书写。然而，这种文化多样性在某些方面是出于投机取巧的目的（效仿希腊和阿拉伯的征税制度可以带来高额的税收），而且该局面仅延续了很短的时间，因为在12世纪，法院和行政机构就被逐渐拉丁化了。腓特烈二世也因鼓励思想自由和欣赏伊斯兰文化而闻名于世；但他同样也残酷地镇压了西西里一场穆斯林叛乱，并将幸存者驱逐到阿普利亚，在那里他们被要求集中居住在卢切拉，遭到剥削压迫，需要承担高额赋税，并提供各种服务。腓特烈的穆斯林侍卫（他们曾陪同腓特烈到过意大利北部，甚至到耶路撒冷参加十字军东征）自然令其他基督教国家感到震惊不已，因为在这个时期，基督教世界对各种不同信仰的包容性越来越低；对于一个专制君主而言，他喜欢看到同时代的其他人流露出惶恐不安的表情，因此这些侍卫可能更多不过是玩物而已，而绝不能被看作当代多元文化国家的榜样。

　　诺曼王朝和霍亨斯陶芬王朝在南方的统治无疑是异常高效的，即使在同时代其他国家的一些君主看来也是如此。例如，"托马斯·布朗大师"，曾经是鲁杰罗二世的仆人，英格兰的亨利二世曾经允许独立记录英国王室的财政办公室——财政部——的资金往来情况，这可谓是一份独一无二的殊荣。在诺曼时代和腓特烈二世统治时期，南方的统治者也善于用华丽的辞藻来展示他们的权力，为此，他们既效仿拜占庭，特别是在腓特烈统治时期，还借用了古罗马的语言风格。然而，究其本质，里格诺与其他中世纪国家并没有任何不同：它的稳定最终取决于地主贵族是否能够实现政治和军事上的统一，这种稳定偶尔会受到叛乱的动摇，或面临外来干涉的严重威胁。同样可能的是，南方为各位伟大的国王和政治团结付出了沉重的代价。诺曼人和霍亨斯陶芬人都镇压了里格诺城市中所有的公社骚动，而且为了保护王室的利益，他们都对贸易进行了强有力的控制。在北方，城市掌握在贵族手中，他们深度参与贸易和制造业，还经常利用军事力量获取更多的贸易机会。例如，为了换取这种贸易机会，多个沿海城市承诺派兵参加第一次十字军东征。而此时的南方，为了贡养王朝和满足王室攫取更多领土的野心，城市和商人不得不承受严苛的税收盘剥。

在12—13世纪期间，北方的经济已经超过了南方的水平，南方地位下降，只能为北方的人口和工业提供食物和原料。在威尼斯变得日益强大的同时，阿马尔菲却逐渐沦为一个空有美丽风景的小渔村，这种情况一直到大众旅游时代才有所改变。诺曼和霍亨斯陶芬王朝在里格诺实施的强有力的统治，至少部分地导致了这一变化的发生，而直到今天这一变化仍然在影响着意大利。实际上，这种变化还可能产生了一些更广泛意义上的后果。当经济繁荣发展时，意大利往往会出现如12—13世纪的北方和现代战后时期一样的松散政府；而像南方那样强大的中央政府则往往与贫困联系在一起。现代意大利人发现，国家很难在过于强大、自吹自擂（如墨索里尼统治时期）与几乎完全自由放任之间找到一个平衡点，同时往往还伴随着腐败堕落、派系斗争、环境危机和社会解体的危险。造成这种困境的原因之一是，早在中世纪，意大利人就已经发现这两种截然不同的政府组织形式是一山不容二虎，根本无法并存。

教皇的领地位于意大利中部，12世纪时，诺曼人在南方，德国皇帝在北方，从而达成了一种脆弱的政治平衡。然而，亨利六世于1194年成功夺取了里格诺，而且他的儿子腓特烈二世后来决心在帝国已经占领的意大利中部和北部的领土上实施有效的统治，因而在13世纪粗暴地打破了这种政治平衡。教皇和教皇领地再次面临被一个强大帝国吞并的危险。教皇和霍亨斯陶芬王朝不可避免地陷入了艰苦的战争，这场战争持续到我们现在所讨论的时代结束后，直到霍亨斯陶芬王朝灭亡为止。

教皇国一直是一个奇特的机构，其各种奇怪的特征大多在12—13世纪时就已经非常明显了。在某种程度上，它是一个伟大的国际机构，它的权力完全基于其在意识形态方面的主张，即认为自己是教会最重要的教区。这一主张在拜占庭世界无人理睬，但12世纪时，越来越多的西方神职人员受其感召而来到罗马，使这座城市成为一个国际性的教会首都，不断蓬勃发展。在其鼎盛时期，教皇和罗马成为教会真正的精神领袖。例如，1215年英诺森三世召开拉特兰大公会议，意在改革，400余名主教参加了这次会议。但在另一个层面上，这种成功使教皇和罗马陷入一个困难的境地，他们需要处理来自整个西方世界各个教会数以百计的法律上诉案件。要想成为教皇，接受法律培训变得越来越有必要，而罗马也逐渐被那些请愿者（尤其是败诉方）视为不过是又一个唯利是图的法庭，在那里金钱比真理更能说明问题："如果你手里什么都不拿……然后你就可以走了。"

然而，尽管教皇们在国际舞台上扮演着重要角色（无论好坏），但他们也是意大利中部的"太子党"。由于显而易见的原因，他们无法建立稳定的王朝继承，这使得他们对权力的掌控变得极为复杂。为争夺对教皇的控制权，罗马城中敌对的家族和派系之间进行了激烈的斗争，其结果意味着巨大的获益或损失。英诺森三世（1198—1216年在位）是一位伟大的教皇，攻读过教会法，批准成立方济各会，推动了第四次拉特兰会议的召开；但同时他出生于塞格尼伯爵家族，本名劳撒，而且在担任教皇期间，他毫不犹豫地提拔了他的兄弟。教皇这一位置总是包含悖论的（教皇既无比强大，又无比软弱），即"彼得的继任者"不过是一介凡人，无论他是一个中世纪的意大利贵族，还是一个持右翼观点的现代人，在履行教皇职责时，他都必将受到时代的政治限制，且自然也必定有其自身的考量。

在北方，12世纪和13世纪的两大标志性事件，一个是公社的稳步发展，另一个是为了反抗德国皇帝试图将自己的意志强加给各城邦而进行的两次伟大战争，分别是1154—1183年反抗腓特烈一世"巴巴罗萨"（意为"红胡子"）的战争和1226—1250年反抗腓特烈二世的战争。到了12世纪初，大多数北方城邦不仅已经独立，而且通过建立起一种新型的政府——执政府——而使自己的统治制度化。虽然在意大利的许多地区仍然存在农村大贵族，比如威内托，但在12世纪，每个公社都开始安抚自己的近郊县，即公社周边的村庄和定居点，并对其进行有效的管理。

对较大的城邦而言，其权力范围甚至超出了邻近的郊县。例如，1203—1204年，威尼斯成功地改变了第四次十字军东征的方向，使其首先占领了达尔马提亚海岸的敌对城市扎达尔（札拉），然后才是君士坦丁堡。威尼斯曾经不过是拜占庭帝国的一个偏远公国，但此刻它作为11世纪以来西方经济和军事力量稳步崛起的一个例证，已经占领了拜占庭帝国的首都。到12世纪中叶，内陆城市米兰的势力已经发展得足够强大，一些邻近城镇从一开始就把它视为比巴巴罗萨本身更大的威胁；一位德国编年史作家不无惊讶地注意到，克雷莫内西和帕瓦斯对米兰人充满仇恨。在后来的意大利历史中，当地人强烈的感情和身份认同已经让外人对这种负面情绪感到恐惧和厌恶。

早在12世纪时，种种迹象就已经表明，意大利会陷入分裂，为了与敌人抗争，城邦之间会结盟，不仅如此，这种敌对和派系斗争也蔓延到各个城市内部。1160年，一位来自图德拉的犹太旅行者本杰明详细记录了热那亚城内周期性爆发的塔战。与巴巴罗萨和腓特烈一世时期的情况一样，唯有来自外部的持续威胁才能让北方各城邦进入短暂的统一时期。1167年，一些北方城邦联合创建了伦巴第联盟，其中甚至有从前的仇敌。1176年，联盟在莱尼亚诺大败巴巴罗萨。虽然20世纪时他们的敌人变成了罗马的征税官，但完全不出乎意料的是，今天伦巴第联盟（北方联盟）的象征还是一个12世纪的骑士，骄傲地举着剑来捍卫北方的荣誉和独立。

尽管德国和里格诺的实力都非常强大，但是巴巴罗萨之所以会被击溃，腓特烈二世也在此受挫，其原因在于北方各地达成了暂时团结（一旦帝国的威胁消失，这种团结会立刻宣告解体），以及拥有大量寻求独立的富裕城邦，它们能够将财力转化为新的防御工事和武装力量。意大利北部成了九头蛇海德拉一样的地方：每当一个持不同政见者的头颅被砍掉时，在原来的位置会长出更多的头颅。然而在南方，尽管新王朝取代旧王朝的历程十分艰辛，但并非不能实现，就像1194年（以及后来的1266年）发生的那样，北方当时处于极度分裂之中，南方一地的成功招致北方地区更猛烈的抵抗。

意大利的财富和城市生活特征也体现在意大利中世纪最伟大的宗教运动中。弗朗西斯科·贝尔纳多内是一位富有的阿西西商人的儿子，也就是我们熟知的圣方济各。他对"贫穷女士"的爱立刻吸引了一大批意大利追随者，其中既有富人也有穷人。但事实上，在一个刚刚富裕起来的社会中，他的态度和人们对他的认可具有特别的意义；正如在我们自己面对自然环境遭到系统性破坏的现状，我们的环保意识也是有意义的。经过不断发展，他所创立的方济各会的使命演变为填补意大利经济和社会变革而造成的隔阂：他们在繁荣兴旺的城邦向公民布道，富人可以通过为方济各会捐资的形式来得到"贫穷"，并以此获得良心的安宁。一个专注于贫穷的教派却吸纳了庞大的财富，这种随之而来的悖论在13世纪后半叶撕裂了方济各派，但也证明了方济各所传达的信念的成功及其中所蕴含的巨大力量。

后记："中世纪"

"中世纪"的概念是由佛罗伦萨的人文主义者发明的，目的是跨越横亘在罗马的辉煌及其自身的"文艺复兴"之间大约1000年的时间，在这段时间里几乎什么都没有发生，即使有事情发生，大部分也都很糟糕。在本书中，除了对古罗马的简短描述外，我们更多地秉持了人文主义传统：用1章简单概述400—1250年这850年间的政治局势，然后用2章涵盖了更短时间内的文化和政治情况。随着佛罗伦萨的崛起，以及如乔托和但丁这样的文艺复兴早期的杰出人物的出现，各种重大事件及知识、文学、艺术成就的序幕似乎才真正被揭开。

和其他人一样，我为这种体例感到内疚，因为我同意执笔"中世纪"这一章。这种体例并不完美，它不可避免地忽视了一些内容：意大利东哥特文化的成就；6世纪的拉韦纳教堂群；本笃所作《会规》、格里高利一世所著的《意大利父老生平神迹对话录》和《论神职人员的职责》；8世纪卡斯泰尔塞普廖的壁画；9世纪罗马的马赛克画；比萨、威尼斯和蒙雷阿莱的罗马式大教堂；萨莱诺的医学院；博洛尼亚的法学家；白话诗歌的兴起；甚至包括托马斯·阿奎那。

更重要的是，这一模式使我之前探讨的那些至关重要的政治发展，看起来不过是随后的那些"真正"大事的序曲而已。只有佛罗伦萨，作为一个"后起之秀"，其经济和政治权力的巅峰时期确实开始于1250年前后，因而本书这种对中世纪断代的方法是贴切的。但这种断代方式在南部则不适用，11世纪时拜占庭和阿拉伯人的控制被涤清，12世纪新王国建立，这些因素一起塑造了意大利南部地区。这种方式同样不适用于罗马，因为6—12世纪的岁月在罗马教皇制度的形成中至关重要。事实上，这种方式同样不适用于波河平原，在那里，像米兰和威尼斯这样的城邦早在1150年就已经创造了属于自己的辉煌，确立了其独立的地位，并且因为在随后对抗基督教世界两大帝国的战争中取得胜利，发展成王国。这种方式甚至不适用于整个托斯卡纳地区，因为从如比萨这样的城镇的角度来看，1250年和佛罗伦萨的崛起标志着它们最为强大和繁荣的时代已经过去。

到1250年时，意大利已经基本成形：一个高度城市化、政治分散、非常富裕的北方，不断受到来自阿尔卑斯山以外力量的威胁；位于中部的教皇国，由教皇统治，他同时也是国际教会的领袖，成功地从帝国中独立出来；以及一个强大但不那么富有的南方王国，它改变了之前同东方的拜占庭帝国和北非的阿拉伯人之间力量均势。人们究竟是将这些发展看作后续事情的基础，还是将1250年以后发生的事件看作前事的附录——虽然有趣，但无足轻重——这显然是一个个人喜好的问题！

第三章

1250—1600年的意大利：政治和社会

迈克尔·马莱特

通常认为，政治上的分裂是意大利在文艺复兴时期最重要的特征，也是导致亚平宁半岛在近代早期重要性下降的根本原因。但是传统上，在介绍这几个世纪意大利的政治和社会问题时，人们往往只看到了"分裂"，而我们需要旗帜鲜明地指出，对此种看法我们是持保留意见的。第一，传统上施行君主制的西方国家，如法国、英国和西班牙，它们的历史学家近年来都更多地强调，在同一时期这些国家国内不够团结，区域主义和地方主义的影响徘徊不去，缺乏沟通，并且中央政府软弱无力。第二，意大利在文艺复兴时期的政治历史是一个不断同化与结盟的过程，而且持续了很长时间。近年来，历史学家对城邦向领土国家或地区国家转变的过程十分感兴趣，尽管有时可能言过其实，但这一过程确实从根本上改变了我们对意大利政治版图的看法。第三，在这一时期，意大利在社会层面的团结程度可能要高于政治层面的团结程度。此时的意大利人已经形成了群体意识，各社会群体跨越政治分歧，日益融合，到了1500年这已经成为亚平宁半岛长期固有的特征。

当然，意大利根本性的分裂在于南北方的分裂。同样地，意大利文化在文艺复兴时期呈现出的活力和权威性主要源自地方政治自治的力量。城邦、国家和宫廷之间在文化领域的竞争，是激发艺术和文学创造力的重要因素，同时也使得意大利人普遍在面对蛮族人时拥有极大的优越感。

本章将探讨的最后一个问题是教皇和教会在意大利的作用。人们往往将教皇的统治及其对半岛政治事务的干涉视为意大利诸多政治问题的根源之一。从1250—1600年的历史中我们可以发现，教皇从最初政治和精神领域中的绝对领袖逐渐演变成政治上的重要存在，与其在意大利境内的一些敌对国家相比，教皇也仅能占据十分微弱的道德优势，最后在天主教宗教改革期间又回归本职，更加专注于精神世界，与意大利的政治舞台保持一定程度的疏离。

13世纪的教皇和公社

13世纪，两场声势浩大而又独特的运动决定了意大利历史的进程：富裕而人口众多的城邦的出现，以及人们对宗教议题再次充满精神狂热和赤诚。后者在一定程度上与新兴的托钵修会的活动有关。事实上在这两场运动中，前者的重点从根本上来说是世俗的，而后者则是由教会主导的。尽管当时的人们普通向往精神世界，但这两者之间无可避免地会产生一些矛盾。这就是但丁时代的矛盾：理想主义者心怀天下，结党营私者却思想狭隘；新的发明创造不断出现，愤世嫉俗者却谴责一切；世俗的智慧彰显出巨大的力量，宗教评论家和教会的支持者们却不乐意承认这一点。与此同时，这两项变革又是相辅相成的，这些城邦为教皇在归尔甫派联盟中提供了政治支持，而方济各会和多明我会主要在这些城邦中开展活动，他们帮助城市消除贫困、缓解拥挤的状况及清理异教邪说。

　　1250年，神圣罗马帝国皇帝腓特烈二世去世，这是教皇与帝国对抗过程中的决定性时刻。最初，英诺森三世之所以支持腓特烈，是因为腓特烈非常年轻，更可能需要依附教会。最终的事实证明，腓特烈成了实力最强大的帝王，有效地统治了意大利南部和德国全境。在此前的两个世纪里，对抗往往集中在意识形态方面。而腓特烈的不断征战，使人们开始关注如何在政治上对意大利进行有效的管理。腓特烈死后，他的私生子曼弗雷德继承了极度官僚化和中央集权的西西里王国，但他既没有帝王的头衔，又缺乏德国的资源，面对贵族的叛乱和教皇的施压，他逐渐败下阵来。后来，安茹家族在教皇的邀请下出兵干涉西西里政局，这是导致霍亨斯陶芬政权在意大利南部瓦解的关键。安茹的查理是法国国王路易九世的弟弟，在贝内文托战役（1266年）中击败并杀死了曼弗雷德，并取得了塔利亚科佐之战（1268年）的胜利，抓获并处决了曼弗雷德的儿子康拉丁，最终将霍亨斯陶芬势力驱逐出了意大利。在这样动荡不安的年代里，刚刚统一的西西里王国在安茹家族的统治之下艰难求生。查理承认教皇在西西里王国享有封建领主的权利，因而每年都需向教皇缴纳40 000弗洛林的年金，并且西西里和那不勒斯的市场事实上完全掌握在佛罗伦萨和热那亚的商人和银行家手中，他们从中攫取了巨额的利润，这些都导致南部经济开始进入漫长的衰退期。这样的局面也使人民对安茹王朝统治幻想破灭，并导致了西西里晚祷（1282年）的暴力叛乱。西西里的贵族们邀请了阿拉贡的彼得来接管这座岛屿。为了争夺对地中海中部的控制权，法国和西班牙之间的长期对抗的战线已经拉开了。

在内忧外患的西西里王国以北，历代教皇并没有完全依靠盟友安茹家族来解决自己的政治问题。教皇国位于意大利中部，大致是由中世纪早期各位皇帝的历次"捐赠"的领土组成的。到了13世纪下半叶时，这里的凝聚力和控制力不断得到增强。教皇国并不仅仅是一个统治型城市的权力的延伸，相反地，其诞生于一系列谈判中，得益于不断得到的各种特权，在一片充满激烈抗争、群雄逐鹿的土地上，教皇开始施展自己的威势。教皇的官员们不知疲倦地工作，召集地方议会，与主要的城邦和贵族达成协议，并将该地区划分为各个行政省份。尽管亚平宁山脉横亘其上，教皇国的国土被分隔开来，地理条件算不得优越，但到1300年时，教皇国已经建立起了一个在很大程度上依托罗马教廷财务院的行政体系。这一体系也是各地方联盟势力拼凑在一起的产物。

腓特烈在世时，他可以对意大利北部和中部的事务进行有效的干涉，而他的去世则消除了这种威胁。在其统治的三十余年里，这位皇帝鼓励像维洛那的埃杰里诺这样的地方贵族在伦巴第建立迷你国家。同时，由于伦巴第各城邦建立了新的联盟来反对他的统治，所以客观上，他也无意中一定程度上地促成了地方势力的团结。腓特烈的去世造成了政治真空，帝国继承人的问题又长期悬而未决，这使得城邦政治又回到了那个更司空见惯的分裂状态中。

到1300年时，意大利北部和中部有23个城市的人口超过2万人，多达400个城市宣布实行一定程度的政治自治。而这种自治常常被视为这些城邦的主要特征。然而，它们各自的经济职能存在着差异，使政治和社会发展受到极大的制约。这些城邦大致可分为3类：重要的商业中心，通常拥有港口，通常由商业精英占据领导地位；大型的工业中心，生产出口商品，因此其领导阶层中包括实力强劲的企业主阶层；本地市场经济中心，由地主阶级和小业主、工厂主阶层共同管理。威尼斯、热那亚及（不算特别典型的）比萨，明显是第一类城市的范例。米兰作为内陆商业中心，拥有生机勃勃的内河港口和坚实的工业基础，可以算是一个混合体。而佛罗伦萨的工业结构中尽管包含了强大的商业和银行业元素，但它主要还是一个工业中心。这些大型城邦与较小的中心城市之间既有功能上的区别，也有规模上的区别，过于强调任何一种区别都可能会造成误解。例如，布雷西亚和普拉托都属于较小的城市，它们主要充当本地市场的中心，但同时也为国际市场生产武器和布料。

到1250年时，意大利公社的版图已经完全成形。随着帝国和主教权威的衰落，各地纷纷宣布政治自治，并得到了广泛的承认。所有的公社都建立起了快速的官员选拔轮换机制，以确保精英阶层的公民都有出任行政管理职位的机会。司法及维护法律秩序的职能则掌握在外国官员（督政官）和外国法官手中，这些外国人获邀的任期长短都有严格的规定。公社先后尝试了各种规模大小的地方议会，以使行政部门能够听取意见并达成共识。他们制定了公民权利法规，给予长期居民和财产拥有者参与公共事务的特权和权利。他们鼓励行会发展以捍卫个体手工业者的利益，并限制了任一特定行会或家族中可以同时担任政府职务或出任议员的成员的数量。他们发展了官僚机构来管理城市的日常事务，并建立起民兵组织来护卫城墙、看守城门。以当代的标准来看，城邦的管理制度已经变得极为精细。无论是在市场还是在议会厅，人们都需要具备读写能力、法律专业知识，还有书写记录和演讲辩论的技能。但是，即使说13世纪后半叶，意大利的城市世界成为新思想和新态度的中心，但它不意味着不断扩张的城市社会已经完全解决了自己所面临的全部问题，更不能说明那些社会已经完全摆脱了古老乡村和宫廷世界的影响。

城市依靠农村提供食品、工业劳动力和原材料；控制了内陆也就意味着控制了当地的市场、商业路线和防御设施。对农村贵族的掌控同样至关重要，至少要做到与其和平共处。城市的精英阶层最初大都由地主发展而来。新富阶层迅速获得土地，并效仿他们那些累世豪富的邻居们过起了奢靡的生活；但在更加激进的商业社会中，收租者阶层往往无法获得信任，因而通常被排除在公共事务管理阶层以外。与此同时，移民潮和不断增大的经济利益造就了新的家族，这给当权者带来了挑战。在许多城市中，这种挑战促使从前相互对立的机构整合到了城市公社的管理体制中，建立起一个拥有队长、官员和委员会的"平民公社"。在所有城市中，利益相近的家族都会结成非正式的政治和社会联盟，并得到其拥护者的广泛支持。然而，这些社会经济浪潮发展的结果是出现了暴力对抗的局面。虽然有些城市，特别是那些拥有强大工业部门的城市，经历了真正的阶级摩擦，但破坏性极大的冲突还是发生在城市精英群体之间，这一现象到了13世纪后期更为明显。

13世纪后期，虽然内部冲突使城市社会分崩离析，但与此同时，通过联合或征服的方式来实现城市融合的进程也在如火如荼地进行着。所有的城邦都必然拥有强烈的扩张欲望，渴望扩大自己近郊县的面积，削弱或征服邻近的敌人。城市之间的敌对既可能加剧又可能分散其内部的对立。然而，当人们试图对意大利城邦政治的发展作一个概括性的结论时，却往往发现这些结论难以证实，而如果尝试通过具体事例加以说明，通常又无法带来任何启发，只会使读者觉得困惑。即便如此，我们仍然可以发现，13世纪的最后20年是这些城市发展历史上的关键期。当时，在一些城市中，传统上由精英阶层主导的统治模式开始转而由某个家族单独进行统治，甚至是仅由某一特定的领袖进行统治。也就是说，领主制开始出现。另一方面，由新兴的富裕精英阶层领导的平民公社这一统治形式也开始出现，人们决心将那些传统上一直参政的豪门排除在外，创造出一个由商人、银行家和企业主组成的具有一定封闭性的寡头政治集团。1287年在锡耶纳建立的九人委员会，1293年佛罗伦萨长老会议成立和《正义法规》的颁布，以及1297年威尼斯大议会宣布停止吸纳新成员，都是这种发展趋势的例证。每一条都使共和体制下的管理机构能够长期存续下去。而另一方面，这些城市中领主制发展的关键事件包括：1277年奥托内·维斯孔蒂击败平民公社，凯旋米兰，以及1287年奥比佐·德·埃斯特镇压费拉拉的行会。在这样概括性的结论面前，帕多瓦无疑是一个特例。1318年，为了应对严重的外部危机，经贵族同意，平民公社的归尔甫派（教皇派）领导人雅各布·达·卡拉拉被任命为永久统帅。现在，我们必须探讨的问题是，意大利各城邦历史上这一明显的转折点同经济开始衰退之间的联系究竟有多紧密。

14世纪的若干问题

在针对中世纪晚期欧洲历史的研究中，14世纪灾难不断已经是老生常谈的话题了。百年战争、黑死病、"文艺复兴时期的经济萧条"以及"欧洲边境的关闭"，这些一起组成了欧洲危机的概念，似乎将中世纪和现代世界截然分离了。法国历史学家费尔南多·布罗代尔曾提出"漫长的16世纪"这一概念，类似地，"多灾多难的14世纪"也囊括了15世纪的大部分内容。然而，意大利文艺复兴深深植根于14世纪，那是但丁、彼特拉克和薄伽丘的时代，也是乔托、安布罗吉奥·洛伦泽蒂和西蒙·马丁尼的时代。这是一个命运多变的世纪，对某些人来说有时是灾难性的，但是，特别是到了这一世纪末期，有若干强烈的迹象表明，社会生活方式在整体上已经变得井然有序、繁荣向上了。

14世纪时，意大利独有的特点是在政治上处于极度混乱之中。那不勒斯和教皇国都经历了不同寻常的动乱，其原因我们稍后将会谈到。然而，历史学家尤为关注的是城邦的命运。领主制得以发展，它通常在英语中被翻译为"despotism"（意思是专制暴政），与13世纪城邦共和国的那种日益有序和自由的生活相比，这无疑是一种历史的倒退。只保护少数人利益的专制统治取代了可以捍卫多数人利益的民主体制，在这一过程中必然充满着抵抗、暴力流放和腐化堕落。这种非黑即白的描述近年来遭到诸多批评。一般而言，领主制是公社制度逐渐崩溃的结果。在此之前，这些城市的权力基础已经在不断缩小，派系暴力持续增加。就某些方面而言，这是一个自然的过程，特别是在那些拥有传统地主精英阶级的小城市中更是如此。这也是一个渐进的过程。政变或戏剧性的接管行为都很少见，也几乎没有发生过任何直接的暴力冲突。在社会各领域均十分动荡的情况下，一位受到人民广泛认可的领袖便会被赋予特殊的权力——通常是督政官或者平民公社的领袖。当然这一特权是有时间限制的。如果在位期间表现出色，他们的任期就可以延长，他们手中掌握的权力自然也会略有增长。领主会逐渐适应并致力于维护自己的角色，他会努力获得人民的支持，尊重共和体制。传统议会的议员得以保留，但与此同时，获得领主的青睐日益重要，因为这能表明他们属于这座城市的精英阶层。到该世纪末，领主的目标是获得皇帝或教皇赐予的头衔，并实现权力的世袭罔替，从而将自己的地位合法化。在此过程中难免会有暴力和专制的出现，这一幕也在那些侥幸存续下来的共和国中上演。成立于14世纪早期的威尼斯十人议会，旨在发现和防止煽动叛乱的阴谋，还有佛罗伦萨共和国建立的内部安全委员会——八人近卫团，这二者所拥有的专权比一位领主还要大。威尼斯和热那亚的总督为终身制，就是"领主"中的一种。尽管表面上似乎并没有掌握任何权力，但事实上，总督拥有巨大的影响力，共和国的新任官员需要轮换任职，而总督却能够一直执政，且具备丰富的经验。佛罗伦萨缺少这样一位人物。正义旗手每两个月轮换一次，已经有8人曾任该职。佛罗伦萨在14世纪时曾经两次尝试"领主制"，但每次都放弃，重新恢复了共和政体。虽然我们有理由相信，正是得益于长期持续采用共和体制，最终佛罗伦萨才会在文化领域取得巨大优势；但是，我们同样也有理由认为，可能正是由于作出了这样的决定，这座城市才会在14世纪中叶经历了更多的政治动荡和彷徨。

因此，14世纪中叶困扰意大利北部和中部的政治混乱与领主统治本身并不相关。问题的根源更多在于政治世界已经变得支离破碎，城市之间纷争不休，特别是出现了一种新的军事手段，人们终于可以用一种适当的方法来了断仇怨。13世纪时，征战四方的雇佣军集团开始登上历史舞台。各个城市一方面希望对邻近地区进行扩张和侵略，而另一方面又不愿意出动自己城市的民兵来充当马前卒，因此，他们十分乐于雇用这些久经沙场的老兵，其中既有意大利人，也有跨越阿尔卑斯山而来的其他国家的人。雇佣军开始在半岛大量集结。亨利七世的意大利远征（1312—1313年）本身并没有在政治上直接造成特别重大的影响，更重要的意义反而在于战后大量的德军滞留意大利，成了雇佣兵。因为在1370年之前，意大利一直处于动荡之中，那些武力强大的雇佣兵军团利用这一点，不断参战。为了填补战斗减员造成的空缺，德国人源源不断地来到意大利。此外，前往意大利的也包括想要去安茹南部的法国军团，从巴尔干定居点出发的加泰罗尼亚人，布勒丁尼和约（1360年）签订后从百年战争中脱身的英法军队，及追随自己的国王试图占领那不勒斯的匈牙利军队。这一时期的雇佣军并不是完全由外国人组成的，还有大量失去产业的意大利封建贵族和城市流亡集团加入，并在其中发挥了重要的领导作用。在当时，不忠诚和放荡的社会风气盛行，有人认为都是这些雇佣兵军团的错，因为他们总是频繁地更换雇主，从一块被摧毁的土地征战到下一块土地。但这并不完全是他们的错。他们签署的合同之所以期限很短主要是雇主的要求，这些国家希望只支付必要的费用，不愿意超期，而在邻国的领土进行大肆破坏往往不过是正式战争策略的一部分而已。然而，这些雇佣军确实大肆践踏农田，也掏空了人民的钱包。

城邦从雇佣兵那里得到的是欺侮和勒索，虽然偶尔也有些许帮助，但雇佣兵绝不仅仅针对他们。政治混乱的根源更多在于南方，当然那里也有充足的兵源和最丰厚的报酬。1343年，随着那不勒斯国王安茹的罗伯特的去世，安茹王朝开始遇到非常严重的问题。由于采取谨慎的经济措施，罗伯特成功地将王室债务降到了可控制的水平，从而限制了教皇——其主要债权人——的干涉。当然，当时阿维尼翁教皇不在罗马，他那些亲法的附庸也不在，罗伯特从中大受裨益。但当他的女儿乔万娜一世（1343—1382年）即位后，这两个因素并未能够使她的统治免受一系列挑战的困扰。安茹王室内部有意图染指王位的敌手，阿拉贡人在西西里虎视眈眈，以及最终匈牙利安茹-杜拉佐的统治者进行挑衅，她的统治陷入了困境。1355年，由于未能向教皇进献岁贡，女王和她的丈夫塔兰托的路易被英诺森六世逐出教会。然而，造成财政紧张的主要原因与其说是经济疲软或衰退，不如说是由于他们投入大量的财力来维持护卫王朝的军事力量。安茹军队主要由显赫的贵族家族提供，为了讨得他们的欢心和支持，仅靠一些城市提供的财富是远远不够的，安茹王室不得不倾全国之力来维持这种半封建的体制，长远来看，必将对王国产生深远影响。

　　教皇驻在阿维尼翁期间，教皇国事实上处于权力的真空状态，这一局面对罗马的影响远比对整个教皇国的影响大得多。13世纪时，这座城市的经济和生活越来越依赖于快速发展的教廷及其附属机构。在教皇离开后，科隆纳、奥尔西尼、萨维利和孔蒂这些强大的贵族家族将势力范围扩张到周边的乡村地区，并重新控制了那里。这些家族之间纷争不断，普通大众在14世纪50年代早期一度对他们十分反感，当时，克拉·迪佐横空出世，他富有感召力，在他的领导下，平民公社出现了短暂复兴。如果想长期限制贵族的权力或者维持一个受人民拥戴的领主体制，就需要有一个重量级的经济精英，而罗马却找不到这样的人物，因此克拉的政权垮台了。不过，在教皇国的其他地方，教皇的官员们依然接受来自阿维尼翁的指示命令，并继续试图维持秩序。枢机主教吉尔·阿布诺佐从阿维尼翁得到了充足的资金支持，他的军队兵强马壮，本人又能言善辩。1357年，在他的劝说下，各方都接受了《埃吉迪安宪法》，这些法令构成了教皇国之后4个世纪的统治管理框架。他的成就之一是创造性地提出罗马涅地区一众城市的领主应享有教皇教区牧师的职权，并授予其相应的头衔，作为回报，各城市会按照人口普查的结果支付税费，并有义务服从教皇的指令。但是，阿布诺佐之所以能够取得成功，部分原因也是在这些贵族中，许多人都手握重兵（如里米尼的马拉泰斯塔和弗利的奥德拉菲），他们的财富大多来自伦巴第和托斯卡纳地区，他们在那里更有利可图，因此自然更加关注那些地区。

　　在14世纪的最后30年中发生了一系列重大事件，结果使得政治上的严格控制和延续性得以强化。其中，1377年教廷从阿维尼翁的回归实际上显得最无足轻重，这是由于1378年意大利教皇乌尔班六世当选后出现了天主教会大分裂，教廷资源被分散，教皇国政府的注意力也被分散。1386年，出身于安茹-杜拉佐一系的拉迪斯劳一世登上那不勒斯国王的宝座，他的继位并没有立即解决王国面临的诸多问题，因为他当时只有12岁，而且在他的少年时期，安茹家族嫡系也宣称对王位拥有继承权，这助长了派系之间的争斗。而这时北部出现的新潮流则具有非常显著的影响。1386年，吉安加莱亚佐·维斯孔蒂完全控制了米兰城邦，并开始向外扩张，这带来的一个明显的副作用是他加强了对内部的控制，以便为其不断征战筹集资金和争取支持。他向东推进，占领了维罗纳、维琴察、贝卢诺和费尔特雷，进而威胁到了威尼斯；他还接管了博洛尼亚、比萨和锡耶纳，这样佛罗伦萨也处于他的包围圈中。1395年，他从皇帝那里得到了公爵的头衔。这是领主制发展过程中最重要、最具影响力的时刻，但是这一成功有赖于同米兰贵族和银行精英保持的良好关系，并且他的麾下拥有若干经验老到的意大利军事将领，如雅各布·达尔·维梅、阿尔贝里戈·达·巴比亚纳和法西诺·凯恩，他们率领的军团越来越稳定，长期为维斯孔蒂效劳。维斯孔蒂的主要目标——威尼斯和佛罗伦萨的共和政府——在迅速扩大控制权和资源方面也不遑多让。基奥贾战争（1378—1381年）后，威尼斯终于成功地摧毁了其主要贸易竞争对手热那亚在地中海东部大部分地区的影响力，并通过加强其在潟湖周围腹地的影响力，最终凭借军事手段接管了帕多瓦、维琴察和维罗纳（1404—1405年），以此有力地回击了维斯孔蒂的威胁。佛罗伦萨在托斯卡纳的大部分地区不断扩张并控制了那里，但整个过程较为循序渐进，最终于1406年占领了比萨。1378年，梳毛工人起义使佛罗伦萨的统治者心有余悸，随后，城邦不断扩张，寡头政治控制加剧，这种种因素相结合，导致14世纪后期佛罗伦萨出现了一个野心勃勃、权深威重的政权。有观点认为，1402年吉安加莱亚佐·维斯孔蒂在围困和征服佛罗伦萨的途中突然离世，重新激起了佛罗伦萨对自身实力的信心。但这样的看法未免将事情看得过于简单了，并没有充分考虑到佛罗伦萨公民意识形态形成的长期因素。

受意大利各城邦持续扩张、不断合并的影响，这一时期必然以政府机构的迅速发展和官僚体制的巩固完善为特征。大法官和律师的重要性与日俱增，高阶政治家组成的各种委员会层出不穷，人们越来越强调出任公职是公民身份的重要组成部分，也是获得荣誉的重要途径。不可避免地，这种控制延伸到了军事世界。北方诸邦在14世纪后期倾向于选择更永久性的防御机制，它们更为谨慎地挑选雇佣兵队长，与之签订更长期的合同。在14世纪最后20年里，外国雇佣兵队长和兵团的作用减弱，使北方得以实现了这一目标。1379年，阿尔贝里戈·达·巴比亚纳在马里诺击败了布列塔尼兵团，这场著名的胜利被誉为转折点，标志着意大利军事实力重现昔日荣光，各国为雇佣兵团所苦的时代终于结束。各种政治体制正在进行更为重大的变革，与佣兵队长建立新型的合同关系，并为此提供资金。约翰·霍克伍德是一位英国籍将军，他在14世纪80—90年代效忠于佛罗伦萨，其英勇事迹不仅证明了他是最后一代杰出的外籍将领，更重要的是，他的经历佐证了一流的将领和雇佣国之间的关系是如何演变的。

在探讨14世纪的问题时，人们往往更多地提及这一时期意大利的经济状况或黑死病的长期影响，但我们之前的讨论几乎没有涉及这两点。我们已经描述的这些动向是否真的像一些历史学家所认为的那样深刻地导致了人口危机和随后的经济萧条？人们很难轻描淡写地谈论1347—1348年席卷意大利的瘟疫对社会和心理造成的影响，同时，由于无数城镇已被遗弃，田地亦已荒芜，我们也实在无法淡化其对经济的直接破坏力。但长远来看，当时的人们尚有收益，可以弥补损失；幸存者的人均收入有增加的趋势，使他们具有更强大的购买力和新的财富资本；新一波移民涌入城镇，他们积极进取，并带来了新的资源。14世纪中叶的一些政治和社会问题确实可以归因于这些新兴力量，在这一过程中，某些传统行业和工业不可避免地出现了衰落。然而，重要的是，早在14世纪末之前，意大利北部的主要经济中心就通过从周边内陆地区汲取财富和专业技术、加强管控、维护新富精英阶层的利益等手段来强化其经济地位。这样做存在的问题是，政府的成本和各城邦的需求很快就会入不敷出，与其说这些国家的经济和财政资源无力支付，倒不如说经济精英阶层已经不愿意按要求提供大笔捐助了。

分裂的15世纪

人们在探讨15世纪意大利诸邦的历史时，通常以15世纪90年代发生的一系列事件作为出发点，即圭恰迪尼说的"意大利危机"。当时，外国侵略者推翻了意大利的许多本土政权，并胁迫其余尚且苟延残喘的政权接受自己的支配。意大利主要城邦未能采取协同一致的行动，其军事体制相对薄弱，是这次大范围崩溃的罪魁祸首。从两个层面来看，我们都可以认为1494年之前的15世纪是分裂的世纪。一方面，这个世纪被分割为两个截然不同的部分，上半叶充斥着大大小小的战争与对抗，而下半叶则显得十分和平与和谐。然而，这种和平与和谐滋生了自满的情绪和军事上的惰性，因此，这种"分裂世纪"的观点有助于我们理解为何最终会出现危机。而在另一层面来说，这种分裂体现为意大利政治中传统的分裂割据，它既表现在15世纪上半叶的不断纷争中，也同样展现在这一世纪下半叶各方势力间的相互猜疑和警惕中，当时各方的密探和线人所发挥的作用远比征兵官和佣兵队长要大得多。如果说之前的分析解释显得十分强硬的话，本节讨论将尝试采用比较柔和的论调，并对日益加剧的社会割裂进行阐释，从长远来看，这一现象对意大利诸城邦可能造成了更大的损害。同时，有一种隐含的观点认为，15世纪的意大利事务是在真空中进行的，完全不受任何外国干涉的影响，他们对正在崛起中的西方君主制政体的强大一无所知，因而，当他们在15世纪末面对掠夺者时只能一筹莫展。我们需要对这种观点进行检视。

如果要对15世纪进行概括的话，我们可以肯定地说，在这个时期，城邦间的"外交事务"在意大利各城邦的观念和政策中都变得越来越重要。长期战争实实在在地主宰了15世纪上半叶：为了争夺对那不勒斯王国的控制权，安茹人和阿拉贡人开战；为了争夺对周边领土的控制权和北部的经济优势，米兰公国为一方，威尼斯共和国和佛罗伦萨共和国为另一方，两方之间征战不断。在这些战争中，每一方投入的兵力都超过2万人，也正是通过这些战争，弗朗切斯科·斯福尔扎、卡尔马尼奥拉、格太梅拉达和尼科洛·皮奇尼诺等军事将领不仅使自己名垂青史，而且也在政治事务中发挥了巨大的影响力。战争同样也极大地消耗和破坏了经济资源。然而，这些战事并非从无间断：它们断断续续地影响了意大利的各个地区；在破坏财富的同时，它们也同样有利于财富的重新分配；它们本身便表明了意大利各城邦可以调用多少经济资源，最重要的是，城邦内与战事相关的政府部门的力量得以增强，并在参战的民众中营造出一种内部团结甚至是爱国主义的氛围。这些战争孕育了政治联盟和情感纽带，也同样导致了分裂；虽然我们通常认为15世纪下半叶的"和平"年代催生了有组织的外交活动，但事实上，在上半叶的各种城邦联盟，以及在为了终战而进行的旷日持久的谈判中，都已经可以明显看到这种外交活动的痕迹。

科西莫·德·美第奇的盟友和门徒弗朗切斯科·斯福尔扎从维斯孔蒂家族手中接管了米兰，实现了王朝更迭；随着土耳其人的逼近和君士坦丁堡的沦陷（1453年），威尼斯越来越无暇顾及意大利事务；充满人文主义情怀的尼古拉斯五世（1447—1455年）出任教皇，在许多方面都开创了一种新的氛围。洛迪和约（1454年）和广受赞誉的意大利联盟（1455年）就是其中的一部分；国内和平似乎既令人心生向往，同时也极其必要；人们普遍认识到，战争需要付出高昂的代价，应当极力避免，而战争机制应该被严格管控。然而，这些都并不等同于人们会一直有决心维持和平共处的局面。1454年之后，虽然结盟和外交似乎占据了主导地位，但彼此间的不信任和猜疑依然存在；军队的人数虽有减少，但数量仍然可观，他们离开战场，在兵营中依然不断操练、列队、比武，激烈的短期战事时有爆发，每当这时，这些士兵便会重新奔赴前线。帕齐战争（1478—1480年）中，托斯卡纳中部的大部分地区都被那不勒斯和教皇军队占领，而在费拉拉战争（1482—1484年）中，一支强大的威尼斯军队占领了费拉拉公国的北部。从军事的角度而言，这两场局部战争，在军事上具有重要意义。虽然意大利在15世纪后半叶度过了比较和平的岁月，但相对而言，各城邦的军事实力并未削弱，部队建制也依然十分完整。

然而，如果说在即将到来的危机中，军事力量的衰弱并不是关键要素，可以将其排除在外的话，那么在政治上未能实现更大的政治团结则是一个更加复杂的问题。意大利世界在15世纪上半叶经历了一场革命，在半岛的中部和南部，中央集权及其掌控力都得到了迅速恢复。15世纪上半叶最重要的事件是佛罗伦萨和威尼斯共和国为遏制米兰维斯孔蒂家族公爵们的霸权野心而进行的斗争，而到1450年时，那不勒斯和教皇也都已经坚定地加入了这场权力的游戏之中。1442年，阿拉贡的阿方索五世在与安茹家族的长期对抗中胜出，控制了那不勒斯王国，这不仅结束了使国家衰弱不已的割据时代，而且这位登上王位的统治者早就无比渴望建立一个西地中海帝国。1435年，他在蓬札被热那亚舰队击败，作为回击，他设法取得了米兰的菲利波·马里亚·维斯孔蒂的谅解，后者甚至许诺其将来可以继承自己的公爵领地。在15世纪50年代战争的最后阶段，当时阿方索五世与威尼斯结盟，他命令军队在托斯卡纳南部下船，以开辟对抗佛罗伦萨的第二条战线，而在15世纪余下的时间里，那不勒斯人想将这一地区，特别是锡耶纳划入自己的地盘。阿方索在那不勒斯的继任者是他的私生子费兰特；他将阿拉贡帝国一分为二，阿拉贡和西西里为一方，那不勒斯为另一方，两方的行政联系被彻底切断，这一决策是出于对王朝利益的考量，实在高瞻远瞩。然而，国王并没有改变自己称霸天下的打算；当费兰特建立起自己的舰队和军事力量，并开始在意大利的政治事务中发挥领导作用时，他可以仰仗阿拉贡人的支持。面对那不勒斯不断壮大的海军力量，威尼斯人很快就开始心存戒备，而米兰的斯福尔扎公爵家族虽然在15世纪后半叶经常与那不勒斯结盟，但由于那不勒斯的种种密谋筹划，他们同样发现自己的处境在不断恶化。

然而，那不勒斯阿拉贡王朝的侵略意图主要针对邻近的教皇国。在康斯坦茨大公会议结束了教会大分裂的局面后，马丁五世成为唯一得到所有人公认的教宗，他于1420年回到罗马，之后又经过20多年的内乱，最后教皇制定的决策终于重新控制了教皇国的内政，并开始干涉意大利的政治事务。尽管总的来说，教皇的政策在这一时期大体上是防御性的，目的主要是保护教皇国紧邻那不勒斯和佛罗伦萨的边境地区，使其不受外部势力的影响，但教廷所采用的方法往往是咄咄逼人的，甚至会蓄意制造分裂。在针对洛伦佐·德·美第奇的帕齐阴谋及随后的帕齐战争（1478—1480年）中，西克斯图斯四世（1471—1484年在位）和他的侄子杰罗拉莫·利亚里奥负有主要责任；他们意图破坏美第奇家族在佛罗伦萨的统治，而且，教皇和利亚里奥希望建立一个无所不能的由教廷任命的裙带网络，想要通过这一网络的力量来控制罗马涅地区，因此他们需要阻止佛罗伦萨人对当地事务的干涉。同样地，教皇和那不勒斯之间本就紧张的关系也因英诺森八世在1485—1486年支持那不勒斯贵族的叛乱而变得越发紧张。

在这一时期，教皇利用精神权威来实现政治目的，以弥补自身在军事力量方面的相对弱势。在15世纪下半叶，教廷对佛罗伦萨和威尼斯实施教务禁令，并赋予神职人员提高十字军东征军税的权力，这一权力被随意使用，成为一种政治武器。在15世纪末，罗马确实称得上是意大利乃至整个欧洲最为活跃的外交中心。究其原因，是各位枢机主教通常出于某种政治原因而被任命，他们在追求自己的政治抱负，以及将圣职俸禄分配给同胞的过程中都需要寻求教皇的支持，因此他们常与外国使臣联手。从尼古拉斯五世开始，历任教皇都力图恢复教皇国在意大利政治舞台的中心地位，同时也致力于将罗马打造成文化和精神的首都、罗马帝国的真正继承者。尼古拉斯五世和吉安诺佐·马内蒂在15世纪50年代制订了清晰的政治计划，虽然此后继任的若干位教皇都将自身利益放在首位，从而使这一计划的延续性大受损害，但最终其取得的成就仍然令人印象深刻，效果在某些人看来甚至是可怕的。到15世纪末期时，罗马和那不勒斯已经取代米兰或佛罗伦萨，成为意大利政治和社会世界的中心。

然而，但凡有人企图在意大利建立起霸权统治，都必然遭到坚决抵抗，翻开15世纪意大利的政治史，记载的满满都是这类故事。在各主要城邦中，精英政治和爱国传统已经根深蒂固，这使得意大利国内根本无法容忍出现大一统的霸主。在15世纪上半叶，维斯孔蒂的霸权遭到抵抗，下半叶则是反对威尼斯的"帝国主义"；基于同样的理由，那不勒斯新崛起的政治势力、教皇的矫饰和野心也都遭到了抵制。在15世纪后半叶，无论是霸主的强权欺压，还是人们的奋起反抗，双方采取的手段往往并非战争，而是外交与权谋。各国使臣和线人们提供的详尽报告非但没有消除彼此间的猜疑，反而加剧了相互的不信任。在这种情况下，几乎没有谁有能力采取突然而有效的军事行动；当然，也存在一些例外，如威尼斯在1482年5月对费拉拉的袭击就近乎成功了。然而，在1494年之前那个所谓的和平年代里，各方势力都对彼此充满了怀疑和猜忌。

在一些人的印象中，15世纪的意大利并没有受到任何外国干涉的影响，这也是大错特错。阿拉贡人在那不勒斯的权力斗争中胜出：在15世纪中叶，当阿方索还在世的时候，正是有赖于阿拉贡的资源和人力，那不勒斯人才有了野心勃勃的资本；而在15世纪晚期，斐迪南作为阿拉贡和刚刚统一的西班牙的君主，他的外交使臣和舰队继续支持着他在那不勒斯的表亲。与此同时，安茹人不断阴谋策划，偶尔也会为了复国而开战。1452—1453年，安茹王室率领的军队同米兰联手对抗威尼斯和那不勒斯，并在15世纪60年代早期再次向南进军。1483年，洛林公爵同威尼斯结盟，与那不勒斯领导的联军一决雌雄，以此昭告天下自己也有权继承安茹王朝留下的政治遗产。然而，此时法国王室已经将这些遗产牢牢掌握在手中，查理八世本人正在策划另一场安茹人的反击。在罗马，因教皇从阿维尼翁回归，意大利在教廷的统治地位得以复兴，但后来这一优势被逐渐削弱。教廷吸引了全欧洲的人才，加泰罗尼亚波吉亚家族的教皇们，以及如贝萨里翁、埃斯托特维尔和巴略这样杰出的外籍枢机主教在其中占据了主导地位。由于显而易见的原因，并非只有意大利的各个城邦希望能够左右教皇的政策，在15世纪后半叶，来自法国、西班牙的大使馆及其君主与佛罗伦萨、那不勒斯和米兰展开角力，希望能够博得教皇的关注。

同意大利境内的其他政府一样，15世纪的教皇们也喜欢寻求外部支持以对抗自己在意大利内部的敌人。当他们发起十字军东征时，虽然有时的确是为了抗击土耳其人，但在更通常的情况下，其动机都颇为世俗。当时，米兰为了对抗威尼斯而寻求帝国和匈牙利的支持；威尼斯政府为了制衡米兰的威胁而向萨伏依、法国甚至向勃艮第示好；那不勒斯自然求助于西班牙；而佛罗伦萨则倾向于仰仗法国的善意和支持。这些举动都并不是真的想鼓励外国势力在意大利永远存续下去，也不是为了调和意大利各政体鲜明的独立性。事实上，这些策略都试图通过对外国势力的操控来实现意大利本国的种种目的，并且在15世纪的若干事件中都曾取得不小的成功。

然而，到了15世纪后半叶，最危险的外国势力变成了奥斯曼帝国。对于意大利人而言，奥斯曼帝国的威胁曾经似乎遥不可及，但随着君士坦丁堡的陷落，欧洲人不得不清楚地感受到其威力。教皇开始通过号召十字军东征来树立权威，而面对异教徒的不断进逼，威尼斯越来越多地卷入了直接对抗之中。在其他城邦看来，如果不是1463—1479年漫长的威土战争分散了威尼斯人的精力，他们很可能会在意大利国内更加咄咄逼人，因而总体而言这对其他城邦来说反而是件好事。有迹象表明，这些城邦（特别是佛罗伦萨）在暗中鼓动土耳其人，所以到了15世纪70年代中期，为了在与土耳其的战争中取胜，威尼斯人已经准备好了在意大利国内结盟的计划。然而，土耳其在1480年对奥特兰托发起了进攻，并随后在普利亚实施恐怖统治，这意味着国外势力的干预已经达到了前所未有的规模。人们纷纷指责威尼斯人，认为正是他们怂恿土耳其人攻打那不勒斯，而且这些指控不无道理。当然，遭到入侵的那不勒斯人自然分身乏术，而佛罗伦萨和米兰对此乐见其成，在向盟友提供援助时就显得磨蹭拖拉。不过，教皇西克斯图斯四世号召欧洲人民站出来驱逐异教徒，倒是因而极大地改善了自己作为十字军领袖的形象。

然而，这场争论的最终焦点还在于这些政权之本身：他们的组成结构、他们的愿望抱负、他们的恐惧担忧。尽管意大利主要城邦的力量有所增强，组织结构也更趋合理，但混乱和分裂仍然徘徊不去，其中虽然有国外势力过度介入的原因，但同样也是其本身社会动荡的结果。在15世纪末，政权的崩溃更多的是由于缺乏内部支持，而非源于外部压力。造成这种情况的主要原因在于意大利社会日益增长的精英主义；那些政权原本大体上就是寡头统治，15世纪时变得越来越贵族化。政治精英们享有的特权优待、生活习惯和生活方式变得越来越可望而不可即，普通人进入政治精英阶层变得越发困难。佛罗伦萨便是一个典型的例子，那里活跃着众多享有盛名的家族，他们在14世纪时就已经生活在这里，他们联手组成了一个共和体制下的寡头统治集团。通过操纵抽签系统，以及充分利用精心挑选出的应急委员会和非正式讨论小组，他们占据了政府中高官的位置，1434年之后，最终形成了以美第奇家族为代表的精英阶层。他们在使用放逐这一手段时往往十分审慎，政治手段也极为高明，当然，这些手段现代人已经司空见惯了。这样一来，美第奇家族和稳定多数的政治精英之间建立了纽带，他们相互依存，随着1480年70人委员会的成立，这一纽带得以正式确立。与其说是财富和经济机会的冻结造成了这种阶层固化，不如说是这些家族越来越强调自己世代为官的传承，并坚持认为官员应当具有相关的政治专业知识。这种形式的政治精英主义有其合理性，人们只能相信那些具有处理公共事务经验并真正投身报国的人，才能把国家的领导权托付给他们。在15世纪前三分之二的时间里，意大利经济的大部分领域都十分繁荣，新富阶层便理所当然地出现了。但他们往往被限制在精英阶层的边缘地带，传统精英将其看作讨人喜欢的纳税者或财务顾问，即使做官也只能负责特定的相关业务，精英阶层内部核心是不会接纳他们的。

在同一时期，威尼斯在委任高阶职位时强调官员必须德高望重、经验丰富；贫富贵族之间的分歧日益扩大；越来越倾向于由人数较少的政务委员会作出重大决定，并且决策过程精心设计，严格保密。这些都表明威尼斯的政治体制呈现出与佛罗伦萨完全相同的特点。米兰斯福尔扎家族的公爵们在其政权的核心建立了秘密议会，并依靠由贵族、银行家、军事将领和官僚组成的内部精英群体来维护其统治，他们中的许多人都被赏赐了大笔财产和贵族特权。在罗马，热衷于政治的枢机主教、教廷书记官和教廷的高级官员通过提携新人和发挥影响力，塑造并扩大了自己的职权，标志着教廷精英阶层的崛起。

不可避免地，这些发展趋势在社会内部引发了怨怼和对抗。一些精英本以为凭借爵位、家族和财富，可以有权利参与对公共事务的管理，结果却发现被排除在统治阶层之外，自然会觉得非常不满。不仅如此，普罗大众也同样觉得不满，因为他们发现政府变得距离自己更加遥远、更加专断、更加深不可测。一些政客在策划阴谋政变时，满心以为自己能够得到民众的支持，以为群众不会发生大规模的骚乱，结果却往往并不如愿，这正是政治精英与社会其他阶层脱离的表现。在加莱亚佐·马里亚·斯福尔扎被刺杀（1476年）、帕齐家族和弗雷斯科巴尔迪在佛罗伦萨的阴谋（1478年和1481年）、那不勒斯贵族的叛乱（1485年）、科隆纳家族起义对抗西克斯图斯四世（1484年）等事件中，都可以清晰地发现这一问题。当时，由于政府所在的城市治安良好，人民在某种程度上能够安居乐业，所以这些阴谋无一得到民众的大力支持。意大利的各个政权在15世纪都兼并了一些小城邦，在疆域扩大之后，它们便迎来了对其统治的有效性和人民的接受度的真正考验。统治中心位于米兰、佛罗伦萨、威尼斯等地的政权，究竟能够在多大程度上获得帕尔马、比萨或帕多瓦人的忠诚，并可以有效地管理当地事务？也许更重要的问题是，它们的政令在偏远的乡村地区能够走多远呢？有证据表明，15世纪意大利各城邦在处理这些问题时使用的方式各不相同。佛罗伦萨的方式带有最浓重的中央集权色彩，政府从中央向各地强制派遣佛罗伦萨出身的官员，建立起了由中央掌控的税收体制，并表现出对区域经济的关切。那不勒斯和米兰（虽然前者更为典型）依靠传统贵族和当地的城市精英来维持其统治。威尼斯的解决方案则介于两者之间，由少数威尼斯贵族负责监督地方机构并强制推行一些中央法令。这些政策的成效往往取决于地理位置和当政者的性格，因此并不存在任何一贯意义上的"国家建设"。政权虽然处于"国家"这一概念的核心，但在很大程度上，大部分民众并不在乎其命运。

在这种情况下，想要在这些城邦内部构建所谓的团结自然就成了无稽之谈。相较于其治下的民众，精英们在彼此之间自然能够找到更多的共同点。他们享有同样的生活方式和国际视野，在共有的精神世界中，精英群体、家族之间的关系纽带遍布整个意大利。即使从表面上看来，这些当权者的统治显得十分自信，威势满满，然而他们的同胞想到自己壮志难酬，自然心生嫉妒，进而试图谋权，这些精英往往反过来为其所苦。

1494—1530年：危机的年代

1494年11月，面对来自精英阶层和普通民众日益高涨的反对浪潮，洛伦佐·迪·皮耶罗·德·美第奇被迫逃离佛罗伦萨。美第奇家族此前三代人建立起来的统治由此分崩离析，在短短几周之内，佛罗伦萨人便进行了重大的宪法改革，建立起一个共和国，其统治基础之广实为该城史上之最。这一系列戏剧性事件的直接背景是法国军队穿过卢尼贾纳不断向前推进，而皮耶罗为了换取法国对自身统治地位的支持，竟然甘愿交出包括比萨在内的堡垒要塞。然而，在其父洛伦佐于两年前去世后，佛罗伦萨的精英阶层就对皮耶罗所展现出来的领导才能失望不已。不仅如此，随着时间的流逝，越来越多的人认为，美第奇家族在佛罗伦萨的地位过于重要。这两者可能是导致美第奇家族统治崩溃的原因。萨伏那洛拉的布道极富创见和想象力，这也为新生的共和政体吸引了大量的拥趸。该共和国延续到1512年，直到美第奇家族在西班牙军队的帮助下复辟为止。

在佛罗伦萨政治危机之后的几年里，米兰的斯福尔扎政权崩溃（1499年），法国和西班牙签订格拉纳达条约，分裂那不勒斯王国（1500年）。当时，拥有加泰罗尼亚血统的亚历山大六世出任教皇，教皇国和威尼斯唯有同入侵者达成和解，并接受自己的昔日对手被侵吞的事实，才得以幸免于难。外国势力的干预显然在这些事件中发挥了举足轻重的作用。1494—1495年，查理八世入侵并成功占领了那不勒斯，面对这一情况，西班牙理所当然要支持陷入困境的阿拉贡王朝。在接下来的半个世纪中，意大利即将变成欧洲两个主要大国的战场。

关于这段危机时期，我们必须提出的问题是：为什么骄傲的意大利人如此轻易地就屈服于外国入侵者？外国势力的存在，无论是实实在在的占领，或者仅仅停留在口头的威胁恫吓，对意大利各城邦的政治和社会生活又造成了哪些影响？我们前面在讨论15世纪的时候，事实上已经部分地回答了第一个问题。在所有的问题中，军事上的弱小是最不值一提的：在人数上，法国和西班牙军队并不比意大利主要城邦的军队庞大，在训练和装备方面也并没有明显优势；著名的法国炮兵部队在意大利十分出名，并被广泛效仿；入侵军队的许多将领很快就变成了意大利人。除了在福尔诺沃（1495年）和阿尼亚德洛（1509年）进行的两场战役外，这一时期的主要战役实际上都发生在法国和西班牙军队之间，意大利会派遣军队与西班牙并肩战斗，而西班牙军队通常笑到最后。在历次战争引发的军事行动中，这些意大利军队及其将领对推动战事的重大进展起到了重要作用。

无论政府还是民间，意大利缺少的是抵抗的意愿，更遑论协同一心进行抵抗了。1495年初，那不勒斯的贵族成群结队地逃往法国，成千上万的阿布鲁佐的农民不惧长途跋涉，只为推翻已失去民心的阿拉贡王朝。1499年，大部分军队拒绝为卢多维科·斯福尔扎和保卫米兰而战。法国入侵军是由吉安·贾科莫·特里武尔齐奥指挥的，他是米兰归尔甫派的领袖，这一派别对米兰政府早已心怀不满；而他本人又是意大利经验最为丰富的佣兵队长之一，对进犯路线了如指掌，能够充分利用米兰内部的分裂来实现自己的意图。此外，威尼斯人在米兰后方也发动了袭击，极大地支持了法国人的入侵；教皇亚历山大六世对此也持纵容的态度，因为他发现自己可以利用法国军队来推翻罗马涅地区的主教们，以便其子西泽尔·波吉亚获封公爵领地，这可是个大好机会。同样，1500年那不勒斯的分裂也得到了教皇和威尼斯的支持，后者于1496年保卫那不勒斯时控制了普利亚地区的各港口，显然它希望能够永久维持这一局面。康布雷同盟策划并几乎实现了对威尼斯的毁灭，而费拉拉、曼图亚和教皇尤里乌斯二世都加入了该联盟；这不仅是意大利各方在试图了结恩怨，而且也是欧洲强权的一次行动。阿尼亚德洛战役失败之后，威尼斯内陆地区的贵族大规模叛逃，军队的抵抗因此受到严重影响；然而，出人意料的是，农村地区的各阶层显示出了极大的忠诚，他们宁可相信威尼斯的中央政府，也不相信当地的乡绅精英，因此为威尼斯军队的抵抗提供了强有力的支持。

毫无疑问，长期的战火延绵、局势紧张和压力过大自然使当政者心生厌倦，不断出现主动下野的情况。从1494年到1530年，米兰政府重组了11次，如果将这种过分的动荡完全归咎于1494年之前的体制薄弱和决策失误，显然是不合理的。那些入侵的强国自有盘算，意大利的衰弱，以及意大利王族和流亡者的花言巧语，都不是控制局势的决定性因素。到16世纪20年代时，这种情况愈演愈烈。随着哈布斯堡帝国的扩张，法国和西班牙之间的对抗蔓延到意大利以外的其他战场，"意大利战争"一词越来越难以定义。

战争的影响非常难以解释清楚，在社会经济方面尤其如此。传统上一般认为，意大利战争时期是半岛经济和政治结构的转折点。城市被洗劫一空，大片农田被荒废，人力和各项资源都被完全投入军队中，各种苛捐杂税被强加在人民头上，财宝被劫掠殆尽，所有这些都不可避免地造成了巨大损失。许多经济史学家都谈到过这场危机所造成的一系列严重后果：工业基础被破坏，商业垄断也被打破，农村陷入长期的萧条之中，失业率居高不下。

然而，如果一味从现代人的视角出发，片面强调那些悲惨的片段，我们往往会夸大战争的破坏性。佛罗伦萨人满心愤恨（他们当然有理由这样），抱怨1494年比萨的沦陷使他们的贸易行业遭到严重破坏，且1529—1530年佛罗伦萨的长期被围使乡村地区变得荒无人烟。

不过，比萨在1509年便被收复，佛罗伦萨的近郊县在围城后短短几年之内便如以往一样受到投资者的青睐。长期以来，意大利经济更加依赖金融和贸易，因此，罗马之劫（1527年）对其造成了毁灭性的影响；而且，由于不断有军队在皮埃蒙特及伦巴第南部的部分地区行军、扎营，这些地区持续受到大肆劫掠，人民苦不堪言。但1503年之后，意大利罗马以南的地区几乎没有经历过直接战争；威内托和整个伦巴第东部地区仅在1509—1517年的有限时间内经受了些磨难；托斯卡纳也不是一直处于战争之中。在16世纪的大部分时间里，意大利各地的经济都趋于繁荣；直到这一世纪末，威尼斯人仍然在地中海东部的商业贸易中占据垄断地位；1528年，安德鲁·多利亚率领他的舰队彻底倒向了神圣罗马帝国一边，此后热那亚的商人和银行家不断参与到伊比利亚各地的经济活动中；伦巴第的各个行业在16世纪始终表现亮眼；佛罗伦萨的银行家、羊毛布料和丝绸的制造商也一直持续在法国和荷兰开展业务，经济交往的密切程度一如往常。费尔南多·布罗代尔曾指出，整个欧洲的需求、消费和供应情况都在逐渐发生变化，从长远来看，意大利经济乃至地中海地区的经济都受到了巨大的影响，与之相比，一时的政治危机或战争反而显得无足轻重了。这种观点是令人信服的。

意大利生活的社会模式似乎受到的影响更小。总体而言，政治精英们适应了统治阶层所发生的变化，而新上台的统治者也利用这些当地的传统精英来巩固自己的统治。1535年之前，无论是法国还是西班牙的总督，往往试图通过斯福尔扎家族来治理米兰，而在神圣罗马帝国的政策中，重建和维护美第奇家族在佛罗伦萨的地位一直占据重要的地位。那不勒斯安茹家族的贵族的确吃了不少苦头，但他们的困境已经有些年头了；尽管亚历山大六世曾试图摧毁他们，但科隆纳和奥尔西尼这两大家族仍继续在罗马展开激烈竞争；在威内托，尽管仍然要听人号令，威尼斯的内陆贵族还是恢复了特权地位。意大利社会的底层民众很快就失望了，他们发现法国或西班牙那些贵族出身的总督根本不会支持他们的事业。有些历史学家可能会认为，这一时期的种种事件会引发精神危机，让人陷入痛苦、屈从和怀旧的情绪中不可自拔；但另一些历史学家则认为，这些问题的根源在1494年之前便已经埋下。不过，这些争议显然与本节无关。

16世纪的意大利

1530年，教皇克雷芒七世在博洛尼亚为查理五世加冕，一直以来，人们对这件事进行了多种解读：有人认为这是意大利被征服的过程中最具标志性的事件，同时也象征文艺复兴真正走到了尽头；也有人认为这是多年苦难的结束，从此新秩序揭开了序幕。对于意大利各城邦及其社会而言，16世纪余下的日子是一段相对平静且日益繁荣的时期，这一点现在已经成为人们的普遍共识；我们在本章的最后一节中需要重点说明的是，这段时间中所发生的一系列事件对后世产生了持续的重大影响，因此，我们的故事需要一直讲到1600年。

查理五世的统治地位不仅建立在他对西西里和那不勒斯的占领，以及对米兰的征服上，更重要的是，他成功地让意大利的其他地区也俯首称臣，承认他是帝国的主宰。意大利终于拥有了一位其梦寐以求的最高仲裁者：一位讲意大利语的神圣罗马帝国皇帝，而且认为意大利对自己意义非凡。在加冕礼前后的几个月时间里，他出面平息了许多意大利的纷扰事务，包括但不限于同教皇和解、认可美第奇家族在佛罗伦萨重新掌权的必要性等。他承认小城邦的完整性，确认摩德纳和雷焦归费拉拉的埃斯特公爵家族所有，恢复弗朗切斯科·玛利亚·德拉·罗维雷对乌尔比诺的统治，将曼图亚提升为公爵领地，并批准锡耶纳和卢卡作为独立共和国存续下去。在米兰，他将统治权授予弗朗切斯科·斯福尔扎二世，直到后者于1535年去世；在威尼斯，他承认威尼斯人对该共和国领土的所有权，并承诺不会干涉其统治。尽管这位帝王总是能够倾听各方的请愿和申诉，但意大利具体事务是由帝国派出的多位大使和总督负责的。随着查理五世解决了诸多纷争，且驻守在伦巴第的帝国军队一直保持战备状态，意大利各城邦间的摩擦也逐渐平息。

作为意大利所有城邦中最具独立性的两个城邦，威尼斯和教皇国在政策的连续性方面表现得最为明显。16世纪20年代，在总督安德烈·古利提的领导下，威尼斯继续寻求维持其国际政治地位的机会。虽然在查理的劝说之下它最终放弃了普利亚的港口，但鉴于其威武强大的舰队和保障有力的陆军，各方都承认它在政治上的重要性。然而，历史再次证明1537—1540年与土耳其的战争使得威尼斯无法专注于此，从16世纪30年代后期开始，防御和维持现状似乎就变成了威尼斯在意大利的主要立场。在危机年代中，克雷芒七世（1523—1534年在位）和保罗三世（1534—1550年在位）一直是教廷里举足轻重的人物，亲身体验过裙带关系的作用及其好处，他们漫长的教皇任期也保证了教皇国政策的延续性。来自帝国的担忧、同皇帝本人算得上良好的私交，以及认识到必要时对教会进行逐步的改革，这些因素最终促成了天特会议的召开，保罗三世的任期也由此成为教皇政策较为成功的一个时期。与之相比，保罗四世（1555—1559年在位）的短暂任期便显得不太成功了，这个那不勒斯人利用自己的职权，对皇帝的权威发起挑战，使得精神和世俗两者之间的关系再度紧张起来，但这一阶段持续的时间很短。

在托斯卡纳，美第奇家族的公爵们在16世纪30年代逐渐建立起一种混合型的政权，既部分基于共和传统，又坚定地依附于皇帝，因此被允许享有一定的自主权。在帝国的许可和支持下，佛罗伦萨人于1555年成功接管锡耶纳，终于得偿夙愿。当时的意大利局势十分稳定，统治者们关心的是如何通过根据宪法建立的政府，主要是可以进行有效统治的政府，来创造共识和赢得支持，在这样的大背景下，这一领土调整是非常罕见的。各国统治者都特别关注如何刺激经济复苏和增长的问题：建设港口设施、保护工业、改善道路、土地开垦计划等都出现在这一时期的政策中。其意图不仅是为了创造应税财富，也是为了提升人民对政府的好感和满意度。这类政策在托斯卡纳尤为成功，美第奇公爵（1569年晋升为大公爵）通过各种激励手段扩大了佛罗伦萨精英阶层在商业和土地方面的利益，从而分散了后者的注意力，使其不再像传统那样关注政治问题。

在1556年查理五世淡出朝政之后，意大利的统治权被转移到费利佩二世手中，这是一个潜在的颠覆性时刻。费利佩是西班牙国王、那不勒斯和米兰的统治者，他并没有获得皇帝的称号；与其父相比，他更像一个纯粹的西班牙人，而西班牙人在意大利并不受欢迎。费利佩本人更加疏远、冷漠，对意大利不太感兴趣，更信任西班牙顾问，而非国际专家，在他的领导下，意大利境内的和平氛围似乎无法维系。不过，在16世纪余下的时间里，尽管费利佩与继任的几位教皇之间、西班牙与威尼斯之间的紧张局势不断加剧，但总的来说，这份和平确实得以存续。不管费利佩的名声如何，他都不是一个咄咄逼人的统治者，并且他确实关心正义，以及臣民的利益。他决心守护意大利，在勒班托海战（1571年）中，西班牙、威尼斯和教皇三家的联合舰队击败了土耳其人，即使盟友们随后便接二连三地迅速撤军，他因这场伟大胜利而产生的喜悦之情也并未在战后的幻灭和指责中烟消云散。

毫无疑问，意大利之所以能够在16世纪后半叶保持一定程度的安宁和相互理解，一个关键因素是随着《卡托-康布雷齐条约》（1559年）的签订，法国和哈布斯堡王朝之间的对抗暂时告一段落。法国不再干涉意大利事务，这一威胁的移除使得那些对西班牙霸权心怀愤懑的意大利统治者可选择的范围缩小，减轻了意大利财政的军事负担。与此同时，天特改革的成功为意大利的宗教生活带来了新的凝聚力和使命感，也进一步提升了教皇的威望。天主教改革是这一时期的另一种延续，在这一过程中，人文主义也真正成熟起来。

到16世纪90年代时，种种迹象表明这段文艺复兴的小阳春即将走到尾声。之前的宗教战争使法国社会陷入分裂，耗费了它大量的精力，亨利四世即位后成功地结束了宗教战争，从而使法国和西班牙再次对抗的可能性大为增加。由于通货膨胀的影响，西班牙在意大利的税收不断上升；瘟疫和饥荒再次出现，中断了16世纪中叶人口的大幅增长。随着收益开始下降，精英阶层开始质疑政府。在塞浦路斯于1571年被土耳其人夺走之后，威尼斯在东地中海地区的影响力最终开始瓦解，并在教会的管辖权问题上与教皇逐渐形成了新的对抗，最终导致保罗五世于1606年发出了绝罚令。意大利各城邦及其社会在16世纪初的危机中表现出色，幸免于难。它们以进取、宽容的精神勇敢地面对欧洲列强不断扩张、市场和贸易路线发生变化、宗教极度动荡所带来的种种问题；然而到1600年时，这项任务变得越来越艰难。

第四章
文艺复兴时期的文化

乔治·霍尔姆斯

但丁与乔托时代

1300年前后，意大利部分地区文化成果激增，最重要的原因是一些大城市取得了商业上的成功，商业成功又催生出更加城市化的文明，与之前的意大利社会或者同时期欧洲其他地区的社会都不一样。然而，也存在另外一些重要的影响因素。佛罗伦萨、锡耶纳和比萨都位于托斯卡纳地区，这些城市的思想演变均受到古罗马记忆的影响，虽然古罗马已不复存在，但古罗马的精神仍然鲜活于维吉尔和西塞罗的著作之中，附身于城市各处宏伟的纪念碑上。现代罗马也产生了同样强烈的影响。罗马既是天主教皇的罗马，也是西方教会的首都，文艺复兴时期的意大利文明不得不与基督教会或易或难地同生共存。

新一代创作者中最伟大、最具独创性的是《神曲》的作者但丁·阿利吉耶里（1265—1321年）。与中世纪时期的北欧语言不同，1250年之前几乎追溯不到用意大利语创作的严肃诗歌。但丁早年师从托斯卡纳不同城镇中的多位绅士诗人，后来写出一首结构复杂的长诗，这首诗就像荷马史诗之于希腊一样，一直主导着意大利人的精神世界。1302年，但丁被逐出佛罗伦萨，1321年去世，《神曲》就是在这段流亡岁月中创作的。《地狱》、《炼狱》和《天堂》三个部分在形式上完全对称，由虚构出来的但丁联系在一起，他造访了宇宙的三个层次。古老诗歌传统中的爱情偶像比阿特丽斯则化身为一位得到救赎并且全知的天堂住民。这首诗的主题非常广泛，涵盖了各种各样的问题，从中可以窥见但丁本人的生活，以及当时意大利所面临的很多迫切的问题。政治问题是书中的重头戏，比如大家族和派系主导的城市冲突，以及教皇想要成为意大利神权皇帝的政治主张。但丁可能也深受方济各会精神派的影响，他从中得到了（至少一度得到了）关于教会和神圣罗马帝国未来命运的启示。三部曲中的最后一部《天堂》，表明他接受了中世纪最伟大的意大利哲学家圣托马斯·阿奎那（卒于1274年）的哲理神学。阿奎那曾试图将亚里士多德的理性主义哲学和《圣经》的启示巧妙地融合在一起，他的大部分哲学研究都是在巴黎完成的。当时意大利已经拥有了几所重要的大学，包括博洛尼亚著名的法学院和威尼斯附近的帕多瓦大学，后者因致力于研究亚里士多德的科学和医学著作而闻名。然而，但丁在很大程度上是佛罗伦萨孕育出来的，他将这座城市的新文化表达得淋漓尽致。佛罗伦萨在思想上部分地摆脱了教会和学术的支配，而且当时还没有大学，因此是一个适合培育新人文主义精神的孵化器，接下来的三百年间新人文主义精神将在意大利文化中发挥主导作用。

意大利文艺复兴时期的文化特别重视视觉艺术。人文主义的表达手段可以是文学，也可以是绘画和雕塑。视觉艺术的复兴始于佛罗伦萨，也有人认为，复兴同样始于罗马，以及受罗马影响的阿西西。锡耶纳和比萨也很重要，因为在那里尼可罗和乔瓦尼·皮萨诺父子开创了对罗马雕塑遗迹的模仿，很快便发展成一种新的塑像自然主义。乔瓦尼·皮萨诺在皮斯托亚的圣安德烈教堂、比萨教堂和锡耶纳教堂的人物造型达到了很高的水准。文艺复兴艺术史上有几个阶段都是雕塑先于绘画出现，人们往往认为这个观点适用于13世纪晚期的乔瓦尼·皮萨诺，也适用于15世纪的多纳泰罗和吉尔贝蒂，其实在某种程度上同样适用于16世纪的米开朗基罗。不管怎样，文艺复兴的很多特征似乎已经在乔瓦尼温和却充满活力的人物形象中有所体现，下一代的画家在某种程度上模仿的是乔瓦尼·皮萨诺和阿诺尔福·迪·坎比奥创作的石像，而不是道法自然。

13世纪的绘画与方济各会密不可分。方济各会是成立最早也是最成功的新托钵僧会，修道士们涌入意大利，兴建庞大的修道院，改造了城市的面貌。方济各会促进了对圣方济各（卒于1226年）生平故事的视觉呈现，在方济各会发祥地阿西西建造的宏大双层教堂，包含了13世纪末14世纪初绘制的系列壁画，为壁画艺术的发展提供了强大的推动力。上层大教堂中介绍圣方济各生平的一系列壁画最为引人注目，为圣博纳旺蒂尔的文字记载提供了视觉解读，后者记载的一些故事，比如圣方济各向鸟类布道，都在壁画中得到了呈现。

阿西西的大部分画家都名不见经传，创作圣方济各生平系列作品的画家们同样也是无名之辈。人们普遍认为，教皇的赞助和影响促使罗马画家完成了大量的壁画作品，虽然这些作品大多在16世纪和17世纪建筑翻新的过程中遭到破坏，但重新审视古罗马传统的思潮似乎一直都很活跃。这种思潮在阿西西尤其明显，给来自北方的艺术家们带来了启示。在阿西西受到最大启发的画家莫过于乔托（卒于1337年）。乔托生于佛罗伦萨，当时可能在阿西西工作。乔托可能在帕多瓦遇到过流亡中的但丁，如果是这样的话，文艺复兴美学传统的两位主要奠基人便形成了联结。乔托到帕多瓦是为了给阿雷纳礼拜堂内部装饰壁画，这是他现存的最重要的作品。这座礼拜堂是由一位富人出资建造的，他一时冲动的决定想必是受到了阿西西的鼓舞。乔托创作了一系列作品描绘圣母玛利亚、玛利亚之母安妮和基督生活的场景。这些场景因富有戏剧性而引人注目，每个场景都相互衔接，呈现出一场正义与邪恶之间的悲剧性交锋。也许更为重要的是，乔托试图给每个场景都赋予空间真实性。这只是一个开始，后来布鲁内莱斯基发明了数学透视法，莱昂纳多展开了更多的科学探究。按照他们的标准，乔托的画面空间显得原始，透视也很粗糙直白，主要基于几个人物与一个简单建筑空间（通常是室内）之间的关系。然而，艺术的飞跃来得猝不及防，画家们开始将人物置于空间的显著位置，而不是简单地在概念上将其与空间及其他人物相联系。另外，也更加强调人物的刻画，最明显的例子可能是收藏于佛罗伦萨乌菲齐美术馆的祭坛画《宝座上的圣母子》，相比于意大利13世纪创作的大量板面画，这幅作品在自然主义方面取得了惊人的进步。按照传统，祭坛画一般放在祭坛后面，也有狂热的民间宗教，特别是方济各会、多明我会和其他修道会，要求在游行队伍中携带。这类画具有象征意义，但缺乏现实性。但这种心理正在发生转变。

锡耶纳绘画和彼特拉克

与乔托同时代最伟大的人物是锡耶纳的画家杜乔（卒于1318年）。锡耶纳虽然没有佛罗伦萨面积大，但也是著名的商业中心。1348年黑死病暴发之前，锡耶纳拥有与佛罗伦萨同样辉煌的视觉文化。锡耶纳人在13世纪建造了自己的大教堂，14世纪初希望把它扩建成世界上结构最宏伟的教堂。但由于地质不稳定，1348年又出现了人口灾难，这个愿望并没能实现。杜乔被指定创作放在大教堂祭坛后面的《宝座圣母像》，以赞美锡耶纳传统的保护神——圣母和她的儿子。这幅画完成于1311年，是一系列木板画中的一幅。这些画详细地描绘了基督的生活，特别是在基督受难之前和之后发生的事情。杜乔的关注点与乔托不同，他对空间和人物没有太大兴趣，但他非常擅长呈现生动的故事，他的人物比乔托更优美，构图也更典雅。《宝座圣母像》（创作于1309—1311年）与阿雷纳礼拜堂中的壁画（创作于约1305—1310年）几乎是同期创作的，二者都是雄心勃勃的作品，描绘了基督的生活。有意思的是，两位画家的出生地相距只有50英里左右，这充分展现了意大利的创造性——相隔不远的地方竟然可以发展出两种如此强大却又截然不同的传统。

14世纪上半叶，锡耶纳还出现了另外一些具有创造性的画家。杜乔之后，空间表现的发展比佛罗伦萨更进一步，特别是安布罗乔·洛伦泽蒂（卒于1348年）的作品。他的画作《献于圣殿》（创作于1342元）现藏于佛罗伦萨的乌菲齐美术馆，展现了发生在一座精致的教堂里的《圣经》场景。教堂的侧廊和圣坛逐渐消失融入画面的背景之中，这让乔托的空间自然主义又向前迈进了一大步。但在此之后，直到下个世纪之前，空间自然主义都没有取得什么进展。洛伦泽蒂之前在锡耶纳市政厅创作了以好政府与坏政府为主题的一系列壁画，生动诠释了这座共和城市的政治理想。有些场景是讽喻性的，其中有两个保存完好的场景，一个是《治理良好的城镇》，另一个是《治理良好的乡村》。后者在某种意义上呈现了锡耶纳周围乡村的全貌，描绘了从城市到海港绵延40多英里的景色，这当然不符合现实，却是乡村画的一种大胆尝试。它展示了没有围墙封闭，由田野和山丘组成的现实空间。同样地，

14世纪也没有出现过能够超越或者与之相提并论的作品。

另一位重要的锡耶纳画家西蒙·马丁尼（卒于1344年）生前为法国的教皇宫廷作画。罗马教皇从1305年到1377年一直居住在法国。有人认为，这种"巴比伦之囚"的状况使意大利和罗马在很长一段时间内没有教皇的宫廷，也失去了教皇对艺术和学术的赞助。西蒙·马丁尼在法国遇到了另一位被流放的意大利人——作家彼特拉克（1304—1374年）。他显然为彼特拉克的心爱之人劳拉作过画，并且得到了作家的赞赏。这是继但丁和乔托会面（也可能只是传说）之后，艺术家与作家的又一次会面，预示着人文主义者和艺术家之间即将展开充分又重要的交流。彼特拉克经常被视为人文主义的奠基人，尽管他大部分时间并不住在意大利。他接受的是世俗教育和知识传统，这一传统在他之前就已经存在，是整个文艺复兴时期意大利社会的重要特征之一。比如公证人这个职业，在意大利相当于现代律师，需要用意大利语和拉丁语书写正式文件，由于拉丁语很重要，公证人经常会饶有兴趣地阅读西塞罗的古典著作。彼特拉克的父亲就是一名公证人，子承父业，彼特拉克本人曾在博洛尼亚接受过一些律师培训，但他最终还是放弃了，成了一名职业作家。

彼特拉克跳出了早期传统，具有非凡的创造力。很难想象还有哪位文学艺术家在创造文学体裁方面如此多产：他最著名的作品是彼特拉克十四行诗；他的意大利语诗歌在整个文艺复兴时期影响深远；他开启了对拉丁语文本和对话的科学研究；他描绘了古罗马英雄们的生活；他模仿维吉尔创作了一首拉丁文诗歌；他对大学里盛行的经院哲学传统进行了严厉的批评。彼特拉克以写作为生，1341年那不勒斯国王罗伯特下令，在罗马为他加冕桂冠。他是第一位现代文学家。

要了解彼特拉克的思想本质，最好看看他的《秘密》，这本著作的主体完成于1347年前后，是一部对话体作品，文艺复兴后期创作的数百个对话体作品都以此为原型。书中有两个角色——以圣奥古斯丁为原型的奥古斯丁和以彼特拉克的名字弗朗西斯科·彼特拉克为原型的弗朗西斯，他们的讨论代表了彼特拉克思想中两种矛盾的倾向。奥古斯丁代表严厉的基督教教义，认为今生不过是为死亡作准备，而弗朗西斯则展现出彼特拉克对诗人身份赋予他的爱与荣耀充满依恋。这场辩论悬而未决。彼特拉克充满矛盾。他身为一名诗人，有自己的情人，却又纠结是否修道生活才是人类的真正目的。在《秘密》中，他描绘了整个文艺复兴时期文化都无法解决的潜在困境：应该如何调解罗马异教中的文学人文主义与基督教之间的矛盾？因为植根于罗马异教的文学人文主义崇尚世俗目的，基督教与各宗教派别则宣扬自我否定和虔诚，这两种想法在意大利世界都有着深厚的根基，许多人都试图进行调和，比如下文中将要提到的马西利奥·菲奇诺和米开朗基罗，但他们都没有解决问题。

与彼特拉克同时代的最伟大的文学家乔凡尼·薄伽丘（1313—1375年）是一个完全不同的人。他也是一位文学家，启发了更多的现代作家，但他扎根于佛罗伦萨，并偶尔出任城市的公使。薄伽丘最著名的作品是《十日谈》。作品由一连串虚构的故事组成，讲述的是佛罗伦萨绅士在逃离1348年瘟疫时发生的故事。《十日谈》用意大利语创作，是城市故事的文学改编，诙谐、荒诞，常常反对教会权威或者包含淫秽的内容。从历史的角度来看，这本书展现了意大利人想象力另外一种可能的发展方式。薄伽丘的小说、彼特拉克的诗歌，还有《神曲》文学，使意大利语文学在一百年内迅速崛起，达到的高度至少可以与中世纪的法国和德国相媲美，甚至可能更胜一筹。为什么不沿着这条路继续走下去呢？薄伽丘本人也醉心于古典文学，在面对观念的冲突时，他选择将意大利人的思想转入了另一个方向。他最后的作品之一是用拉丁语写成的《异教神的谱系》，以一种基督徒能够接受的方式讲述古典故事。作为古典传说的宝库，这本书经久不衰。结果到了下个世纪，也就是15世纪，意大利语古典人文主义作品层出不穷，但一流佳作却变得凤毛麟角。从一种意义上说，意大利天才们的才华枯竭了，然而从另一种意义上说，意大利天才们变得更加多才多艺。

人文主义革命

人文主义学术与著作数量激增，标志着15世纪初对城市生活和基督教的双重背离。人文主义成功的条件之一是东西方教会大分裂期间（1378—1415年）教皇权威的崩塌。大分裂发生在教皇格里高利十一世从阿维尼翁返回罗马之后，枢机主教团分裂，导致整整一代人分别支持两个对立的教皇。在教皇权力衰微的情况下，由首相、文书长科卢乔·萨留塔蒂等人推动，佛罗伦萨对古典文学的热情日渐高涨。1415年后，教会在罗马复归统一，教皇的威望和财富得到恢复，教廷再次成为意大利人的重要赞助人之一（此前教皇的赞助于1305年戛然而止）。佛罗伦萨和罗马的人文主义者也建立起更加紧密而重要的联系。"人文主义"是一个不准确的词，只能理解为追求古典文学与思想的最高文化价值。虽然这个定义很模糊，但它表达出来的直觉在接下来的两个世纪中对意大利人至关重要。

佛罗伦萨-罗马人文主义学派推动了一系列具有独创性和影响力的文学创作，将古典模式改编为现代生活。在某种意义上，最简单的方式就是书写一种新的历史，也就是模仿罗马历史学家，对世俗事件进行连续的叙述。之前的写作规范是编年史，将事件置于基督教天意的框架中，从上帝创世到基督转世，再到教会的演变。杰出的人文主义者莱昂纳多·布鲁尼（1370—1444年）和令人尊敬的佛罗伦萨首相一样，在诸多人文主义领域都著述颇丰。他创作了一部很长的《佛罗伦萨人的历史》，采用了外部框架，以罗马共和国早期的繁荣、罗马帝国的衰落及佛罗伦萨的现代复兴为背景，讲述这座城市的故事。这本书只是一个萌芽，表明编写世界史也可以从撰写古典文明到中世纪，此后文化在现代世俗城市中再度走向繁荣这一系列的历史。可以说，布鲁尼开创了一个认识过去的新思路——与天意历史相对的文明历史。这个思路很快就变得非常普遍。

布鲁尼书写的历史，其核心是共和城市。佛罗伦萨是自觉的共和城市，与具有攻击性的专制城市米兰形成了巨大的反差。城市的宣传需要与亚里士多德、西塞罗的著作相结合，产生了一种新的共和城邦政治思想，而布鲁尼也是这一思想的主要缔造者和推动者。中世纪时关注的焦点是教会与国家之间的关系，因此中世纪经常将政治视为半神学。与新历史观一样，新的政治思想打破了这种传统。布鲁尼等人将建立独立的共和城市作为主题，根据世俗社会公民的需要决定政治目标，促成了原始功利主义的诞生。新的政治思想在15世纪得到了广泛的实践，甚至在很多地区被改造为支持专制政府的思想。事实上，专制政府在意大利至少和共和政府一样常见。

尽管人文主义起源于对异教经典的喜爱，但它并没有与教会权威发生严重冲突，教皇们非常乐意赞助将修昔底德和其他希腊作家的作品翻译成拉丁语的工作，特别是尼古拉斯五世（1447—1455年在位），因为教皇们想要重建罗马，恢复古代的荣耀。即使是罗马人洛伦佐·瓦拉（1407—1457年）运用高超的语言技巧批评《圣经》的拉丁文通俗译本和几位经院哲学家翻译的希腊哲学家的作品，也没有破坏古典主义和基督教的友好联盟。

罗马人文主义者中最具影响力的是利昂·巴蒂斯塔·阿尔贝蒂（1404—1472年），他用意大利语撰写了这一时期唯一重要的人文主义作品《论家庭》。这是一部关于政治和社会思想的著作，对传统的政教关系仍然不感兴趣，取而代之的主题是世俗城市背景下的家庭。然而，阿尔贝蒂的独创性不止于此。他开启了人文主义和视觉艺术的结合，让意大利艺术从15世纪初开始进入长达一个半世纪的辉煌。阿尔贝蒂的《论绘画》（创作于1436年）是一部富有且博学的人文主义者受到艺术工匠（普遍认为是当代佛罗伦萨的艺术家）启发而完成的作品。这本书有两个成就：首先，它确立了一套新的绘画目标——用透视法自然地再现场景，让人物外貌展现真实的情感，并使用自然的色彩讲述故事，避免装饰性的金银色；其次，它宣告了艺术家是和文学人文主义者一样的文化人，不同于掌握具体技巧的工匠。佛罗伦萨的大人物们曾经盛赞乔托，如今阿尔贝蒂将成为有教养的绅士们的座上宾。阿尔贝蒂还写过一本建筑方面的书，他在书中主张对城市进行规划并采用古典风格。这本书也契合了当时的知识风气，富有创新精神，书中的观念影响极其深远。在布鲁尼转变意大利人思想的同时，阿尔贝蒂在改变意大利面貌方面作出了无人能及的贡献。

人文主义和艺术

阿尔贝蒂的灵感来自佛罗伦萨发生的视觉艺术革命，代表人物是建筑家兼雕塑家菲利普·布鲁内莱斯基（1377—1446年）和雕塑家多纳泰罗。和1300年一样，此时雕塑的发展比绘画快了一步。假如没有文学人文主义者助力，这场新视觉艺术运动是不可能发生的。文学人文主义者提倡古典模式，并促成对新作品的赞助。新运动也离不开能工巧匠的技能。布鲁内莱斯基运用高超的技术模仿罗马的万神殿圆顶和君士坦丁堡的拜占庭式圆顶，在佛罗伦萨哥特式大教堂的十字结构上方成功地设计出了穹顶。还有多纳泰罗的作品《朱迪思和霍洛芬斯》，其复杂的青铜铸造也需要精湛的技术。佛罗伦萨是一个富裕的社会，有许多杰出的能工巧匠，人们对宫殿装饰也饶有兴趣。然而，艺术变革的基础也受到了人文主义的影响，一个始料不及的决定，便将其转向了古典模式。

　　布鲁内莱斯基建造的英诺森孤儿院凉亭在建筑风格上发生了决定性的转变：从在意大利和欧洲其他地方都很常见的哥特式尖顶拱门，变成了罗马建筑的圆形拱门。这样一来，开创一种以圆形和方形为基础的建筑风格成为可能，与过去哥特式的设计构想非常不同。中世纪的教堂里基本上都有一条去往圣坛的长长通道，而现在的趋势是建造圆顶和圆拱门围成的同心教堂。布鲁内莱斯基在设计佛罗伦萨圣洛伦佐教堂和圣灵大教堂时就采取了这种做法。接下来是阿尔贝蒂，他的建筑更加理性，建立在对罗马现存遗迹的研究之上，其代表作品之一就是曼图亚的圣安德烈教堂，其巨大而沉重的拱门预示着后世教堂建筑的发展。多纳托·布拉曼特（卒于1514年）是下一代建筑师。他是伦巴第人，但他最著名的作品是在罗马完成的。在坐落于梵蒂冈山上蒙托里奥的圣彼得修道院中他终于设计出了完全同心的教堂。布拉曼特后来为尤利乌斯二世设计的新圣彼得大教堂，也是一座希腊十字形制的同心教堂，最初并没有其他大师们添加的巨大中殿。至此，罗马-地中海精神在建筑上取得了完胜。

建筑为雕塑模仿古典遗迹提供了范例。布鲁内莱斯基有一位朋友兼合作者多纳泰罗（1386—1466年），热衷于从古典作品中寻找灵感，并精通用石头和青铜表达强烈的情感，他也许称得上欧洲最伟大的雕塑家。多纳泰罗创作的一系列作品（从15世纪10年代绵延到15世纪70年代），通过对各式各样人物和形态的研究对雕塑进行了改变，比如佛罗伦萨圣克罗齐教堂的《圣母报喜》中自信、美丽而天真的圣母，线条优美的《青铜大卫》（现存于佛罗伦萨巴杰罗美术馆），还有他晚期的浮雕作品《基督受难》（现存于佛罗伦萨圣洛伦佐教堂）中受难的耶稣。多纳泰罗充分了解新透视空间理念的要求，并采用了从古代艺术中继承下来的主题。除此之外，他还加入了对人性的特殊理解，让其他雕塑家无法与之匹敌。

布鲁内莱斯基发明了精确透视的新方法。他将场景安排在正交线中，指向一个消失点，这给艺术空间创作带来了新的信心与内容，很快便流行起来。新方法对画家的创作实践产生了巨大的影响，首次呈现在马萨乔（1401—1428年）为一间小礼拜堂创作的圣三位一体壁画中。这种平面空间处理大获成功，现已成为画家的标准创作方法。到了15世纪中叶，整个佛罗伦萨画派都在实践着林林总总的科学透视法或其衍生方法。空间自然主义的时代来临了。

还有一些绘画流派是在当地专制君主的庇护下成长起来的。王公们渴望享受现代文化，为他们的首都增添光彩。意大利的政治分裂意味着文化中心不仅产生于佛罗伦萨、威尼斯和罗马，也产生于有品位的专制君主所统治的小城邦，比如米兰的维斯康蒂和斯福尔扎、曼图亚的贡扎加、乌尔比诺的蒙特费尔特罗等拥有著名的赞助人家族统治的地区。比如，乌尔比诺的贵族们资助过画家皮耶罗·德拉·弗朗西斯卡（卒于1492年）。皮耶罗虽然师从佛罗伦萨学派，却不是该学派的一员，他对透视法和数学有着浓厚的兴趣，并撰写了相关论文。皮耶罗在阿雷佐的圣弗朗西斯科教堂创作的气势恢宏的《圣树传说》系列壁画，讲述了从亚当时代到海伦娜重新发现十字架及之后的故事。他在乌尔比诺绘制的《鞭打基督》中则运用了细腻的透视画法。这些作品都表明地方艺术也有可能登峰造极，而且由于政治原因形成的大量赞助中心使取得各种各样的艺术成就成为可能。

正是在这个时期，意大利奢华的艺术生活明显超越了欧洲其他国家。15世纪中期阿尔贝蒂在里米尼建造的马拉泰斯塔诺教堂（也是由地方专制君主出资的）完全称得上是一件古典建筑作品。位于佛罗伦萨圣米尼亚托的葡萄牙枢机主教礼拜堂是15世纪60年代由建筑家、雕刻家和画家共同建造的，极其精致华丽。这类艺术作品所树立的标准，欧洲其他国家至少要在一个世纪之后才开始效仿。

洛伦佐·德·美第奇治理下的佛罗伦萨

15世纪下半叶，洛伦佐·德·美第奇主导了佛罗伦萨文化界近四分之一个世纪（1469—1492年）的时间。他是一位诗人、美学家、富有的银行家和政治管理者，他建立了欧洲历史上最接近于践行美学理念的政府。洛伦佐也是一位有政治权威的艺术赞助人。他赞助的人中就有文艺复兴时期意大利最重要的思想家马西利奥·菲奇诺。说来奇怪，这位并不出众的哲学家、先知和作家，其文学作品却在意大利乃至整个欧洲的思想界赢得了主导地位。在美第奇的资助下，菲奇诺将柏拉图的全套著作翻译成了拉丁文，使大多数柏拉图作品第一次被西方世界所了解。他还增加了新柏拉图学派主要思想家普罗提诺和普罗克卢斯的译本及《赫姆提卡文集》。新柏拉图主义奠定了菲奇诺的重要地位。新柏拉图主义宇宙观将宇宙置于一个从物质延伸到精神、以地球为中心的天体系统之中。自罗马帝国灭亡以来，这个连贯而美丽的宇宙图景经常令思想家们着迷。比如，但丁的《神曲》就置身于这样的物理世界。菲奇诺揭示了柏拉图主义和新柏拉图主义思想的丰富性，并赋予其新的动力。此外，他还将之与古典神灵崇拜联系在一起，用其中一些神的名字来命名行星。他相信理性、爱和艺术的力量可以提升人类在世界等级体系中的层次，他还相信自然巫术具有治疗作用。菲奇诺的思想能够吸引众多作家和艺术家，似乎并不奇怪，从下一代作家卡斯蒂格利奥尼《朝臣》的结尾部分，就可见一斑。米开朗基罗当然也受到了他的影响。尽管很难调和基督教造物主和菲奇诺提出的创造者之间的差异，但菲奇诺的思想仍然对下个世纪产生了重大的影响。

　　洛伦佐资助的另一位重要文学家是诗人波利齐亚诺（1454—1494年）。波利齐亚诺是一位杰出的古典主义学者，和洛伦佐一样，也是一位诗人。为庆祝洛伦佐的哥哥在一场角逐比赛中获胜，波利齐亚诺创作了《比武篇》，使白话诗得到复兴。他还创作了一部关于俄耳甫斯的戏剧，在一个多世纪后激发了歌剧的兴起。当时，佛罗伦萨拥有极其丰富的视觉艺术人才，因此洛伦佐能够将派出艺术家作为外交手段：他派遣吉兰代奥等人为教皇西克斯图斯四世新建的西斯廷礼拜堂绘制墙壁；派遣维罗基奥前往威尼斯，为雇佣军指挥官科洛尼制作骑马雕像；派遣菲利皮诺·里皮前往罗马为一位枢机主教作画；也许还鼓励莱昂纳多·达·芬奇前往米兰为斯福尔扎家族效劳。洛伦佐本人并不是特别杰出的艺术赞助人，但在他治理的这座城市中，艺术得到了丰富的滋养，看重知识的社会环境鼓励人们相信艺术的重要性。洛伦佐作为保护者的能力体现在他庇护了有进取心的思想家乔瓦尼·皮科·德拉·米兰多拉（1463—1494年），后者试图将基督教、犹太教和异教的思想融合为一种全面的哲学，因此引起了教皇的不满。好在皮科对艺术家来说并不重要，如果换一个不那么自由的环境，不仅是他，就连菲奇诺也可能受到教会的敌视。

因此，洛伦佐的统治促进了一个审美社会的出现。在这个社会中，虽然有大量的宗教艺术，但也鼓励对异教众神的颂扬。波提切利的《维纳斯的诞生》在很长一段时间内都是女性美的象征。对世俗价值的培育基本上没有遭到神职人员的反对。波提切利在绘画中表现出的独特的曲线美与夸张美，也第一次将古典故事推向艺术的极致。16世纪及以后画家的作品都保持着这样的水准。从某种意义上说，这是分裂的思想世界（古典主义与基督教并存）的延续，在但丁和彼特拉克的著作中都有体现。洛伦佐美学强化了这种思想的分裂，使其在视觉世界和文学世界中都占据了主导地位，给意大利人，乃至欧洲人的头脑中打上了更加深刻的烙印。

1492年洛伦佐去世后，政权也随之崩塌，取而代之的是多明我会修士吉罗拉莫·萨沃纳奥拉的统治（1494—1498年），充分暴露了洛伦佐政权的脆弱。萨沃纳奥拉提醒我们，在意大利社会中，修道士发挥着巨大而持续的作用，对现代观察家更为推崇的精致唯美主义构成了一种平衡。萨沃纳奥拉在佛罗伦萨的影响力非同一般，而且他也不是孤立的存在。他所在的阶层包括14世纪末锡耶纳的圣凯瑟琳和15世纪初的圣贝纳迪诺，都是一群有权有势的虔诚教徒，可以成功地让意大利各个城市履行宗教职责，这个群体还包括众多不太知名的人物。萨沃纳奥拉反对把圣母画成不谙世事的少女。他鼓励人们回归与自己同一教派的阿奎那的经院哲学，点燃了清教徒焚烧迎合女性虚荣作品的篝火。另外，洛伦佐死后美第奇家族也走向衰落，佛罗伦萨艺术传统的发展陷入了停滞。

威尼斯艺术

与此同时，一种新的传统正在威尼斯形成。威尼斯没有我们在但丁、彼特拉克和菲奇诺的作品中看到的那种基督教和世俗价值观之间漫长而复杂的斗争。在宗教方面，威尼斯也没有诞生过伟大的思想家。它距离罗马更远，而且比佛罗伦萨更坚持独立于罗马教会。因此，威尼斯人更容易形成世俗的态度，不在乎宗教，在下个世纪也是如此，虽然威尼斯重要的艺术作品有很大一部分仍然是宗教性的。15世纪晚期最著名的两位艺术家是乔瓦尼·贝利尼（卒于1516年）和维托尔·卡帕乔（约1488—1526年）。卡帕乔的叙事画作《圣乌苏拉的生活》和《治愈的疯子》，包含了对城市生活最真实、最现代的艺术表现。这些画用于陈列在俗世宗教团体，也就是所谓高等学校（威尼斯有很多这样的学校）的建筑中。毫无疑问，画中的故事和背景都清晰可辨，迎合了团体成员们的偏好。画的主题是宗教性的，但展现了一种世俗的城市现实主义，使人们很容易将之与两个多世纪后的卡纳莱托和瓜尔迪联系在一起。当我们看到《治愈的疯子》里大运河上的船夫、詹蒂莱·贝利尼《圣马可广场的游行》中的场景，或者《圣乌苏拉》系列画中港口里的船只时，我们有理由相信，眼前展现的就是威尼斯15世纪的真实风貌。

安德烈·曼特尼亚（1431—1506年）的妻子和乔瓦尼·贝利尼的妻子是姐妹，两人在艺术史上都占据了一席之地，但爱好却大相径庭。曼特尼亚在曼图亚的贡扎加宫廷里当了大半生的宫廷艺术家，他对考古怀有浓厚的兴趣，比当时任何一位艺术家都更加激发了人们对古罗马时期建筑、雕塑和服饰的收藏兴趣。展现其影响力的代表作品是由九幅画组成的《恺撒的胜利》系列（现存于汉普顿宫）。他在画中试图忠实地还原古罗马时期的一场阅兵式。曼特尼亚还拥有其他方面的艺术天赋，比如在曼图亚宫殿中创作的贡扎加家族壁画，肖像处理得十分精确和细腻。贝利尼本来是一名威尼斯人，似乎曾被曼特尼亚的考古学识所吓倒，但实际上他是一位更有思想和抱负的艺术家，他为处理人物、面部表情和风景而发展出来的技巧，让他与莱昂纳多·达·芬奇齐名，成为推动意大利绘画达到16世纪巅峰的主要艺术变革者之一。他宗教绘画的代表作是《圣方济各接受圣名》（现存于纽约弗里克收藏馆），圣人的高大形象被置于丰富的背景之中，成功地表现了圣人与自然世界和圣名的超自然来源之间的关系。贝利尼是最早使用油画颜料的画家之一，与之前常见的蛋彩画不同，他用油彩对面部表情的微妙控制着实令人惊叹，在他的许多圣母画像中都有所体现。

贝利尼在生命的最后阶段，同意为费拉拉公爵创作一个古典主题作品，那就是《众神之宴》（完成于1514年，现藏于华盛顿国家美术馆），取材于奥维德《盛宴》中的一个故事。这幅作品描绘了充满肉欲的众神角色。这幅画运用了贝利尼在半个世纪宗教绘画中积累的全部技巧，绘制得非常出色。《众神之宴》是为一间宫殿创作的第一幅画，这间宫殿后来又收入了提香的重要作品，共同构成了一个和谐的系列。画的主题尽管有点粗俗，但与波提切利的《维纳斯的诞生》一样，是历史的转折点：画家将其在宗教艺术中学到的技能完美地应用于世俗和异教故事，从而创造出传奇的地中海梦幻世界。这在16世纪非常重要，正如欧洲其他国家所见，这些作品构筑了意大利艺术的本质与魅力。

威尼斯画坛的另一位伟大变革者乔尔乔内于1510年英年早逝，留下了一套令人费解的世俗作品集。他最著名的两幅画作《暴风雨》和《三位哲学家》都无法解释。虽然我们不能确定画的意图是什么，但并不妨碍乔尔乔内备受推崇，略带伤感和梦幻的浪漫主义无疑是他作品的风格，这种风格就像贝利尼晚年的画作一样，推动了威尼斯艺术乃至整个意大利北方艺术进入令人兴奋的、极富创造力的16世纪。有两幅画可能是乔尔乔内临终前的作品：德累斯顿的《沉睡的维纳斯》（据说是由提香完成的）和巴黎卢浮宫的《田园协奏曲》（可能是乔尔乔内或者提香完成的，也可能是其他人的手笔），也是让艺术史学家们费解的重要过渡作品。乔尔乔内的默默无闻对文化史学家来说是一个严重的障碍。可以肯定的是，大约在1500—1515年间，威尼斯艺术迅速地迈入了一个重要的新阶段。

莱昂纳多、米开朗基罗和拉斐尔

大约在同一时期，以三巨头莱昂纳多·达·芬奇（1456—1519年）、米开朗基罗（1475—1564年）和拉斐尔（1483—1520年）为代表的意大利中部艺术出现了令人瞩目的发展。莱昂纳多和米开朗基罗年轻的时候都接受过洛伦佐·德·美第奇的资助或帮助，但他们的发展道路却截然不同。莱昂纳多此时已经是一位非常有造诣的画家了，他处理面部表情和构图的技巧在《东方三博士的朝拜》中可见一斑，这幅作品留在佛罗伦萨，最终没能完成。1481—1499年，莱昂纳多在米兰工作，领取宫廷画家的薪水，这让他有时间进行实验。莱昂纳多名声赫赫的原因有两个：首先，他坚持不懈地进行自学和研究，对数学、各种机器的发明及物理世界的本质都很感兴趣，比如水的漩涡、风暴的湍流，以及地震时地面发生的剧变；其次，莱昂纳多延续了对透视的兴趣，和许多意大利艺术家一样，他也是著名的军事工程师。然而，他广泛而卓越的科学好奇心却是独一无二的，而且显然与洛伦佐的赞助无关。这使他成为一个有抱负的发明天才，与同时代的克里斯托弗·哥伦布（1451—1506年）有奇妙的相似之处。哥伦布也是意大利人，来自热那亚，他的思想背景也许比莱昂纳多更加神秘。哥伦布的成功肯定要归功于意大利人对于地球形状和地理的推测。他可能受到了佛罗伦萨人文主义者保罗·托斯卡内利的一些影响，后者对世界地图很感兴趣。因此，可以想象，哥伦布和莱昂纳多的知识背景有着遥远的联系，虽然这种可能性不大。当然，莱昂纳多最出名的身份是画家，而哥伦布则是航海家。可以说，二人在很大程度上都成就于15世纪末16世纪初意大利人所特有的冒险与投机态度。在哥伦布踏足美洲（1492年）几年后，莱昂纳多开始绘制《最后的晚餐》（1495—1497年）。这两件事向世人展示了此时意大利的创造力有多么惊人。

莱昂纳多成名的另一个原因是他绘画的深度和技巧超过了同时代的画家。生动的人物面孔、人物之间令人信服的关系、服饰的明暗对比——在所有这些方面，莱昂纳多似乎都超越了同时代的画家。1500年，当他从米兰返回佛罗伦萨时，已经是非常著名的人物了，他的作品受到贵族赞助人的追捧，他画了一幅圣母、圣婴和圣安妮的画，佛罗伦萨人纷纷排队观看。在某种程度上，他的许多作品都被实验所累：《最后的晚餐》因为颜料无法保存而毁掉了，而《蒙娜丽莎》无休止地画了50幅，最终与原型失去了联系。他辗转于米兰、佛罗伦萨、罗马，以及法国的安博瓦西，却几乎没有什么作品问世。达·芬奇主导着意大利中部地区的艺术。

米开朗基罗是达·芬奇最大的对手，他从事雕塑。莱昂纳多公开鄙视雕塑，而米开朗基罗却认为雕塑高于绘画。16世纪早期，有一段时间二人同在佛罗伦萨，米开朗基罗创作《圣家族》（创作于1504年）的目的之一，似乎是与莱昂纳多的《圣母子与圣安妮》一较高下。大约在同一时间，他们开始为佛罗伦萨共和国的新议会大厅作画，莱昂纳多计划在《安吉亚里战役》中加入一场激烈的骑兵冲突，米开朗基罗则打算描绘《卡希纳战役》中一群士兵洗澡的场景。此时，米开朗基罗已经在罗马雕刻出了完美的《圣殇》。教皇尤利乌斯二世又说服他连续从事了两个激发出他最大才能的项目——尤利乌斯陵墓和西斯廷礼拜堂的天花板。尤利乌斯陵墓原本是圣彼得大教堂里的一座巨型建筑，后来尤利乌斯二世对它失去了兴趣，但由于米开朗基罗多年的工作，仍然留有巨大的摩西雕像。从文化的角度来看，卢浮宫里的《奴隶》也许更有意思，雕塑中摆脱了衣服束缚的男性身体，无疑是想表达人类灵魂从世俗生活的桎梏中解放出来的意思。这显然受到了菲奇诺哲学的影响，正如他在诗歌中表达的那样，菲奇诺哲学是他一生宗教信仰的一部分。这样，新柏拉图主义的理念便随着米开朗基罗的作品渗透到了基督教世界的中心。尤利乌斯二世的叔叔西克斯图斯四世创建的西斯廷礼拜堂，需要在天花板上加入绘画装饰才能竣工。米开朗基罗在上面创作了从《创世纪》《挪亚醉酒》到预言基督降临的女预言家和先知，以及基督的先人们，都是基督教中的传统人物。他的画中也有裸体人物，和《奴隶》一样，象征着摆脱束缚，可以说这是天花板上最引人注目的部分。从文化的角度来看，这也许显示了壁画创作在多大程度上融合了基督教和古典传统。

除了新圣彼得大教堂的设计者多纳托·布拉曼特（1444—1514年）之外，尤利乌斯二世还聘请了另一位重要的艺术家——拉斐尔，为教皇宅邸的墙壁作画。他还为尤利乌斯本人画了一幅肖像。拉斐尔的作品不如他的老师莱昂纳多和米开朗基罗那么严肃，他的风格契合了意大利文艺复兴时期最令人愉悦的人物画。他具有广泛的同理心和表现力。梵蒂冈宫埃利奥多罗厅中的《伊里奥多罗被逐出圣殿》是一幅强调教皇正义的故事画。画面具有很强的戏剧张力，参与追捕窃贼的人物和旁观者，很多都表现出了男性或女性的优雅。在另一种截然不同的心境下，他为年轻美貌的女子福尔纳里娜画像，为睿智可亲的学者行政官巴尔达萨雷·卡斯蒂格利奥尼画过一幅深刻而细腻的肖像，还为教皇尤利乌斯二世作画，画中的教皇不是一位教宗领袖，而是疲惫且略带歉意的老人。拉斐尔在法尔内塞别墅为一位罗马银行家绘制的《加拉提亚的胜利》，是一幅喻义轻浮的绘画娱乐作品。这幅画尽管不是严肃作品，但描绘的是一个古典故事，标志着文艺复兴时期人体画的成熟。拉斐尔的作品完成了文艺复兴时期艺术家对人性的理解。16世纪早期的这三位艺术家——莱昂纳多、米开朗基罗和拉斐尔，对人体形态的把握达到了文艺复兴的顶峰。

阿里奥斯托时代的文学

当意大利在重建和重新装饰教皇宫殿的时候，尼可洛·马基雅维利（1469—1527年）正在创作《君主论》，这是意大利人又一部将在整个欧洲引起深刻反响的作品。马基雅维利认为，在追求政治稳定的过程中，成功的统治者必须无情，如果必要的话，可以不讲道德。这一理念是15世纪意大利新政治思想发展的最终产物，《君主论》也是意大利政治思想向北方政治家传播的主要载体。这些思想最初是针对城邦提出来的，后来却常常被应用于民族国家。马基雅维利接受过人文主义训练，也深入参与了佛罗伦萨的现实政治，知道这个共和城邦在由专制君主和国王统治的世界中深陷困境。因此，《君主论》是具有最高政治资历的作者进行观察和内省的结果。随着早期人文主义者所开创的政治哲学在《君主论》中达到文学顶峰，政治史的写作也在马基雅维利的同时代人弗朗西斯科·吉查尔迪尼（1483—1540年）的《佛罗伦萨史》和《意大利史》中取得了突破。吉查尔迪尼对事件的原因进行了理性的描述，这种写作方式在20世纪仍被沿用。

然而，与马基雅维利同时代最伟大的文学家是费拉里斯的诗人卢多维科·阿里奥斯托（1474—1533年）。他创作的长篇新爱情史诗《疯狂的奥兰多》第一版（1516年）问世时间与《君主论》及罗马与威尼斯视觉作品（与但丁—乔托—杜乔类似的文化衔接）出现的时间相近。诗的主题是埃斯特家族（也是费拉拉的统治者和阿里奥斯托的赞助人）的历史，主要通过两个爱情故事呈现爱情的过程，以及爱情带来的痛苦、灾难和幸福：在奥兰多和安吉丽卡的爱情故事中，安吉丽卡的背叛让奥兰多变得疯狂，而拉杰罗和布拉达曼特的爱情则十分幸福，并最终建立了埃斯特王朝。这些故事发生在一个也包含了其他人物和事件的世界之中，书中有战争和魔法，也有基督教和异教徒军队之间的对抗，极其纷繁复杂。阿里奥斯托笔下的这个世界一部分来自他继承的浪漫主义叙事传统，一部分来自他参与的意大利军事冒险，还有一部分来自他本人关于爱情影响的严肃和半严肃的思考。因此，这部作品将宫廷所推崇的史诗与人物和情感的丰富呈现巧妙地融合在一起，在某种程度上打破了爱情故事单一背景的传统。

巴尔达萨雷·卡斯蒂格利奥尼（1478—1529年）的《朝臣》歌颂了阿里奥斯托笔下君主的宫廷世界，而且《朝臣》第一版描写的也是同一个时期。卡斯蒂格利奥尼是来自曼图亚的绅士，1504—1513年期间，曼图亚隶属乌尔比诺公国，后者大部分时间由吉多巴多·蒙特费尔罗公爵统治。这就是《朝臣》的写作背景，书中描写了意大利朝臣之间的对话。这本书在某种程度上借鉴了博学的人文主义者之间的拉丁语对话，并采用同样的形式表达哲学或半哲学问题的观点。但是，《朝臣》也与《君主论》和《疯狂的奥兰多》一样，在继承已有形式的基础上加入了更为现代的品位，因此显得更加生动，角色之间的某些交流实际上非常像是一种礼貌而诙谐的现实对话。有趣的是，女性在《朝臣》中扮演着相当重要的角色。这本书的主题是朝臣的各种行为方式：如何履行其作为士兵、谈判者、风流浪子和情人，以及君主顾问的不同职责。书中展示了一个意大利和欧洲宫廷里的大臣们非常熟悉的世界，在16世纪大获成功。书的最后一部分呈现了菲奇诺的爱情理想，假借著名的威尼斯贵族彼得罗·本博之口，有趣地表明了这种想法在意大利各宫廷和共和国所具有的影响力。本博在现实生活中发表过一篇关于菲奇诺思想的文章，他曾是卢克雷齐亚·博贾的情人，后来当上了枢机主教。本博对意大利语作品的品位有很强的鉴赏能力。

16世纪的威尼斯

16世纪初，本博与卡斯蒂格利奥尼、马基雅维利和阿里奥斯托的立场表明，纯粹的拉丁语人文主义已经走到了尽头。意大利白话吸收了15世纪人文主义运动的影响，又重新绽放出光彩。矛盾的是，大约在同一时间，阿尔杜斯·马努蒂乌斯（1515年）开始在威尼斯印刷小开本经典著作，并传播到整个欧洲，使印刷术（15世纪60年代首次传入意大利）在满足大众市场需求方面发挥了重大作用。这些都证明，这一时期的资产阶级世俗社会极大地推动了知识水平的提高，为欧洲其他国家树立了榜样。16世纪过去四分之一后，威尼斯仍然是一个非常富裕的共和国，它独立于罗马，拥有自13世纪以来便致力于亚里士多德科学研究的帕多瓦大学，贡献了最新颖而有趣的文化表现形式。文艺复兴时期的建筑起步于佛罗伦萨和罗马，但当塞巴斯蒂亚诺·塞利奥（1475—1554年）在1537年和1540年出版了两部古典建筑著作之后，接力棒便自然地传到了威尼斯手中。大约在同一时间，雅各布·桑索维诺设计了圣马可图书馆的经典外立面，该图书馆的对面就是圣马可广场。接下来，安德烈·帕拉迪奥（1508—1580年）于1570年在威尼斯出版了《建筑四书》，这本书超越了阿尔贝蒂的著作，成为影响力最大的介绍欧洲其他地区古典风格的指南。帕拉迪奥从16世纪40年代开始在维琴察及周边地区建造宫殿或乡村别墅，形成了自己的风格——经常使用宽大的柱廊，这在某种程度上是他此类建筑作品的一个标志。晚年，他搬到了威尼斯，建造了著名的临水教堂——圣乔治·马乔雷教堂和雷登托尔教堂。总体而言，帕拉迪奥的建筑象征着威尼斯古典主义的黄金时代，从中也能看出城市的辉煌，以及贵族们在陆地上建造的房屋有多么精美（当时经济刚刚开始衰退）。

与此同时，提香、维罗内塞和丁托列托正在创作古典威尼斯绘画。提香（约1485—1576年）和米开朗基罗一样长寿，甚至更加多产，他留下的杰作高度阐释了意大利世界强烈的宗教热情和古典主义的情色元素。他最后的艺术作品是完成帕拉·乔瓦尼生前遗留的作品《圣母怜子》。在一个宽阔的古典壁龛前，死去的耶稣躺在母亲的膝盖上。画的一边是提香本人，跪向死去的基督；另一边是向外走去的抹大拉人，他举起手，宣告生命的悲剧和宗教的荣耀，戏剧性的宗教场面被置于古典背景之中。提香描绘过许多充满力量的宗教场景，例如《圣劳伦斯殉道》（创作于约1548—1557年），在这幅可怖的画作中，圣徒被置于铁架上遭受火刑，他抬头望着现身于天上的天使寻求精神希望。提香也深受贵族和君主的青睐。继乔瓦尼·贝利尼创作了

《众神之宴》之后，16世纪20年代，提香也为费拉拉公爵卡梅里诺画过几幅画，其中包括收藏于伦敦国家美术馆中赏心悦目的《巴克斯和阿里阿德涅》，这是一幅赏心悦目的画作。这些画奠定了他处理古典传说中世俗主题的能力。提香在漫长的一生中，后来还为教皇保罗三世、查理五世皇帝和西班牙菲利普二世作画。菲利普二世的诉求包含几张关于狩猎女神狄安娜故事的画，例如现存于爱丁堡国家美术馆中的《狄安娜和亚克托恩》，画中狄安娜和同伴们正在沐浴，亚克托恩的出现惊到了一丝不挂的女神。这些感性的绘画延续了绘画逐渐适应世俗故事的过程，在这方面提香也许是最伟大的艺术大师，他将宗教和神话艺术结合起来，完美地表达了意大利想象的双重性。

与提香同时代的年轻画家维罗内塞（1528—1588年）和丁托列托（1518—1594年）都是绘制巨幅作品的画家，部分原因是威尼斯艺术重视色彩，不像佛罗伦萨那么看重绘图，威尼斯风格可能有助于在广阔的画布上快速绘制草图。维罗内塞喜爱宏大的场面，背景要么是令人眼花缭乱的开阔透视图，要么是更为常见的朴素建筑远景。他的许多作品都表现出对仪式主题的偏爱，但他对表情的处理却比提香更加细腻。《亚历山大和大流士家族》（创作于1565—1570年）（顺便说一句，这幅画是在他因与宗教裁判所发生冲突而暂时流亡期间绘制的）就表现出上述两个特征：背景是高高的拱桥，亚历山大和跪着的女士们表情都非常真实。丁托列托创作了一些规模更大的作品，比如公爵宫（这座建筑为威尼斯艺术家提供了用武之地）的议会厅中不算成功的巨幅画作《天堂》（由他的儿子于1588年完成），覆盖了圣洛克大会堂（该建筑属于一个富有的世俗团体）的大部分墙壁。丁托列托的直觉总体上明显比维罗内塞更具宗教色彩。他最大的天赋在于强化透视效果，距离增添了兴奋与色彩，而光线加上大量的黑暗，又赋予画面神秘的魅力。威尼斯艺术学院中的《圣马可遗体的搬运》就是一个非常明显的例子——透视效果和朦胧的人物创造了一种神秘的气氛，似乎把这幅画与现代超现实主义联系在一起。尽管丁托列托有强烈的宗教信仰，但绘画中却充满了创造性的自由，这是13世纪以来意大利对视觉艺术的控制发生巨大变化的最明显的标志之一。

　　16世纪的意大利视觉艺术是一笔宝贵的财富，在短短的一章中甚至无法列出主要人物的名字。意大利文学虽然没有那么光彩夺目，但体量依然可观。本章的目的仅仅是指出，那些在意大利思想极具创新性的年代最引人注目的创造，因为社会发展将思想带入了此前人类经验从未到达的领域。16世纪初期的意大利是人类历史上伟大的创造时期之一。16世纪后期文化之所以暗淡下来，原因有两个：第一，意大利的经济霸权遭到削弱；第二，共和政体的衰落和教会权威的加强限制了全面创新的可能性。尽管如此，在16世纪末，意大利还是能够诞生画家阿尼巴莱·卡拉奇（1560—1609年）和卡拉瓦乔（1571—1610年）这样的人物。托尔夸托·塔索（1544—1595年）和费拉拉的埃斯特宫廷诗人阿里奥斯托一样，在创作《自由女神》时，将对十字军占领耶路撒冷的记叙中融入了史诗风格。乔瓦尼·帕莱斯特里纳（卒于1594年）将罗马的教堂音乐推向了一个新高度，而伟大的具有变革性的音乐家蒙特威尔第在该世纪结束时创作风格也日臻成熟。接下来的创新层出不穷。

第五章
1600—1796年的意大利

斯图尔特·伍尔夫

被遗忘的世纪

对于同时代的人和后世历史学家来说，从《卡托—康布雷西条约》（签订于1559年）到《艾克斯拉夏贝尔和约》（签订于1748年）之间的两个世纪是意大利历史上的一个低谷，就像罗马帝国崩溃后的几个世纪一样消沉。像弗朗西斯科·吉恰尔迪尼这样同时代的人，难免会回首意大利城邦引领欧洲文化的黄金时代，因此在半岛沦为外国列强的战场和殖民供应线时，他们倍感耻辱。另一方面，历史学家们，比如塞萨尔·巴尔博和贝内德托·克罗齐，对史诗般的19世纪复兴运动充满期待，更加凸显了哈布斯堡王朝统治前的几个世纪有多么暗淡。

即使衰落的隐喻能够带来文学上的繁荣，但在政治和经济方面，17世纪和18世纪的意大利与此前的辉煌时代相比，无疑在下坡路上。然而，贬低这几个世纪存在的意义的做法是错误的，因为无论是反宗教改革的影响，还是贵族对社会的重组，都给意大利随后的演变留下了持久的印记和制约。

外国势力统治下的意大利

　　意大利的财富先是招来了外国的入侵，随后长期被法国和西班牙争夺，这种状况一直持续到《卡托—康布雷西条约》的签订。到1600年，半岛的政治地理已经有了明确的轮廓，而且在17世纪继承战争爆发之前，只是经历了相对较小的修改。占领米兰公国、那不勒斯王国、西西里王国和撒丁王国对西班牙在欧洲实现帝国主义野心至关重要——先是打通了去往佛兰德斯的路线，然后又干涉了三十年战争。强权的存在限制了其他意大利王公的行动自由，虽然最初在菲利普二世和勒班托时代，海军仍然保留了一定的自主权。欧洲战争期间，雇佣军们对意大利王公主权的蔑视一直在显示王公们的软弱，他们老练的外交技巧，曾经受到马基雅维利的高度赞扬，如今却没有了用武之地，甚至到了17世纪中叶，托尔夸托·埃克托在《诚实的伪装》（创作于1641年）一书中告诫意大利统治者要藏好他们的古董。

　　在北部，西班牙在伦巴第的守备军和军队不断提醒人们，他们在威尼斯共和国和萨伏伊公爵面前不堪一击。1630年，哈布斯堡帝国军队以争夺贡扎加公爵的继承权为借口包围并洗劫了曼图亚。在意大利中部，托斯卡纳的大公们被西班牙在托斯卡纳海岸建立的守备国（守备国涵盖皮奥比诺、厄尔巴岛和阿根塔里欧海角）牢牢围住。至少在1627年西班牙政府破产之前，热那亚共和国一直被西班牙国王用贷款拴在脐带上。教皇国也因此受到了牵制，因为历届教皇需要依赖西班牙的军事力量来支持并执行反宗教改革的行动。

就权力平衡而言，意大利领土对欧洲政治家，就如同意大利文化遗产对于四处游历的欧洲精英一样重要。此外，这块领土相对容易干涉，主要原因在于教皇和皇帝拥有封建宗主权，这是中世纪大混战的最后遗产。封建权力的传承为王朝灭亡时的城邦兼并提供了合法性：教皇在最后一位埃斯特公爵和德拉·罗弗尔公爵去世后，分别接收了费拉拉公国（1598年）和乌尔比诺公国（1631年）；哈布斯堡皇帝在末代贡扎加公爵生前便收回了曼图亚公国（1708年）。领土内存在的帝国和教皇封地，削弱了意大利公国统治者们对臣民的绝对管辖权。

在三十年战争结束（1648年）后，西班牙的衰落已经显而易见，可意大利的王公们依然软弱无能，听任他国摆布。即便封建权力的取得并不具有合法性，列强们仍毫无顾忌地左右着意大利各城邦的命运，把它们当作殖民地来对待。18世纪上半叶，三次继承战争结束，在之后复杂的签约过程中，控制意大利并占领西属意大利各地成为各方争夺的焦点。奥地利哈布斯堡王室不顾教皇抗议，继承了其西班牙亲属在意大利的土地，以补偿自己失去西班牙的损失（1713年）；最后一位美第奇家族成员去世（1737年）后，托斯卡纳地区被指派给玛丽亚·特蕾莎女皇的丈夫哈布斯堡-洛林王朝的弗朗西斯·斯蒂芬。意大利从中世纪和文艺复兴时期欧洲舞台的主角，变成了国际政治中受人支配的配角，这种状态一直持续到1848年革命。

只有一个王朝——皮埃蒙特—萨伏伊的统治者萨伏伊王朝，试图利用法国和西班牙之间的竞争，通过不断改换联盟和参与战争的冒险政策，谋取领土扩张。尽管最终取得了成功，但这个高度崇尚武力的王朝仍然是一个看大国脸色的附庸国，比如，1720年萨伏伊公爵维克多·阿马德乌斯二世就被迫放弃西西里王国，选择贫穷的撒丁岛。

经济危机

如果说意大利城邦在西班牙入侵和建立统治后失去了政治自治权，那么在17世纪的危机中则丧失了欧洲主要经济国的地位。

16世纪后期，意大利北部和中部经历了一次工业繁荣：威尼斯、米兰、佛罗伦萨和许多小城市的奢侈品生产与出口，都达到了前所未有的水平，主要包括纺织品、铁器、枪支、水晶玻璃、陶瓷、印刷品、优质肥皂和皮革。威尼斯细毛织物的产量从1503年的1310件增加到1602年的28 729件；1606年，米兰有3000台丝绸织机；1553年至1572年间，佛罗伦萨的毛织品产量翻了一番多，从14 700件增加到33 312件。意大利南部，包括那不勒斯和萨勒诺的主要工匠中心，通过出口原材料，与生产制成品的北方紧密地结合在一起，比如卡拉布里亚的生丝和大批羊毛通过福贾海关，阿普利亚的谷物和橄榄油被运往威尼斯。

在17世纪的前几十年里，意大利北部和中部仍然是欧洲最发达的工业区之一，其优势在于向黎凡特和整个欧洲出口制成品，以及提供银行服务的规模。转折点出现在1619—1622年爆发的商业危机。所有的指标，无论是生产规模，还是海关收入或行会工匠的数量，都表明了不可逆转的急剧衰退：1650年前后，佛罗伦萨只生产了大约6000件细毛织物，1680年威尼斯仅生产了3820件。在17世纪中叶之前，意大利北部只有与军事行动直接相关的工业——防御工事和军备建设——依然活跃。

意大利工业衰退的原因是竞争不过北欧生产的便宜而轻薄的新型布料，从而丧失了出口市场。17世纪阿尔卑斯山脉另一边的经济萧条导致了农村纺织业的搬迁和重组，而在意大利，与市政当局密切相关的行会则过于僵化，一直坚持高产品质量、高工资水平和城市内的生产垄断。在威尼斯为保卫殖民地而对奥斯曼帝国发动战争的时候，英国人、荷兰人，接下来还有法国人，则渗透到了地中海。威尼斯的衰落成就了里窝那的崛起，这座托斯卡纳大公于16世纪90年代建立的自由港，成为外国船只的供应基地。

到了18世纪，长期衰退对意大利经济的影响随处可见。意大利从制成品出口国沦为外国制成品的主要进口市场，以及初级品与半成品的出口国。这一点在丝绸行业表现得最为明显，意大利北部曾经是丝绸织锦和布料的主要出口国，现在只能维持缎带之类少量廉价品的出口，同时却扩大了生丝的生产规模，成为里昂丝绸业的主要供应商。威尼斯、佛罗伦萨或那不勒斯等大城市则变成了消费中心，城市主要发挥首都的行政作用，依赖宫廷和数量不断增加的游客；许多曾经以制造业闻名的小城市，如科摩、帕维亚、克雷莫纳或阿普利亚的莱切，都变得保守而闭塞。也许只有建筑领域还保留了一定的韧性，从今天遍布意大利的巴洛克式教堂和宫殿中仍然清晰可见。

随着意大利北部和中部的需求迅速萎缩，两个地区之间的经济互补性也不可逆转地消失了：在南部，以市场为导向的产品，要么像卡拉布里亚的生丝一样退出了市场，要么像西西里的红酒一样市场萎缩。半岛内部的经济循环曾拉动过内需，并在一定程度上促进了意大利经济一体化，如今却分裂为众多地方市场。

随着城市生产的崩溃，从17世纪后期开始，意大利北部和中部开始发展农村纺织与金属加工作坊，南部的生产规模则更加有限。与欧洲其他地区一样，这些生产活动往往集中在小农场，以及农业自给自足且人口密集的地区，比如阿尔卑斯山（威尼斯、皮埃蒙特）、利古里亚-亚平宁山脉或萨勒尼塔诺的山麓和低谷。然而，不同于16世纪高品质的城市制造，这种廉价手工产品主要面向当地市场，还有一小部分由小贩运往国外。

人口和瘟疫

　　意大利是欧洲人口较为密集的地区之一，农业资源的压力会周期性地通过马尔萨斯式的饥荒或瘟疫得到缓解。到16世纪中期，意大利人口终于恢复到1348年鼠疫暴发前的1100万；到1600年，增加到1330万。早在工业危机出现之前，传统农业养活快速增长的人口就已经捉襟见肘。西西里的传统粮仓已经无法弥补意大利北部的粮食短缺，1590—1591年出现的可怕饥荒就是证明。瘟疫减少了人口压力，近两个世纪后，当人口再次增至1550万时，1764—1766年的饥荒又造成意大利南部农民死亡率急剧上升，并促使托斯卡纳重农主义者采取激进的改革措施。

　　在意大利北部和中部城市经济陷入衰退之时，1630年又暴发了毁灭性的瘟疫，导致经济进一步恶化，亚历山德罗·曼佐尼的小说《约婚夫妇》讲述的就是发生在这个时期的故事。这场瘟疫的发病率虽不明确，但包括首都米兰在内的许多城市和村庄，有三分之一到一半的居民因此丧命。1656年，一场强度类似的瘟疫暴发，袭击了大都市那不勒斯（16世纪末欧洲人口最多的城市，有25万居民），并蔓延到整个南部大陆。造成意大利人口总体下降的不仅仅是瘟疫；许多小镇（比如马切拉塔）虽然几乎没有受到瘟疫的影响，却在17世纪经历了多次死亡危机，同时也出现了粮食歉收、小麦价格高企的情况。

　　总的来说，意大利人口在一个世纪后才恢复到1600年的水平，北方比南方增速更快，但仍远远落后于北欧的人口增速。重要的是，当人口在18世纪开始快速增长时（1800年上升到1810万），城市却没有受到影响，城市人口仍然停滞不前。唯一的例外是那不勒斯，由于持续有农村移民涌入，人口在18世纪翻了一番，超过40万，说明农村人口增长带来的生存压力日益增长。

西班牙统治下的意大利

西班牙统治意大利的方式，和统治西班牙王室管辖的其他小国一样，也是早期现代欧洲君主制的统治方式：传统的国家代表们接受君主的权威，君主承认代表们的特权与权力。代表的组织构成因而异，比如米兰的参议院、西西里岛和撒丁岛的议会、那不勒斯市政议会。实际上，无论是封建贵族（意大利南部各国）出身的代表，还是城市贵族（米兰）出身的代表，都是有权有钱的贵族。主要的差别在于西西里岛和撒丁岛建立了与总督府联系密切的西班牙宗教裁判所。

和西班牙一样，这种体制在意大利未能发展成法国或普鲁士模式那样的早期现代专制主义国家，因为大多数天主教君主国家持续陷入欧洲多国混战，需要财政支持。在之前的查理五世和如今的菲利普二世统治期间，让渡封地政策建立了一种默契的平衡，结果国家将大片区域的控制权下放给了地方势力。17世纪上半叶，为了维持战争的开支，税收不断上调，催生出更多公国，同时也使公国越来越依赖外部精英的支持。

在米兰公国，市民、贵族和农民的赋税越来越重，例如克雷莫纳市的"公民税"，从1565年的7万里拉增加到1630年的135.9万里拉。中央行政机构只是协调各个城市的财政、军事和供应义务。税收大幅增加的同时，又出现了经济萧条，好在由于米兰是唯一参加过军事行动的西班牙属地，马德里及西班牙治下的其他意大利公国给予了财政补贴，使情况得到部分缓解。

意大利其他地区，即便没有任何军事对手，也被迫为西班牙参与的战争作出贡献。在最贫穷的撒丁岛地区，议会被迫在1613年至1616年间将捐款增加了6倍，"自愿"捐赠15 000达克特。西西里在1620年至1650年间向米兰输送了1000万斯库迪。那不勒斯王国为战争筹集的资金仅次于卡斯提尔，捐款从1616年的83.5万达克特增加到1645年的1170.9万达克特。

巨额税收不可避免地带来了毁灭性的经济、社会和政治后果，没有哪国政府能够从本国人民那里搜刮到这么大笔的资金。创造新的税收名目、转让国家和公共收入、出售贵族头衔和封建资产，政府通过这些方式向本地家族和外国银行贷款，最终累积的债务导致政府破产。在米兰，17世纪40年代的封地市场巩固了新旧贵族的地位。在西西里岛和那不勒斯，热那亚和托斯卡纳的金融家们利用公共财政危机牟利，直到政府破产之后，才被当地投机者和富有的贵族所取代。在这些南方王国里，旧封建王朝和新兴家族利用政府的困境，加重了对农民的盘剥，涉及的范围在伦巴第是前所未有的。

苛捐杂税最终引发了政治反抗。规模最大的一次是1647年的那不勒斯起义，引起了全欧洲同时代人的注意，并被迅速载入历史的记忆。说起这场起义，就不能不提到渔民领袖马萨内洛，马萨内洛以圣母的名义领导了这场人民宗教起义短暂的初期阶段，对抗税吏、投机者和不得人心的牧师。这次起义表明，可以利用民众的宗教信仰反抗已有的权威。起义蔓延到各省和城市，带有强烈的反封建色彩；法国贵族冒险家吉斯公爵实施的阴谋，共和国的成立，首都与各省之间，农民、封建贵族及地方行政官之间深刻的社会差异，都是王室权威崩溃后社会分裂的结果。镇压叛乱和恢复王权都依赖于贵族的合作，因此国家承认贵族的封地是行政结构的一部分。

在西西里岛和撒丁岛，不断升级的税赋同样引发了对西班牙的政治反抗。那不勒斯起义早在巴勒莫和其他西西里城镇爆发起义（同一年发生）之时便可预见。在这些地区，人民反对贵族特权并宣告共和国成立，促使总督当局和巴勒莫的封建贵族走到了一起。商业城市墨西拿1672年和1674年爆发的起义再次上演了特权贵族和"民众"行会之间的社会对抗，但没有波及与之有竞争关系的首都巴勒莫。在撒丁岛，马德里得到了议会拨款却拒不处理贵族的申诉，最终导致封建贵族公开反抗（1668年）。

西班牙压榨意大利各地为其参与的欧洲战争筹集资金，以及由此引发的反抗，从长期来看，无疑消灭了意大利各小国内部权力集中的可能性。政治稳定需要总督和特权机构对现有秩序予以承认。在西西里岛，政府想要依靠西班牙宗教裁判所来制衡贵族。在那不勒斯，与政府关系密切的地方行政官和律师对教皇要求宗主权的主张提出质疑。然而，在整个西班牙统治下的意大利，无论是封建土地贵族还是世袭土地贵族，其权力和特权在17世纪后期均得到了巩固。

反宗教改革

尽管西班牙是欧洲反宗教改革的倡导者，但并不能说西班牙直接推动了反宗教改革的扩大。一方面，它只能在阿拉贡王国的前领地巴勒莫和卡利亚里建立西班牙宗教裁判所，抵挡不了那不勒斯当地精英的反抗。另一方面，西班牙在意大利的代表们又追随马德里，拒绝罗马对管辖特权的主张。特别是在那不勒斯（教皇宣称的封建宗主国），早在17世纪初，一位王室律师就针对世俗宫廷和教廷之间的冲突，详细阐述了王国自治的原则，17世纪80年代这个话题再次引起重视，1723年彼得罗·贾诺内写下了著名的《那不勒斯王国国民史》，对这一问题的关注更是达到了顶峰。

16世纪上半叶要求宗教改革的呼声对意大利和欧洲其他地区都产生了影响，反宗教改革能在意大利取得巨大成功，是因为天主教会能够对教会改革的要求作出回应和指导。特伦特会议召开后，对异端邪说的恐惧立刻成了首要问题。会议通过监视和迫害等手段，将新教的威胁限制在奥斯塔山谷，以及除了西皮埃蒙特古老的瓦尔登西亚村落之外的意大利北部和中部地区。但是宗教统一付出了高昂的代价：卡拉布里亚地区瓦尔登西亚人（也称瓦尔德西人）的所有村庄都遭到了屠戮（1561年）；意大利小型犹太社区被隔离在贫民区；南部城市大量的穆斯林奴隶（1640年前后，那不勒斯有1万人）被强制皈依。

从16世纪70年代到17世纪30年代，从庇护五世（1566—1572年在位）到乌尔班八世（1623—1644在位），几位精力充沛的教皇通过高度集权的方式强制实施特伦特会议的法令。等级森严的教会变成了好战分子的教会，是唯一掌握教义真理的地方。在政治上，新建立的自信滋生出傲慢，教皇在《威尼斯禁令》（1606年）中试图利用精神武器处理教会与国家之间的关系，但没有成功。从社会角度来看，将民众重归统一的单一信仰，对17世纪意大利四分五裂、阶层分化、冲突不断的社会产生了多重影响，既包括直接影响，也包括长期影响。

仅仅几十年前意大利人文主义还在蓬勃发展，世俗人员和神职人员之间正式而广泛的高级文化交流，将文化水平和道德水平推向了新的高度，但如今一个话题能否进行讨论，界限是由教会单方面设定的——伽利略在1633年屈辱地认识到了这一点。文人不仅被排除在教会之外，而且被迫声称接受基本的教义原则，并被警告不要公开嘲笑或批评为人民制定的各类繁复的仪式。到了16世纪末，文人们已经接受了自己的从属角色并学会了谨慎和耐心。

教会现在完全由神职人员组成，教会内部形成了一种新的天主教文化并强加于意大利社会。这是一种与社会等级结构挂钩的文化，布道根据各阶层的教育水平而有所不同，农民和工匠被划归无知的行列。16世纪后期伟大的改革派主教和耶稣会士已经指明了道路，他们强烈地意识到需要建立神学院培养牧师，作为向无知教民灌输思想的教会知识分子新阶层，还要建立大学来教育世俗贵族精英的子女。由于世俗牧师相对缺乏（南方还缺乏牧师培养），宗教修道会，尤其是新修道会，在传播福音方面发挥了重要作用。教区牧师是理想的布道人选，他们既得到教义和圣礼新教派的支持，又牢牢地受制于教区主教，在经过罗马教理问答训练之后，便可听取信徒的忏悔，施行恰当的布道，引导和控制信徒的一生。

教会与意大利贵族之间的联系依然密切：教会统治阶层（特别是当下占主导地位的意大利枢机主教团）均来自贵族，贵族的孩子接受耶稣会士的教育，继续掌握着牧师的圣俸和人选。最重要的是，教会认为社会也分成类似的等级：按照教徒的社会地位组织宗教仪式和游行，向人们宣讲服从、尊重和听天由命，并将穷人排除在井然有序的社会之外。在17世纪晚期和18世纪早期，耶稣会士成功地在意大利大多数首都宣扬建立大型医院，将穷人、病人和其他边缘群体隔离和包围起来。

虽然教会在物质上和精神上与意大利世俗贵族非常接近，但教会在17世纪被成功地塑造为一个脱离世俗社会并高于世俗社会的团体。从枢机主教、主教到教会牧师和世俗牧师，神职人员享有崇高的地位，他们的长袍、言语和行为均区别于普通信徒。意大利天主教巴洛克风格的教堂和圣殿，华丽而咄咄逼人地彰显着教会的优越感。教会财产和收入大幅增长，修道院、音乐学院和慈善机构的数量持续增加，都证明了教会在富有阶层中的成功。

新形式大众宗教的广泛传播也有力地证明了在民众中的成功。在那不勒斯王国，从16世纪末开始，来自耶稣会、巴纳比派和其他新教团的传教士，仿效耶稣会在南美印第安人中的传教经验，开始传播福音；传教活动稍后又延伸到意大利北部和中部。继传教使团之后，又建立了由贵族和高级官僚阶层组成的常设教会、宗教团体和演讲会。

天主教改革的消息以多种方式在意大利传播。这些消息都经过了仔细的过滤，罗马方面也对地方追封圣徒的提议实施了严格的程序控制。拥有神圣过去的罗马，再加上洛雷托和阿西西，吸引了规模空前的宗教游客，玛利亚圣所、圣骨匣和圣徒遗体是各路朝圣者的向往之地。教堂里的绘画，以及家中悬挂的圣徒画像，都显示着超自然力量对日常生活的影响。宗教书籍，特别是圣徒传，18世纪中期之前在威尼斯和那不勒斯的印刷量越来越大：这些书面向神职人员和受过教育的信徒，在布道和精神集会中又传递给文盲教众。那些穷得进不了修道院的第三修道会女教徒，也在邻居妇女中传播对神像、圣徒和圣骨匣的崇拜。

到了18世纪，无论在意大利城市还是农村，大众天主教都在文盲群体中生根发芽。它围绕着对圣母和圣徒的崇拜（越来越被视为与神交流的直接媒介），选择性地融合并重构了早期流行的仪式和传统，构成了一种类似新念珠崇拜的集体的、戏剧化的信仰表达，是一种公开的虔诚姿态和经文祈祷的视觉呈现。

区域国家的形成

马基雅维利对君主需要"扎根"的关注显示了意大利北部和中部不同于阿尔卑斯山对面国家的历史演变：对王朝缺少忠诚使得共和城邦转变为没有安全保障的贵族统治。意大利遭受侵略并被卷入战争加速了贵族们作出自然选择的激烈过程，最早出现在14世纪晚期到15世纪期间，第二次出现在特伦特会议召开之前教皇发展裙带关系时期。

17世纪末，意大利出现了一些稳固的区域国家。意大利（和欧洲一样）史学长期以来一直将其解释为现代国家形成的必然过程。但是，早期权力分散于多个小国与社会机构的特点，给集权带来了一个不同层面的问题。表现为，在16世纪，即使是有实力的新建国家，也没有能力和意愿发展强大的集权行政结构：米兰和那不勒斯，还有西班牙保护国、复辟的萨伏伊王朝和美第奇家族，与威尼斯共和国、热那亚共和国、教皇国、摩德纳的埃斯特家族或帕尔马—皮亚琴察新兴的法尔内塞家族在这方面并无差别。

从15世纪起，那些处于支配地位的首都，比如罗马、米兰或威尼斯，已经开始支持垄断税收，附属城市对周边乡村拥有的传统特权至少有一部分受到了挑战，首都还开始对地方社会施加控制，但为了在领地内实施统治，仍然依赖于现有精英的配合，需要赢得他们的支持。中央集权措施的引入非常谨慎。例如，在设置新地方行政官的同时，也正式确认老牌地方精英现有的自由和权利：威尼斯从未挑战过维罗纳贵族的垄断地位，同样，佛罗伦萨也从未挑战过锡耶纳贵族的垄断地位。区域国家的出现绝对不是将更高级的中央集权强加给各地，而是持续的权力交易和机遇带来的结果。

在面临来自议会、封建势力或附属城市的政治威胁时，王公们采取了各种适当的措施：萨伏伊的伊曼纽尔·菲利伯特公爵没有征用皮埃蒙特的庄园；托斯卡纳的柯西莫公爵为了制服佛罗伦萨市民建造了达巴索城堡；法尔内塞王室夺取了各大封地，控制并边缘化了帕尔马市议会。然而这些只是例外情况。在16世纪中叶到18世纪的漫长时期里，通常各方势力之间会达成妥协。从国家的角度来看，能够获得行政优势是进行谈判和交易的原因。米兰出售拥有民事和刑事司法权的封地，降低了地方维持秩序和执行法律的成本；威尼斯在财政上对弗留里封地、贝加马科和布雷西亚诺山谷作出让步，换取了它们对威尼斯的忠诚。

17世纪，政府通过设置新的地方行政官并增加行政人员，慢慢开始将一些司法和财政活动集中在手里。政府利用城市与周围乡村之间、封建领主与农民之间的传统敌意，提出了另外的管理手段，在没有正式取消地方特权的情况下，将地方特权掏空。然而，每一次国家权力的扩展都是经过谈判得来的，这也凸显了意大利各国国情与特权的异质性和差异性。

区域国家的发展得益于大城市贵族对土地的兼并，威尼斯共和国最为典型，这似乎并不奇怪，因为威尼斯政府完全是由威尼斯贵族组成的：随着威尼斯政府的作用不断增强，出现了一个强大的威尼斯地主阶层。这种现象其实非常普遍：1622年的比萨地籍显示，佛罗伦萨人对土地的拥有仅次于比萨人；1756年在帕维亚周围的乡村中，最富有的地主几乎都是米兰人。

在区域国家的形成过程中，最重要的是王公们会有意采取某些政策来赢得贵族的支持。与王公相比，威尼斯、热那亚和卢卡等寡头共和国可能处于不利地位，后者非常羡慕王公的特权，他们态度封闭，而且缺乏宫廷的象征作用和物质优势。王公们千方百计吸引封建贵族为自己服务。在托斯卡纳，王公们建立了封地和骑士制度，以此吸引贵族为己所用。在皮埃蒙特，萨伏伊家族为了将封建贵族纳入爵位轨道，特意发展了一支庞大的军队和一套传统军事价值观，虽然给大批银行家、军事供应商和官僚新授予了爵位，但仍然成功地维持了这套价值体系。在帕尔马，法尔内塞王室控制大土地封建主的方式一向是镇压或者让他们参与宫廷，后来又归还他们被没收的遗产，对城市贵族则授予职位和头衔。到了18世纪，以宫廷为中心的区域国家已经建立起来，贵族价值观也随之渗透到社会中去。

宫　廷

　　王公们确立权力、建立区域国家的标志与手段就是宫廷。意大利宫廷不仅为法国凡尔赛宫廷和欧洲君主专制制度提供了经验，而且似乎通过一个个公国发挥了更为直接的政治作用。意大利王公们通过提高宫廷的地位重新定义了自身的角色，并重构了他们与面对的多重势力之间的关系。

　　当然，宫廷和君主政体一样早就存在。但与勃艮第宫廷或意大利南部的阿拉贡宫廷不同，文艺复兴时期的贵族们成功地传播了理想化的宫廷生活方式价值观。这就是卡斯蒂格利奥尼的《朝臣》（1528年）在意大利和阿尔卑斯山另一边名声大噪的原因，热度一直持续到法国大革命。意大利社会偏爱夸张的风格，认为外表与内在同等重要，奢侈张扬、华丽辉煌、宏伟壮观都是必要的，以及至少与社会地位相匹配的价值观。是不是意大利宫廷开启或鼓励了这种风格呢？探究这个问题也许并无意义。宫廷自然符合这些价值标准，不管是曼图亚或佛罗伦萨等城市宫廷，还是波旁王朝查理三世在那不勒斯的卡塞塔宫，或者维克多·阿马德乌斯二世在皮埃蒙特的狩猎宫之类的乡村宫廷。后来贵族们建造了更加宏伟的宫殿和花园，比如蒂沃利的阿尔多布兰迪尼别墅，其奢华的风格与布局都部分地源自这些宫廷。但宫廷发挥的作用要广泛得多，既包括行政办公、维系社会关系网络，也包括施加个人影响、赞助艺术并重塑城市空间，同时宫廷也是宗教的象征，塑造了贵族的规范。

虽然15世纪时乌尔比诺或费拉拉的宫廷极为华丽精致，但王宫所在的地理区域并不限于贵族的领地，实际上从巴勒莫和那不勒斯到罗马和都灵，都能见到华丽的宫廷。在许多方面，罗马为宫廷和君主的象征性身份认同提供了范例。从15世纪晚期到17世纪中期，梵蒂冈建筑群进行了扩建，以容纳对教皇国施加控制所需的官僚机构，并为教皇重新发挥国际作用营造高雅的格调。与此同时，作为首都的罗马城被多次改造，修建了许多通往梵蒂冈的宽阔大道，教皇与枢机主教的宫殿和别墅、广场，还有喷泉、方尖碑、教堂和公共建筑，都是为了荣耀教皇和反宗教改革教会的领袖而建造的。

16世纪，防守坚固的宫殿被王公的宫廷所取代，宫廷形成一个闭环，与城堡分开，也与城市分开，构成一个独特的自给自足的系统。17世纪，公共事务被看作与王公本人密切相关，因此，行政和司法机构都设在王公宅邸附近，甚至有些宫廷之间还有内部交通连接，比如佛罗伦萨乌菲齐宫和皮蒂宫之间的瓦萨里走廊。宫廷的规模和形制不断扩大：1550年的美第奇宫只有39名朝臣，1692年朝臣人数增至797人。

无论是宅邸内部还是相邻城市中的空间分布，都要考虑行政办公和仪式感的需要。王公们被分隔保护的私人住所、礼拜堂和花园，彰显了他们神圣的地位。渐渐地，首都也以王公宫殿为中心被重新规划或改造。宫殿是城市的焦点，条条笔直的道路通向宫殿，宽阔得足以行驶马车、进行游行，路旁还装饰着雕像、纹章、徽章和其他象征王公权力的标志。大教堂被用来凸显统治者的神圣地位，比如都灵大教堂，甚至是宫殿的附属品。如果朝臣们宅邸的数量或品质达不到宫廷的标准，王公们会鼓励他们在宫廷附近建造宫殿，接待王公的客人。

意大利宫廷在17世纪走向了辉煌，因为它是确立王公优越性的有效工具。正是通过宫廷，法尔内塞王室遏制了大封建贵族，并将帕尔马的城市贵族转变为拥有爵位的贵族；萨伏伊王室把军队变成了一个金融和社会市场，兜售了大量注水的爵位。宫廷为精英们提供了利益和机会，反过来也增强了宫廷的影响。由于行政管理基本出于王公一人，宫廷便成了资源分配的主体——任命地方行政官和官员、授予名誉职位和爵位、进行军事和教会职位任命、发放建立封建村庄所需的合同和许可。17世纪发生的经济危机可能也促使贵族世家通过服务于王公来恢复或增加自己手里的财产和资源，他们显然意识到了宫廷处于核心地位，是各种社会关系（从推荐到联姻）的交汇地。17世纪也出现了大量批评卡斯蒂格利奥尼的文章，认为他尊重知识分子作为朝臣的体面，实际上是给出了一种机会主义的建议，即如何通过奉承王公来获得补助和俸禄。

贵族的力量

社会关系重组巩固了区域国家及其宫廷的地位，重组的基础是吸纳，甚至鼓励意大利各公国中的贵族来担任新的领导角色。正是通过这样的妥协，统治者才能够吸引并融合掌握地方权力但经常发生冲突的各股势力为己所用。到了18世纪中期，哈布斯堡王朝的统治者和启蒙运动的改革者们面对的是一个强大而富有的贵族阶层，他们比失去了知识垄断地位的教会更有能力捍卫自己的特权。从长期来看，造成的负面后果甚至持续到了意大利革命（拿破仑式的）之后，因为教会和贵族的存在对意大利未来的发展施加了沉重的社会负担。

鉴于意大利之前的历史，变化产生的方式可能会令人惊讶，至少在意大利北部和中部是这样的。如果南方王国的基础是封建贵族，意大利公国的历史基础则是封建贵族失败并由城市贵族取而代之。但是，正如我们所看到的，尽管封建地主被逐出城市和周边乡村，他们仍旧是农村的一大特征，可以审时度势或是心血来潮，忠诚于不同的政党（皇帝、教皇、地方政府或其他势力）。

16世纪，贵族有两种完全不同的来源：封建贵族和城市贵族。关于什么是城市贵族，存在着巨大的不确定性和分歧：一方面，威尼斯商人统治阶级早已在金色的贵族名册中占有一席之地；另一方面，即使到了17世纪，佛罗伦萨贵族阶层仍然不愿意接受来自美第奇大公（尽管不是来自外国统治者）授予的贵族爵位。那时，获得贵族身份的途径多种多样，最常见的是王公们会创造一些新的头衔回馈为自己服务的人，或者干脆明码标价；此外，可以加入一个受教皇保护的骑士团，比如马耳他骑士团，或者托斯卡纳圣斯特凡诺骑士团；也可以取得特定的职业资格，如公证人或医生。

在17世纪和18世纪，贵族意识形态在欧洲得到了稳步加强。不难想象，王公们对贵族的承认符合意大利地方寡头的需要。即使是佛罗伦萨的贵族也承认爵位在外国人眼中非常有价值。到了16世纪后期，意大利各个城镇都出现了城市贵族；就算爵位不能给予他们实权，但也能确立他们在制度中的身份和地位。

16世纪中期，意大利出版了大量关于如何定义绅士和贵族的书籍。家世崇拜可以追溯到这一时期，纹章也开始出现在宫殿的外墙。早期人文主义者曾认为，真正的贵族品质是美德，可到了17世纪，这种观点已经销声匿迹了，取而代之的是骑士精神，认为荣誉才是真正的价值规范。地位崇高、享有优先权、世袭爵位、担任军队职务、追求丰厚的俸禄、拥有私人武装、蔑视地位比自己低的人，成为意大利贵族阶级的标志。无论贵族私下里有什么怨恨，比如出身和财富之间、封建军事出身与执政之间悬而未决的冲突，贵族意识形态都是通过王公、城市贵族和新晋贵族的利益融合而形成的。以前看出身的区别，现在则会贬低与贵族地位不符的行为，比如，"低劣"的艺术，当然对低劣艺术的定义根据每个贵族阶层的活动因时因地而有所不同。

贵族意识形态可能因为城市贵族的经济利益从制造业、贸易和银行业转移到土地而得到加强，只有在热那亚，寡头政治的投资还停留在国际金融领域，威尼斯、佛罗伦萨、米兰和其他地方的贵族大部分都是地主。这种结构性转变不一定能够解释意大利经济衰退的原因，但在一定程度上肯定是贸易风险增加且回报率下降的后果。不过我们无法断言，进行土地投资就是抛弃创业精神的表现，毕竟抓住市场机遇的例子比比皆是，比如威尼斯贵族修建大规模排水工程；伦巴第地区扩大水稻种植；教会贵族为占领罗马市场转向畜牧；托斯卡纳贵族地主发展佃农。土地为抵押金融项目提供了基础，尤其是向贫困公国、农村地区和农民提供的高利贷（教会禁止的高利率）。城市土地所有制和日益商业化的农业无疑恶化了农民家庭的生活状况，当然也强化了贵族的优越地位。

在威尼斯、热那亚和卢卡等共和国，贵族统治阶级因猜忌和权力垄断，对联姻条件有诸多限制，导致贵族人数急剧下降，意大利大多数城邦附属城市中的贵族也是如此。转移财产、抬高嫁妆，使得贵族青年男女的独身比例居高不下。威尼斯的情况最为糟糕，贵族数量从

1536年的6439人下降到1624年的4457人，到了1766年，仅为3557人。许多其他城市，如米兰、佛罗伦萨和锡耶纳，贵族人口也出现了类似比例的下降。到了18世纪，公民寡头群体的数量已经难以满足履行政治义务的需要了。在这些共和国中，由于办公成本不断攀升，强大的财力是支撑权力的必要条件。威尼斯不得不向贫穷的贵族提供教育和救济，帮助他们维持自己的地位。富有寡头和贫穷贵族之间的政治分歧，以及周期性经济危机是17世纪和18世纪威尼斯和热那亚历史的主要特征。

与共和国或其领地内城市中的贵族不同，王公的凝聚力在于对贵族地位给予正式承认，而不考虑其出身的差异或不确定性。帕尔马—皮亚琴察的法尔内塞大公们所遵循的政策堪称典范。帕尔马—皮亚琴察是教皇保罗三世于1545年为法尔内塞家族创建的公国，这个地区封建势力非常强大，却具有深厚的公民传统。

然而，帕尔马和其他公国一样，需要付出代价。虽然王公的政策巩固了贵族的经济权力，却未必能够创造一个具有凝聚力的阶级，更不用说一个能为统治者服务的阶级了。在帕尔马，贵族内部的各个层面并没有真正融合，联姻时继续遵循各自不同的原则；在皮埃蒙特，军队贵族们仍然带有与众不同的优越感。无论贵族世家和统治者之间如何相互依存，贵族世家的利益始终是至高无上的。事实上，有意鼓励贵族重组意大利社会，意味着加强保障贵族的家族遗产。贵族的财富、权力和理想在各国都得到了巩固，贵族成为最强大的经济和社会阶层。

直到18世纪初，批评主义才开始出现。来自维罗纳（该地区的封建神话非常有名）的贵族西皮奥内·马菲对贵族的骑士精神进行了嘲讽，哈布斯堡地区（皮埃蒙特几乎没有）的启蒙运动作家们抨击了贵族的传统特权及君主服务的缺席。从根源上来看，意大利启蒙运动的局限性在很大程度上是因为发端于贵族阶层。

启蒙运动

如果不是半岛在欧洲的角色发生了根本性的政治变化，启蒙运动在意大利是不可能发生的。西班牙统治结束后，一系列为了争夺继承权而发动的战争给意大利送来了新的统治者：奥地利的哈布斯堡王朝统治了伦巴第和托斯卡纳，波旁王朝统治了那不勒斯、西西里岛和帕尔马。无论战争时期还是和平时期，当列强瓜分意大利王公们的领土时，王公们表现得比以往更加无能：摩德纳的弗朗西斯三世认为自己之所以能够在1737年获得继承权，是因为加入了哈布斯堡军队与土耳其人作战，就像16世纪萨伏伊的伊曼纽尔·菲利伯特在出任西班牙军队的将军并在佛兰德斯取得胜利之后，才得以重掌公国一样。

但此时的情况与西班牙统治时期有很大的不同。几个大国之间达成了协议，如果哈布斯堡王朝想要继承维也纳的王位，或者波旁王朝想要继承马德里的王位，就不能保留在意大利的领地，这样最终通过和平方式解决了意大利的归属：1759年，查理三世被迫放弃那不勒斯和西西里岛；1790年，彼得·利奥波德在哥哥约瑟夫二世去世时放弃了托斯卡纳。只有伦巴第仍然是奥地利帝国的一部分，但在三次继承战争中将更多的西部省份输给了萨伏伊。从1748年签订《艾克斯拉夏贝尔和约》之后到1796年法国革命军入侵之前，意大利各国正式摆脱了欧洲几大敌对王朝的控制，进入了一段前所未有的和平时期。和平是启蒙运动改革的先决条件。

18世纪奥地利哈布斯堡王朝的统治与早期西班牙统治时期有着本质上的不同，因为它使意大利各国直接接触到启蒙改革主义的主流思潮。如果说意大利知识分子一直将巴黎看作启蒙运动辩论和思想的主要源泉，那么两个最先进的公国伦巴第和托斯卡纳的管理者和改革者则从未忽视玛利亚·特蕾莎和约瑟夫二世在维也纳实施的改革。意大利启蒙运动的倡导者将这场运动视为意大利向欧洲的回归。

意大利启蒙运动的发端很复杂，可以追溯到17世纪末欧洲专制主义危机。启蒙运动一方面对意大利以外的科学和哲学发展重新产生兴趣，另一方面则越来越坚定地与教会令人窒息的统治作斗争。牛顿和洛克的思想促进了新批判方法、科学方法与思维方法的阐述，并迅速发展为科学能够促进人类进步的信念、对"有用"科学的偏爱，以及理性改革能切实改善公众幸福感的乐观态度。对教会的攻击直接源于那不勒斯和皮埃蒙特境内的管辖权冲突，后来变成质疑教会审查制度和宗教裁判所施加的思想垄断，最后又演变为攻击耶稣会士。

到了18世纪中期，米兰的皮埃特罗·韦里和切萨雷·贝卡利亚、托斯卡纳的蓬佩奥·内里和弗朗西斯科·玛丽亚·吉安尼、那不勒斯的安东尼奥·吉诺维西都成为这场如火如荼的知识辩论运动的焦点人物。意大利知识分子之间的探讨构成了更广泛的欧洲辩论的一部分，但聚焦于意大利各国的具体问题，讨论的激烈程度取决于政权的态度：在伦巴第、托斯卡纳和帕尔马，辩论的环境非常友好；在那不勒斯，辩论虽然可以接受，但是受到了一定的限制；但在摩德纳、威尼斯、教皇国、皮埃蒙特和西西里，由于政府和当地社会的敌对，几乎没有取得进展；热那亚共和国干脆禁止所有的政治讨论。

无论知识分子之间存在什么分歧，他们都一致认为，意大利各国与欧洲（指的是西欧）的进步相比，落后程度令人发指。迷信、特权，还有意大利的历史，处处阻碍着改革的进展。在王公比较开明的地方，知识分子逐渐投靠王公，将其视为必要的，乃至唯一的变革推动者。知识分子的作用是赢得舆论的支持。一旦王公们开始实施变革，改革便扩展到了更加广泛的领域，包括合理化政府机构、让教会居于从属地位，以及消除经济发展面临的障碍。

改革派王公与知识分子之间的合作在对教会的斗争中达到了顶峰。教会早在17世纪后期就失去了早期的驱动力，沦为一个拥有特权、无知、进行不合时宜道德审查的混乱群体。教会的财富和宗教团体的"无所事事"使教会不堪一击。

与奥地利、法国和西班牙一样，意大利各国都对教会发起了猛烈的攻击，镇压修道院、收回教会侵占的土地、没收财产、驱逐耶稣会士，最后（在伦巴第和托斯卡纳）甚至试图实施詹森主义改革并由国家进行牧师培训。到了18世纪90年代，教会在西班牙统治意大利时期曾经享有的经济、司法和文化优势，大部分已丧失殆尽了。但是，支持反宗教改革的民众对教会依然虔诚，这种虔诚后来在反对法国大革命的斗争中表现出了政治潜力。

对于知识分子和改革派来说，经济改革是促进发展的最有效工具。所有人都赞同取消内部通行费用和障碍、废除世俗特权与教会特权、统一国内市场。当彼得·利奥波德践行重农主义学说、为刺激农业生产允许谷物自由出口时，托斯卡纳成了欧洲启蒙运动论坛中的模范公国。私有财产与经济个人主义一样，事关信仰问题，于是各公国开始了对公共财产的侵占。毫无疑问，启蒙运动改革的结果进一步削弱了农民自给自足的基础。另外，保护生产资料的意识形态和措施弱化了改革运动批判贵族特权与权力所产生的潜在影响。在那不勒斯，虽然鼓励地主参与商业，但也允许其保留封建特权；在托斯卡纳，地主失去了财政豁免权，却受益于制度化或传统性区块生产（例如供应国内城市市场的义务）的废除，还成功地抵制了政府保护小土地所有者或农民的尝试。

在进行了十年积极且颇有成效的合作之后，到了18世纪70年代后期，知识分子对王公的信任开始变得有所保留。太多的问题取决于王公的性情：在许多知识分子看来，彼得·利奥波德和约瑟夫二世过于激进，那不勒斯的费迪南德四世和萨伏伊的维克多·阿马德乌斯三世则太过软弱或偏执。即使有些地方的统治者积极参与改革，可变革面临的阻力又十分巨大。在那不勒斯和西西里，还有罗马和摩德纳，启蒙改良主义姗姗来迟，早期的乐观主义情绪已经消散，取而代之的是一种日益增长的幻灭感。

法国大革命的到来，让启蒙运动戛然而止，统治者废弃了一切改革。在某种程度上，启蒙运动无疑改变了西班牙统治下的意大利和反宗教改革运动。意大利重新融入欧洲，却呈现出多种社会和政治面貌。改革凸显了社会和政治分歧，而革命则使分歧进一步加深。

第六章
巴洛克与洛可可时期的文化

罗伯特·奥雷斯科

歌剧艺术与建筑艺术的统一

1600年10月6日，法国国王亨利四世和托斯卡纳大公的侄女玛丽亚·德·美第奇举行婚礼庆典，佛罗伦萨的皮蒂宫上演了由雅各布·佩里（1516—1633年）配乐、奥塔维奥·里努奇尼（1562—1621年）创作的戏剧《欧里迪斯》。一般认为，这一天标志着一种新的文化表现形式——歌剧的诞生。虽然在《欧里迪斯》之前肯定有过极为相似的作品，但我们还是可以这么认为。蒂姆·卡特曾经说过："在音乐史上，很少有哪个音乐类型像歌剧那样，可以精准确定其发端。"同样，也很少有哪种文化表现形式，在新世纪初刚一出现便得到了确立，因此歌剧史在17世纪和18世纪的意大利文化史中发挥着重要的核心作用。歌剧之所以重要，一个根本原因是遵循了文化协作的原则；歌剧首先是协作的产物，这就含蓄地挑战了乔治·瓦萨里在16世纪出版的《艺苑名人传》中提出的天才人物与表达的概念。歌剧中的协作并非只停留在美学层面，而是指宽泛的文化合作。不仅需要诗人和音乐家的才华，还需要画家和建筑师搭建布景、科学家控制舞台机械、古典学者和历史学家把握作品主题。作品是否能够上演并被安排进节日庆典，也离不开宫廷官员的配合。最后，还有权力掮客的参与，这个角色有时甚至由王公本人充当，他们借助这种新的音乐类型直截了当且通俗易懂地传递政治意图。今天我们往往将特定的歌剧与特定的音乐家联系起来，但在17世纪和18世纪，歌剧就好像是一个十字路口，一个多种文化形式交汇的地方。歌剧表演的场合后来也变得多样化，比如为贵族家庭进行的私人表演、在教堂和大学里表演的神圣剧、耶稣会教士赞助的说教歌剧，以及以营利为目的、在公共歌剧院上演的收费演出。然而，令人惊讶的是，歌剧的根却深植于王朝和宫廷文化之中：歌剧最早是在美第奇宫廷庆典中得到承认的，1607年，在曼图亚宫廷中上演的《奥菲欧》又进一步丰富了歌剧，克劳迪奥·蒙特威尔第（1567—1643年）的音乐配合宫廷大臣亚历山德罗·斯特里乔的剧本（1630年），突出了政治世界和文化世界的交叉重叠。

　　歌剧强调融合与协作的概念，除此之外，歌剧对于我们现在所认识的意大利文化来说，还具有第二个重要意义：歌剧罕见地实现了文化统一，否则意大利半岛便会分崩离析、彼此排斥。不管那不勒斯歌剧与威尼斯歌剧在形式上有多么不同，也不管宫廷（都灵等不断扩张的宫廷）推动歌剧作为主要娱乐形式的速度有多么缓慢，至少在17世纪，歌剧一般被视为意大利的独创，在意大利之外也是如此。在巴黎，意大利出生的枢机主教朱尔斯·马扎林多次尝试将意大利歌剧引入法国宫廷，曾经委托弗朗西斯科·卡瓦利（1602—1676年）创作歌剧《情人赫拉克勒斯》，以庆祝路易十四的婚礼（1660年，但歌剧直到1662年才上演）。歌剧未能如期上演，促使法国人想要建立自己的歌剧规范，但最早的几部歌剧都是由国王的宫廷乐师长、佛罗伦萨音乐家让-巴普蒂斯特·吕利（法语名字是Jean-Baptiste Lully，1632—1687年）执导的。在整个18世纪，与意大利歌剧及其分支相关的知识，成了精英们共同的文化语言，就像法语被当作外交语言一样。

歌剧具有文化统一性的观点至关重要，因为对于非意大利的观察家（以及19世纪和20世纪的历史学家）来说，"意大利文化"，甚至"意大利"本身，由此构成了一个连贯的概念，而17世纪和18世纪生活在半岛上的艺术家、作家、音乐家和赞助人却很难看到这种连贯性。在这两个世纪里，意大利文化的一个突出特征是地区多样性，非常缺乏同质性和内部统一性。1870年之后，复兴运动的倡导者努力将文化统一性作为推动政治统一的一个理由。即使是相邻城市之间，在形式主义文化表达和实际组织方面也存在着巨大差异，表层原因是地理的特殊性，但从根本上来说，则是不同权力模式的体现。都灵、摩德纳、曼图亚、帕尔马和皮亚琴察、佛罗伦萨等北部和中部宫廷密集的城市，产生的文化赞助形式与邻近的共和城市威尼斯、热那亚和卢卡完全不同。不仅艺术思想存在差异，官方文化和私人文化之间的平衡也有所不同。即使像都灵这样一个所谓的中央集权宫廷，由于不断地扩张，在同一个首都内也形成了多个王公和贵族赞助中心。米兰、那不勒斯和巴勒莫则是另外一种官方宫廷文化和非官方精英文化混合而成的形式，虽然这些城市的统治者是外国总督，但社会结构却由世系悠久的大家族构成。几个世纪以来，不管城市的临时统治者如何变换，艺术的发展都是靠贵族资助的。

罗马教皇对文化的赞助使意大利半岛呈现出更加丰富的多样性。教皇既是天主教会领袖，也是世俗君主，教皇的赞助反映了教皇在精神世界和世俗世界中的双重角色。1600年前后出现的歌剧并不是17世纪头一个十年中唯一的重大文化现象。博格塞家族性格果断的教皇保罗五世在位期间（1605—1621年），终于确定了天主教会的中心——新建的圣彼得大教堂的内部空间分布（及礼拜含义）和外观（教堂的外立面）。早在1506年，教皇尤利乌斯二世就已经奠定了这座教堂的基石。中心对称的希腊十字与延伸的拉丁十字，从教会与美学的角度孰优孰劣？16世纪时，一代又一代的艺术家曾围绕这个问题展开过激烈的辩论。1605年，保罗五世刚开始担任教皇时，就委托卡洛·马德诺（约1556—1629年）设计圣彼得大教堂的结构。初步工程在十年之内竣工，包括平面图呈拉丁十字形状的教堂中殿、外立面和门廊，教堂迅速成为辨识度极高的天主教外在意象。

在大胆地解决了长期存在的争议问题之后，教皇的赞助重心便落在了大教堂上，因为教堂建成后，接下来还面临着内部装饰和周围城市空间分布的新问题。在巴贝里尼家族的教皇乌尔班八世漫长的统治期间（1623—1644年），作为其主要艺术顾问的吉安·洛伦佐·贝尔尼尼（1598—1680年）迅速崛起，采纳了许多从圣彼得教堂发出的装在"朴实无华信封"里的选择。大教堂的内部装饰有很大一部分是由贝尔尼尼完成的，其中最令人称道的是矗立在圣彼得墓上方的青铜雕塑《华盖》（1624—1633年）以及圣彼得宝座，这把座椅无论在精神上还是世俗中，都是教皇权威的核心体现。贝尔尼尼的职业生涯对意大利文化在现代早期发挥实际作用提供了许多启示。

欧文·拉文对贝尔尼尼的核心评价是他将视觉艺术合而为一，无法严格区分他是雕塑家、建筑师，还是画家。事实上贝尔尼尼在绘画领域的知名度明显不高。他提出的三维形式和空间等高度戏剧性的概念促进了视觉艺术的统一，再次指向了歌剧在意大利文化生活中发挥的关键作用，与贝尔尼尼的成就类似，歌剧也是多种艺术表现形式的综合。圣彼得大教堂的十字形制和教堂前面的椭圆形广场，是教皇举行仪式、施行礼仪的地方，采用这样的外观和形式，还有浮雕上不断被人"阅读"和理解的图案，都是基于功能上的考虑，因为需要用最明显的方式来呈现天主教领袖的风采。乌尔班八世仿效16世纪米开朗基罗在梵蒂冈拥有广泛的权威，决定将权力尽可能地集中于贝尔尼尼一人之手，这标志着意大利文化中又诞生了一位独特的人物，一位艺术家朝臣和行政机构官员。菲利波·尤瓦拉后来在都灵也享有类似的地位，这类人物在意大利之外还有鲁本斯、委拉士开兹和勒布伦。

卷入宫廷政治不可避免地会遭遇个人对手和职业竞争，这是17世纪和18世纪意大利文化的另一个非常重要的机制。无论贝尔尼尼个人在17世纪早期的罗马多么具有影响力，由于装饰新圣彼得大教堂的任务规模巨大，他不得不与巴贝里尼家族的其他宠臣合作，比如皮埃特罗·达·科尔托纳（1596—1669年），还要与属于其他派系阵营的公开对手打交道，最著名的便是弗朗西斯科·博罗米尼（1599—1667年）。对手和竞争的概念在16世纪的意大利文化中已然存在，但在17世纪和18世纪，才成为意大利文化的重要组织方式。在印刷的宣传单、小册子和新闻纸上，经常围绕建筑形式或歌剧与戏剧的形式展开公开而激烈的辩论。为普通住宅设计或特定建筑委托而组织的官方竞赛，也会邀请竞争对手们提交参赛作品。在罗马等地，竞争与协作是定义文化赞助场的一对相反概念。纳沃纳广场经常被称作潘菲利家族的私人场所，这个家族曾诞生过教皇英诺森十世（1644—1645年在位）。纳沃纳广场是典型的由竞争对手有效合作而产生的一件艺术品。博罗米尼设计了潘菲利宫的画廊，并从1653年起，开始设计邻近潘菲利家族私有的圣阿涅斯教堂，为教堂建造了一个极富特点的凹形外立面。而当时欧洲最出色的王宫装饰画家之一——科尔托纳，则为潘菲利宫画廊创作了壁画

《埃涅阿斯的故事》（1651—1654年）。同一时期，贝尔尼尼在巴贝里尼教皇去世（1644年）后一度受到冷落，正在建造纳沃纳广场上的喷泉——四河喷泉（1651年竣工）。这座17世纪城市主义的伟大丰碑并不是一个人的功劳；它结合了建筑、雕塑、水力学、绘画、古典学等多种艺术和科学，但实际目的却是立体地展示潘菲利家族的崛起，以及这个家族拥有修建喷泉的资源和实力。

纳沃纳广场并非由梵蒂冈官方修建，而是教皇及其家族（主要受益者）私人推动的，17世纪50年代广场的建造精益求精，可见教皇的文化赞助有多么高昂和复杂。在教皇的宫廷中，女性是不能担任公职的，同样，某些需要女性或者与女性相关的文化表达形式，尤其是世俗戏剧和歌剧，都被禁止了。因此教皇将绝大部分的赞助转移到了家族宫殿的修建上，比如纳沃纳广场的建造，就得到了教皇本人的积极支持与鼓励。乌尔班八世的家族在巴贝里尼宫建造了一座能容纳3000人的大型剧院，用于表演因不符合教规而被梵蒂冈禁止的歌剧和其他宫廷娱乐，从而奠定了他们的城市权力基础在培育新音乐剧院风格过程中的核心作用。许多接受教会官方赞助的艺术家都在这里工作，但从法律上说，这座剧院是一个私人委托。建筑是从17世纪20年代后期开始由卡洛·马德诺和博罗米尼进行设计，但马德诺去世（1629年）后，贝尔尼尼接替了他在梵蒂冈和巴贝里尼宫的工作（至少在巴贝里尼宫的工作颇有成效），而创作天花板壁画的任务则交给了科尔托纳，这组壁画成为整个装饰方案的标志和中心。贝尔尼尼还参与了巴贝里尼宫的歌剧创作，他运用自己的绘画和建筑技巧，设计了舞台布景。所以说，这些艺术家既接受公共赞助，也接受私人赞助，贝尔尼尼和科尔托纳都公开将自己与巴贝里尼家族联系在一起，参与其社会和金融赞助体系。然而，依附于贵族也是有风险的，后来贝尔尼尼就曾一度失势，而此时他的主要对手博罗米尼，因为和潘菲利教皇都是亲西班牙派，似乎更受新教皇的青睐。

公共赞助和私人赞助

在卢多维西家族的教皇格里高利十五世（1621—1623年在位）短暂的任期内，可以清楚地看到社会网络和地域忠诚对艺术家职业生涯的重要性。格里高利十五世就从家乡博洛尼亚寻找画家来装饰圣彼得大教堂。多梅尼基诺（全名为多米尼科·扎姆皮耶里，1581—1641年）从博洛尼亚匆匆返回罗马，他以前在罗马也接受过一些重大的委托；圭尔奇诺（全名为乔瓦尼·弗朗西斯科·巴比里，1591—1666年）也从琴托（博洛尼亚附近的城市）来到罗马，因为他们预料出生于博洛尼亚的教皇会青睐博洛尼亚的艺术家。多梅尼基诺负责梵蒂冈宫殿，而圭尔奇诺则从卢多维西手中接过两项重大的委托：一项是由教皇官方赞助的圣彼得大教堂中的圣彼得罗尼拉祭坛画（现位于罗马卡皮托林博物馆）；另一项是教皇家族私人委托的卢多维西别墅的极光天花板壁画。多梅尼基诺和圭尔奇诺的绘画风格迥异，但二人都与博洛尼亚关系密切，拥有相同的赞助人网络。

传统的文化和艺术史学家试图用一些形式主义的形容词和对立词来解释17世纪的意大利文化：矫饰主义与古典主义对立；巴洛克主义又与古典主义对立，当巴洛克主义退化为洛可可风格时，便被新古典主义所取代；自然主义与理想主义对立；暗色调主义与明朗的调色板主义对立。这些概念和术语对于17世纪的画家和建筑家来说大部分都没有意义，他们关注的重点不是特定的美学或"自我"表达，而是有一份工作保障，不像王公、贵族和教会赞助人那样只需考虑个人的品位。权力掮客们需要维护自己的服务体系，对于艺术赞助而言，就是向画家、建筑家和音乐家委托任务，通过雇佣关系、提供金钱和职位或是一般性的支持与其紧密地联系在一起。

博洛尼亚艺术家为这种文化和社会历史现象提供了一个很好的例子。博洛尼亚是一座具有浓厚本地政治、美学和知识传统的城市，直到16世纪上半叶才被彻底纳入教皇国。由于享有特殊的地位，这座城市能够为本地艺术家提供充足的精英赞助。格里高利十五世去世后，圭尔奇诺回到了琴托。他漫长的职业余生就是在琴托和博洛尼亚度过的。圭尔奇诺的名气越来越大，一些欧洲大赞助人向他提出不需要离开家乡就能完成的委托，这种方式开启了著名艺术家弗朗西斯科·索利梅纳（1657—1747年）在固定地点完成委托的模式。索利梅纳几乎只在那不勒斯作画，而且只选择他认为合适的委托，然后将画作送到国外，他故意对希望拥有其作品的贵族赞助人说一不二，在推动艺术家也是企业家的观念转变过程中，发挥了关键作用。从今天看来，圭多·雷尼（1575—1642年）也作出了与圭尔奇诺类似的决定，1614年之后，他实际上也放弃了罗马，回到博洛尼亚。圭多·雷尼经常被视为博洛尼亚古典主义画家之一，无论雷尼和多梅尼基诺在绘画中对色彩的使用有多么不同，他们的职业生涯却有着惊人的相似之处。与圭尔奇诺一样，他们在家乡博洛尼亚都拥有强大的赞助人基础，依赖教皇和其他重要的赞助人，因此只是断断续续地接受罗马教会的赞助。两人都得到了卡拉奇画家家族的庇护和鼓励，与阿尼巴莱（1560—1609年）一起完成了法尔内塞宫美术馆中的重要作品。1678年，切萨雷·马尔瓦西亚出版了《博洛尼亚画家传》，一部博洛尼亚杰出画家生平的标准汇编，三位画家在书中都占有重要的位置。这本书既强调了艾米利亚画家的成就，同时也延续了瓦萨里开创的传记编纂传统，对意大利文化史学作出了重大贡献。

在马尔瓦西亚这部回顾过去的作品中，这群艺术家看起来非常同质，也非常团结。他们通过友谊和庇护者的纽带联结在一起，融入卡拉奇的圈子，接受斯皮奥内·博格塞（赞助史上最著名的枢机主教侄子之一）的赞助。多梅尼基诺和乔瓦尼·兰弗兰科（1582—1647年）之间的竞争却不太一样。兰弗兰科出生在帕尔马，研究过科雷乔的教堂装饰画，他也和卡拉奇团队一起参与法尔内塞宫的工作（他显然有自己的渠道），法尔内塞家族是帕尔马的主政公爵。因此，尽管有着相似的庇护者，两位艺术家却截然不同——兰弗兰科一般被看作充满活力的巴洛克大师，而多梅尼基诺则是不太有趣的模仿拉斐尔的色彩画家。二者的冲突并不完全源于美学差异，也同样因为他们出生在不同的城市所产生的对立。兰弗兰科最初崭露头角靠的是帕尔马公爵的赞助，尽管他也得到过卡拉奇的培养，但与多梅尼基诺、雷尼或圭尔奇诺终究不属于同一个地方圈子。

20世纪的文化艺术史学家夸大了风格的多样性，实际上风格的差异从未影响作品在同一建筑内共存。巴贝里尼宫就是最典型的例子：安德烈·萨基（1599—1661年）严格采用拉斐尔式的线条在天花板上绘制了《神圣智慧》寓言，而中央大厅的天花板上则是科尔托纳创作的《神圣天意》寓言，恰到好处地表现了幻想主义和王朝庆典的盛况。这两个天花板所在的房间在入口楼梯附近，位置是相对的，形成了鲜明对比。尽管画家之间存在理论分歧，但是，对于赞助人巴贝里尼家族来说，这两个风格迥异的天花板所传达的，都是对教皇乌尔班八世及其家族的颂扬，这比画家的风格更加重要。圣王路易教堂也呈现出类似的风格冲突，其中两间风格截然不同的礼拜堂，一间由多梅尼基诺建造，另一间由米开朗基罗·梅里西·达·卡拉瓦乔（1573—1610年）建造，二者隔着中殿遥遥对峙。

卡拉瓦乔颠沛流离的职业生涯一开始就不同于雷尼、圭尔奇诺和索利梅纳等人的博洛尼亚模式或那不勒斯模式。卡拉瓦乔出生在伦巴第，创作了最早的意大利独立静物画之一（现藏于米兰安布罗西亚纳美术馆），开创了视觉艺术的一个重要传统，对绘画类型学作出了大胆而创新的贡献。他的职业生涯起伏不定，先后辗转于罗马、那不勒斯、西西里岛，最后又来到马耳他，这在很大程度上是因为他的违法行为（多次袭击和一次谋杀）迫使他迅速逃离不再欢迎他的城市，不断寻找新的赞助人。仅凭这一点，卡拉瓦乔就开启了艺术家可以是一个边缘人或社会叛逆者的形象，他另类的生活过往在绘画和创作风格中直接表现为黑影强光、赤裸裸的威胁姿态及明显的性暗示。从这个角度来看，卡拉瓦乔的职业生涯似乎更接近于某些音乐家，而不是像圭尔奇诺这样舒适地定居于琴托的画家。这表明创造力和人生经历具有关联性，就像浪漫主义常说的，文化表达源于自我的痛苦，同时也揭示自我的痛苦。同样，亚历山德罗·斯特拉德拉（1644—1682年）为韦诺萨王公卡洛·格苏阿尔多（约1561—1613年）创作的牧歌和应答圣歌，被认为是解读他谋杀通奸的妻子及其贵族情人心理的唯一方式。斯特拉德拉的职业生涯也同样反映了他的生活经历：私奔、性冒险，最终在热那亚丧命于雇佣杀手。

评论家们总是强调斯特拉德拉的康塔塔、卡拉瓦乔的绘画与公众对他们混乱私生活的八卦（鉴于传播的规模，无论过去还是以后，八卦都不会消失）之间的关系，急于将他们公认的杰作与特定的危机和焦虑时刻联系在一起。实际上，他们二人与生活平静的圭尔奇诺一样，都是特立独行的人，并不依附于某个王公或显赫贵族，而是拥有多个赞助人。实际上，这两位艺术家和音乐家都是文化企业家，如果说圭尔奇诺和索利梅纳的静态模式对于不愿意离开家乡的艺术家有着巨大的吸引力，那么卡拉瓦乔和斯特拉德拉的经历则说明，无论出于何种私人原因，艺术家辗转于意大利各宫廷之间也可以有效地开展艺术活动，这凸显了意大利文化赞助的多元性，17世纪时阿尔卑斯山以北的地区也是这种情况。

罗马的世界主义特征使得各种类型与模式的文化消费蓬勃发展。除了梵蒂冈宫廷、教皇侄子和教皇家族之外，罗马还有各种各样文化赞助汇集的门厅。圣王路易教堂（教堂中有两间风格迥异的小礼拜堂，分别出自卡拉瓦乔和多梅尼基诺之手）就是一个典型的例子，它是一座独特的法国国家教堂，其重要地位表明，在17世纪和18世纪，罗马是天主教的中心，也是国际社群的汇集地，每个社群都实施各自的文化赞助，经常为在教皇首都工作的非意大利艺术家群体提供机会。从这个意义上说，由于尼古拉斯·普桑和克劳德·格利硕果累累的人生大部分是在罗马度过的，所以他们的职业成就不仅属于法国艺术史，也是罗马绘画史的一部分，但是法国历代沙文主义作家却顽固地宣称他们只属于法国。在提到这些画家奠定了宏大的法国古典主义风格时，至少也应该考虑到他们的罗马文化背景。

定居于罗马的瑞典女王克里斯蒂娜

罗马对外来者持开放态度的一个极端例子，要数在这里建立王室的克里斯蒂娜女王了。她放弃瑞典王位，皈依天主教之后，便定居在罗马（1655年），并建造了自己的宫廷。克里斯蒂娜在罗马的生活有助于从总体上阐明意大利文化史上的几种结构。据说杰苏阿尔多的牧歌是她最喜欢的音乐（可见在文化表达中王公偏爱的主题有多么与众不同），音乐在她的社会活动中发挥着核心作用。之后罗马又迎来了一位流亡王后——波兰的玛丽亚·卡西米拉·索比斯卡，1696年丈夫去世后，她就在罗马安置下来，她的宫殿中有一座私人歌剧院，是菲利波·尤瓦拉设计的。18世纪初，尤瓦拉还为罗马另一位主要歌剧赞助人——枢机主教皮特罗·奥托博尼工作，他也是枢机主教侄子中的一员（教皇亚历山大八世的曾侄孙），其家族成员包括杰出的音乐家阿尔坎杰洛·科雷利（1653—1713年）和亚历山德罗·斯卡拉蒂（1660—1725年），前者是一位重要的器乐作曲家，后者则是那不勒斯歌剧的开创者，也是安东尼奥·卡尔德拉（1670—1736年）和托马索·阿尔比诺尼（1671—1736年）的雇主，二人都曾有作品献给他。这么复杂的作曲家组合表明，即使在同一宅邸内也存在文化异质性。由于罗马的世俗音乐本质上都是私人、家庭的音乐，与教皇宫廷无关。在众多赞助类型中，有两类赞助人备受关注：一类是流亡王公，另一类是枢机主教的侄子。

克里斯蒂娜来罗马并非两手空空，她随身携带的藏品被她慷慨地视为自己的私人财产，而不属于瑞典王室，其中包括瑞典军队在三十年战争期间掠夺的大部分艺术品。在某种程度上，克里斯蒂娜入住罗马代表了一个更大的意大利文化现象，即藏品的迁移。许多极有价值的意大利藏品通过销售流通或批量继承而变得更加丰富或是贫乏，它们流转于意大利王公之间以及国内外。1627年，著名的贡扎加画集被出售给了英国的查理一世，随即曼图亚公爵便开始创作第二个画集，并于1708年转让。同样负有盛名的乌尔比诺收藏则是由托斯卡纳的美第奇大公们继承的，是从费迪南德二世与德拉·罗弗尔家族的女继承人联姻（1637年）中获得的唯一物质报酬，后并于佛罗伦萨财产。1736年欧根亲王去世后，他在维也纳的亲属萨伏伊的查理·伊曼纽尔三世继承了他的画作收藏，这一家族安排极大地提高了都灵皇家美术馆的声誉。在与阿尔卑斯山相反的方向，萨克森选帝侯、波兰国王奥古斯都三世听从了智囊、新古典主义美学最成功的普及者之一弗朗西斯科·阿尔加罗蒂（1712—1764年）的建议，买下了摩德纳公爵弗朗西斯科三世出售的大部分藏品。这并不是摩德纳藏品的第一次转手，很多藏品1597年被教皇查封后，已经从费拉拉向摩德纳转移过一次。法尔内塞收藏是一个特例，当埃丽莎贝塔·法尔内塞的长子当上那不勒斯国王（1734年）时，他将祖先的名画、雕塑和档案从帕尔马（他曾是帕尔马公爵）搬到南方，装饰他在那不勒斯的新宫廷。洛林公爵弗朗西斯·斯蒂芬转移艺术藏品的名声更甚。1737年，他当上托斯卡纳大公后，就把伦维尔宫殿中的所有资产，包括加利-比比埃纳家族歌剧院中的护壁板，搬到了佛罗伦萨，1740年他妻子的父亲去世后，他再一次将藏品搬往维也纳。美第奇家族的最后一位成员安娜·玛丽亚·卢多维卡决定在她去世时捐赠家族收藏，建立纪念其家族和所在城市佛罗伦萨的博物馆，这在近代早期动荡的收藏史中，是一个不多见的安稳例子。

克里斯蒂娜的藏品在罗马只停留了很短的时间，在她去世（1689年）后，最终传给了奥蒂斯卡契家族，其中大部分又卖给了巴黎的奥尔良摄政王。尽管在女王的罗马宫殿里存放时间短暂，但这些大名鼎鼎的收藏，就和女王本人的名气一样，自然吸引了众多艺术家和业余爱好者来到她的府邸。获得这类法律上的"私人"藏品，对任何有社会地位的人来说都相对容易，尤其是在公共博物馆的概念还没有得到充分发展的时候。克里斯蒂娜本人非常热衷于有文化的艺术家的陪伴，包括贝尔尼尼等学识渊博的人，早在1656年，她刚到达罗马后不久，就建立了一个私人文学学会，以及一个属于自己的剧院。1690年，即女王去世后的第二年，文学学会正式更名为阿卡迪亚学会，该学会一直被看作18世纪自然主义的先驱。阿卡迪亚学会对那不勒斯人吉安巴蒂斯塔·马里诺（1569—1625年）的巴洛克文学审美构成了最严峻的挑战，马里诺的叙事诗《阿多尼斯》（1623年）在延续阿里奥斯托和托卡托·塔索16世纪史诗传统的同时，发展出一种精致的修辞风格和博学的意象，成为17世纪意大利文学的典范。

学会和大学

阿卡迪亚学会的影响远远超出了形式主义的文学辩论，并扩展到戏剧、古物学和历史领域，它也代表了意大利现代早期文化生活的一个基本特征，即在王公保护下成立的私人学会，转变为准公共机构，组织各种形式的人文和科学知识。16世纪，这类学会实力增强，成为意大利学术界的一支重要力量，而17世纪则见证了它们的蓬勃发展。

其中最著名的是罗马的山猫学会，由王公费德里科·切西于1603年创建，同样发生在17世纪文化成果丰硕的第一个十年。山猫学会对物理和自然科学有着浓厚的兴趣，成员包括卡西亚诺·达尔·波佐（1588—1657年），他的"纸上博物馆"收藏了古物图纸、植物和生物标本的图纸（其中一些是由皮埃特罗·达·科尔托纳委托制作的），极大地鼓励了考古研究，并形成了后来对公共博物馆功能的定义。然而，山猫学会历史上史诗级的事件之一，是为最杰出的成员伽利略·伽利莱（1564—1642年）进行辩护。伽利略是佛罗伦萨一位音乐理论家和琵琶演奏家的儿子，他发表了《关于两大世界体系的对话》（1632年）和《关于两门新科学的对话》（1638年），成为欧洲著名的哥白尼日心天文系统的捍卫者。近年来对伽利略职业生涯的研究偏向于他的工作经历和受到保护的现实背景。伽利略曾先后在比萨和帕多瓦的大学中任教，接着到托斯卡纳大公的佛罗伦萨宫廷，做美第奇王公们的私人教师，最终像贝尔尼尼一样，受益于巴贝里尼家族的赞助和教皇家族对山猫学院的支持。伽利略与科尔托纳的职业生涯颇为相似，二人都得到了罗马巴贝里尼家族和佛罗伦萨美第奇家族的赞助。科尔托纳在托斯卡纳首都定居下来（1637年），为美第奇家族的冬夏公寓皮蒂宫设计了礼仪室"行星房"系列。基于弗朗切斯科·隆迪内利的设计方案，科尔托纳与灰泥工匠合作，将绘画、透视结构和文学典故结合在一起，提供了又一个17世纪融合创作的例证，并贡献了欧洲礼仪室的典范。隆迪内利和科尔托纳与伽利略一样，重视对王公们进行图解教学，使用的天文学概念也与伽利略发现了木星的卫星有关，但矛盾的是，装饰皮蒂宫房间的行星系是托勒密式的，而非哥白尼式的。这种纵横交错的赞助结构将艺术家、音乐家和学者带入共同的社会体系，诗人、历史学家、画家、建筑家和粉刷匠一起进行的装饰合作，表明将早期现代意大利文化僵化地划分为不同的领域是毫无价值的。

　　伽利略崇高的知识地位，使他与贝尔尼尼并列为早期现代意大利文化中最受尊敬的人物之一，也让人们注意到他独特的赞助来源。在他职业生涯的不同阶段，均得到了三个基本文化组织机构的共同支持——大学、宫廷和学会，而许多后来的自然科学巨擘都是依赖于大学的。马尔切罗·马尔比基（1628—1694年）通过伦敦皇家学会发表了许多重大发现，还受到了教皇的青睐，在1619年被任命为教皇英诺森十一世的官方医生，但他也拿到了墨西拿、比萨和博洛尼亚的教授职位，进行了许多关于毛细血管系统的启示性研究，支持了威廉·哈维关于血液循环的论文。哥白尼曾求学过的博洛尼亚大学，一直保持着科学世界主义的传统，为路易吉·加瓦尼（1737—1798年）进行电实验提供了体制保障。同样，帕维亚大学也培养了拉扎罗·斯帕兰扎尼（1729—1799年）和亚历山德罗·沃尔塔（1745—1821年），前者在消化和人类受精的研究上取得了重大突破，后者是早期现代意大利，乃至欧洲电子学历史上的第二位伟大人物。

尽管大学系统的支持为实验科学作出了巨大贡献，但不能低估学会传统的重要作用，学会传统已经从学术和文学范畴拓展至视觉、造型艺术及音乐领域。1593年，罗马圣卢卡学会成立，促使意大利其他城市也建立了名称类似的美术和建筑学会。1676年，罗马学会与位于罗马的法国学会合并，实力增强，再次表明了外国人"群体"在教皇首都的重要作用，并最终在1710年合并了博洛尼亚的克莱门蒂娜学会，凸显出博洛尼亚在文化制度化方面举足轻重的地位。组织竞赛成为学会的一项中心活动，为绘画或建筑设定广义的主题，邀请参赛作品并颁发奖项。此类竞赛将之前在官方机构之外进行的各种美学争议变为制度化的活动，并从一般性竞赛转向特定主题竞赛，作为向单个项目发放佣金的手段。18世纪早期，竞赛体系明显挑战了艺术家和建筑家需要依附贵族世家来获得委托的观念。亚历山德罗·伽利莱（1691—1736年）于1733—1735年建造了拉特兰宫圣乔瓦尼教堂的外立面。1732年，尼古拉·萨尔维（1697—1751年）在一场激烈的竞赛中脱颖而出，建造了特雷维喷泉。二者都从面向所有人（无论是不是意大利人）的公开竞赛中胜出，完成了18世纪教皇赞助的重要建筑。

都灵文化

罗马和博洛尼亚（教皇国的一部分）的各类学会都很重要。意大利各国纷纷成立学会，跟歌剧一样，是半岛上罕见的文化同质的例子。但是，不同城市的学会之间也与歌剧一样泾渭分明。这再次说明，在看似具有文化统一性的意大利，文化仍然是多样的。都灵几所学会的建立都是为了满足宫廷的需要。在玛丽亚·乔凡娜·巴蒂斯塔公爵夫人重要的摄政时期（1675—1684年），都灵宫廷积极支持组织文化生活与学术研究的倡议，成立了一个由画家、雕塑家和建筑家组成的学会，公爵夫人本人也为法国和意大利作家创建了一个文学学会，可见她以儿子名义统治的横跨阿尔卑斯山的国家的多语言性特征。玛丽亚·乔凡娜·巴蒂斯塔也是耶稣会的赞助人，并在建立贵族学院的过程中发挥了重要作用，帕尔马也有贵族学院，足见耶稣会在培养贵族学识方面的重要性，另外还在精英教育中发挥核心作用、位于教皇首都的罗马学院。

都灵耶稣会贵族学院（1678年）的建筑师是基廷会牧师瓜里诺·瓜里尼（1624—1623年），一般认为他开启了皮埃蒙特建筑的黄金时代。鲁道夫·维特考尔称，"在建筑方面，都灵是意大利最先进的城市"，接连出现了瓜里尼、菲利波·尤瓦拉和贝尔纳多·维通三位建筑家，还有贝内德托·阿尔菲利。瓜里尼的职业生涯也是流动的模式。他出生于摩德纳，在墨西拿工作，为里斯本的一座教堂提供设计（他可能去过那里），接着定居于巴黎，之后才接受了都灵的召唤。音乐与理论数学关系密切，但对于瓜里尼这样的建筑师来说，建筑与理论数学同样关系密切。他采用的大胆结构，尤其是他为圣洛伦佐教堂和圣裹尸布礼拜堂（存有萨伏伊家族最有价值的遗物——圣裹尸布）设计的圆顶，依赖于精湛的科学技术，否则，穹顶上裸露开放的重叠交错结构是不可能实现的。镂空的穹顶、椭圆形的内部空间和凹凸起伏的立面，使瓜里尼能够与博罗米尼并驾齐驱，成为18世纪最具创新性和实验性的建筑家之一。此外，二人都是代表18世纪意大利文化特点的早期艺术大师。从最广泛的意义上说，艺术家就是凭借自己的知识与智慧、技艺和勇气，实现看似不可能任务的人，这一概念将对戏剧史、音乐史，以及艺术和建筑史产生深远的影响。

菲利波·尤瓦拉（1678—1736年）1714年才来到都灵，当时维克多·阿马德乌斯二世刚刚依照战争条约当上了西西里国王。此前，尤瓦拉曾在罗马工作，凭借为枢机主教奥托博尼和波兰国王遗孀资助的歌剧设计舞台而名声大噪。在都灵安顿下来之后，尤瓦拉就在塑造宫廷视觉文化方面发挥了主导作用。像往常一样，他与粉刷匠、画家和雕塑家团队合作，从意大利其他首都的顶尖艺术家那里订购装饰画，继续从事舞台设计的工作。尤瓦拉的古典主义表现手法显然源于罗马宫殿和教会建筑，旨在体现萨伏伊家族新获得的王室尊严。这一点在索珀加大教堂（始建于1717年）中表现得最为明显。教堂坐落在都灵的一座山上，维克多·阿马德乌斯曾发誓，如果他能解除法国人对都灵的围困（1706年），就在这里建立一座教堂。从远处看，拱形、完整的圆顶轮廓清晰，两侧各有一座钟楼，俯瞰着全城。作为王朝的墓地，这里弥漫着政治气息。

尤瓦拉在马德里去世，他是专门从查理·伊曼纽尔三世那里借调来为其妹妹的丈夫西班牙的菲利普五世及第二任妻子埃丽莎贝塔·法尔内塞建造新的皇家宫殿的。可见，尤瓦拉的职业生涯与瓜里诺·瓜里尼的职业生涯有着某些惊人的相似之处：二人都不是皮埃蒙特本地人，而是外来客；都有宗教信仰（尤瓦拉是修道院长）；都在墨西拿工作，与里斯本宫廷有一些接触（这表明地中海文化正在发展成为大都市文化）。但是，二人也存在显著的差异。尤瓦拉完成的都是最重要的工作，尤其是夫人宫的外立面（开始于1718年），该建筑是欧洲古典宫殿设计的最高典范之一。但是对于和儿子展开激烈艺术竞争的玛丽亚·乔凡娜·巴蒂斯塔来说，尤瓦拉即使参与了她的家族纷争，本质上也是受雇于宫廷的，管理着维克多·阿马德乌斯日益增长的文化机器。瓜里尼当然也为萨伏伊王室工作，但严格来说，他受雇于萨伏伊公爵的表亲——卡里纳诺的几位王公，为他们设计了城市宫殿（1679年）。即使都灵这样明显表现出集权和专制主义倾向的宫廷，也同时存在许多不同的文化赞助门厅：王朝及其不同分支、世俗神职人员和宗教修道会、市政当局和大宫廷家族，比如达尔·波佐家族比大名鼎鼎的卡西亚诺（收藏了500多幅重要图纸）更有钱有势的堂兄们。除了意大利文化研究中的一般性困难之外，意大利每个中心的文化活动都表现出不同于整齐划一的同质模型的异质性。因城市而异的各种文化身份之间的紧张关系，以及每个城市单元内部的派别竞争，都让17世纪和18世纪研究中的困难与矛盾更加突出。

都灵的宫廷文化，与教皇、托斯卡纳大公，以及大多数其他意大利王公的宫廷文化一样，其政治结构表现为展示炫耀和消费支出。都灵城本身并不是自然扩张的，而是由宫廷沿着相交轴线设计建筑景观，经过多个阶段，最终创建出一座宏伟的首都，是政治剧院和政治都市主义的经典实例。18世纪后期，皮埃蒙特的建筑风格也是这样形成的。当时，贝尔纳多·维通（1702—1770年）几乎被宫廷所抛弃（为了实现中央教会计划，他被迫成为教会赞助人与私人赞助人），而备受青睐的贝内德托·阿尔菲利（1699—1767年）建造了皇家剧院（1738—1740年），连同他后来的剧院建筑和加利-比比埃纳家族创建的剧院一起，成为整个欧洲宫廷剧院的典范。在另一种协作模式中，阿尔菲利经常与家具设计史上的杰出人物之一、木匠皮埃特罗·皮弗蒂（约1700—1777年）密切合作。皮弗蒂能够将看似坚硬的木材加工成黄化，但仍有建筑支撑力的形式，使他跻身于大师级的文化核心人物之列，但他与贝内德托·阿尔菲利的密切合作促使人们将注意力转向了文化表达的另一个重要方面，即使用昂贵奢侈的材料作为区分社会等级的手段。阿尔菲利和皮弗蒂携手合作，将大镜子、镀金和昂贵的织物覆盖在皮弗蒂制作的各种家具表面，并在珍贵的木材上镶嵌珍珠母和玳瑁。这种"炫耀性消费"呼应了托斯卡纳大公美第奇家族如出一辙的文化赞助政策（比如科尔托纳设计的奢华、梦幻般的行星房），家具也是一样奢华，巨大的镀金木头桌子，桌面装饰着经过切割和排列的坚硬半宝石，创造出梦幻般的图像。美第奇硬石镶嵌工艺博物馆建于1588年，作品将高超的技艺和珍贵的材料相结合，有助于在意大利和后来的欧洲建立专业与奢侈之间的联系。只有地位特别崇高的宫廷才能制作出这样的工艺品。

那不勒斯

与萨伏伊家族一样，美第奇家族在17世纪一直想方设法保全自己的王室地位，到了18世纪初，也与许多意大利本地的王公世家一样，走向了灭亡。1713年吞并西西里王国（1720年交换成撒丁王国）让都灵宫廷取得了王室地位，但1734年另一个地区发生叛乱，独立的那不勒斯王国重新成立，统治者是查理七世（1759年起改称西班牙的查理三世）。查理急于建立新宫廷的文化信誉，于是将大部分法尔内塞家族的藏品从帕尔马运到那不勒斯，以弥补过去两个世纪中，统治时间不长的外国统治者未能在那不勒斯积攒下皇家收藏的遗憾。著名的画廊可以成为宫廷文化的重要元素，同样，皇家陶瓷厂也可以成为君主地位的重要象征。查理的妻子是一位萨克森公主，她父亲建在迈森的硬瓷工厂使德累斯顿宫廷在欧洲赫赫有名。1743年，在卡波迪蒙特宫殿的地盘上建起了一座软瓷工厂，这反映了欧洲一个非常普遍的现象，即为了满足宫廷的实际需要或作为等级地位的象征而分门别类地建立应用艺术机构。卡波迪蒙特瓷器的使用，尤其是用于波蒂奇宫（现在位于卡波迪蒙特博物馆）的房间装饰（还有其他各种昂贵的材料），可以看作那不勒斯人对贝内德托·阿尔菲利和皮弗蒂在都灵为撒丁国王装饰的房间作出的回应。查理还公然与他的父母菲利普五世和埃丽莎贝塔·法尔内塞的马德里宫廷展开文化竞争，这样在西班牙、那不勒斯和皮埃蒙特之间就形成了一个紧张的艺术竞争三角，促使意大利的赞助范围延伸到绘画与建筑领域之外。1751年，按照路易吉·瓦维泰利（1700—1773年）的设计，位于那不勒斯郊外气势恢宏的卡塞塔宫开始动工，这座宫殿还带有一个著名的花园瀑布，体现了政治政策另一个刻意的特点，即汇集所有皇家宫廷必不可少的要素。圣卡罗歌剧院（1737年）的建造也是一样，这座新歌剧院建在那不勒斯王宫附近，培育了喜歌剧的传统，乔瓦尼·巴蒂斯塔·佩戈列西（1710—1736年）的《管家女仆》（1733年）是喜歌剧的先锋之作，而多梅尼科·西马罗萨（1749—1801年）的《秘婚记》（1792年，在维也纳首演）则达到了巅峰水准。从此，那不勒斯便对威尼斯在意大利歌剧的主导地位发起了挑战。

　　1735年，也就是查理登基的第二年，他任命著名的吉安巴蒂斯塔·维科（1668—1744年）担任皇家历史学家，这也是宫廷文化的一个重要组成部分。从这项任命可以看出，查理决心创造一种独特的那不勒斯宫廷文化。维科是一位历史哲学家，提出了政治体制具有周期性的论点，出版了《新科学》（共有三版：1725年、1730年和1744年）和自传，在欧洲享有盛誉。维科迅速融入新的波旁文化体系表明，查理七世决心利用艺术和学术赞助来确立自己在欧洲的地位。在这一点上，和查理类似的君主还有摩德纳公爵雷纳尔多·伊德·埃斯特，他之前已经聘请卢多维科·安东尼奥·穆拉托里（1672—1750年）担任自己的图书馆馆长（1700年）。穆拉托里的著作《古老的埃斯特家族》（1717年，1740年）显然是一本为王公家族确立地位、歌功颂德的作品，但同时也为考古学的发展作出了重要贡献，并建立了历史是一门以史实为依据而非揭示性学科的观念。穆拉托里的《意大利史料集成》（1723—1750年）和《意大利编年史》（1744—1749年）后来被誉为开创了学术作品的先河，为历史研究奠定了坚实的文献基础，复兴运动称之为具有广义的意大利文化意识的先驱之作。尽管维科和穆拉托里身后享有盛名，但也不应该忽略一个事实：这两位学者，尤其是穆拉托里，为宫廷文化提供支持，宫廷文化的需求也不可避免地影响了他们的写作。

　　查理七世在那不勒斯组建新宫廷时，利用了那不勒斯强烈的文化自我认同感，这种认同感从总督政府统治的几个世纪里画家们（不限于画家）对墙壁大胆流畅又颇具文化的装饰风格中就能辨别出来。卢卡·吉奥达诺（1634—1705年）是其中的代表人物，他的绰号叫"快手"，其职业生涯休现出大师的风范——能够运用具有文化底蕴的人物形象和颜色，创造出数米让人信服的绘画空间。这种灵光乍现的才能只有通过深度的技术和学识运用才能获得，成为那不勒斯官方绘画的一个标志。吉奥达诺为西班牙宫廷服务的时期（1692—1702年）也预示着18世纪意大利文化输出概念的形成，意大利艺术家凭借在为各类意大利赞助者服务的过程中积攒的声誉，得以在国外扎根。弗朗西斯科·索利梅纳（1657—1747年）经常被视为吉奥达诺的接班人，他一直住在那不勒斯，却为都灵王宫和热那亚总督府的重大项目创作了很多关键性的、必不可少的装饰油画，突出了南方画家对营造意大利北部王室与共和国形象的重要性。因此，当查理七世在那不勒斯安顿下来时，宫廷绘画传统就完全建立起来了：装饰房间的物品不同于小型博物馆中带边框的展品。

历史意识形态也随之得到确立。在那不勒斯王国完全独立前的十多年里，皮埃特罗·加诺内（1676—1748年）出版了《那不勒斯王国的民史》。研究知识分子思想和学术的历史学家越来越相信，需要将伟大的古典作家与当前的政治需要相结合。穆拉托里和加诺内为了满足各自服务的主权的迫切需要，被动地发展出一种新的、以无可辩驳的事实为依据的历史研究形式。穆拉托里在与戈特弗里德·莱布尼茨频繁的书信往来中，将埃斯特王朝的历史歪曲为源自更伟大的德国家族，特别是圭尔夫家族，强调埃斯特家族在阿尔卑斯山两边的威望。加诺内关注的是如何撰写那不勒斯历史，为那不勒斯摆脱教皇的直接控制、成为独立王国提供论据。两位学者坚持使用明显的证据，对历史写作的科学性演变作出了重大贡献，但是他们讨论的都是具体的政治问题，也就再次模糊了文化史和权力史之间的界限。

威尼斯

像穆拉托里和加诺内这样在强权政治结构中工作的历史学家还有保罗·萨尔皮（1552—1623年），其代表作《特伦特宗教会议史》在

1619年被偷偷带往伦敦首次出版。萨尔皮代表了学者中的主流想法，即可以获得重要的一手资料，将才华服务于所在的国家（对萨尔皮来说就是威尼斯共和国）。萨尔皮与维柯和穆拉托里一样，担任过官方职务，是威尼斯的史官和档案顾问；他也像穆拉托里和加诺内那样，研究背后有明确的政治议程：证实威尼斯共和国完全独立于教皇和神圣罗马帝国皇帝的主张，这一观点随着1606年教皇对威尼斯施加禁令而变得尖锐。萨尔皮的职业生涯体现了一种新的历史研究形式（始终坚持所谓中立证据的价值）与利用研究成果满足国家（无论是王国还是共和国）需要之间的联结。到了19世纪，暗杀阴谋的对象萨尔皮、遭受宗教裁判所迫害的伽利略，还有1600年在罗马鲜花广场被活活烧死的乔尔丹诺·布鲁诺，都被统一的意大利复兴运动反教权意识形态奉为最杰出的知识分子殉道英雄。萨尔皮是一位典型的善于辩论的学者，受到威尼斯共和国的支持和保护，他在服务于公开政治目标的同时，也推动了历史写作要有科学依据的观念，他的出版作品成为威尼斯特色崇拜的典范和基础。

　　现代早期都灵和那不勒斯人口显著增长，在这样的首都城市中存在强烈的地方文化认同感，而这种认同感的表达和定义在威尼斯尤为清晰。虽然修·昂纳使用了不合时宜的术语，但他敏锐地意识到："没有哪种文化比18世纪的威尼斯更具有民族自觉意识，更奉行孤立主义。人们千方百计保持国家的完整性。"昂纳引用威尼斯文学和戏剧文化的两位领军人物卡洛·哥尔多尼和卡洛·戈齐作为例子，他们在戏剧中使用了各种威尼斯方言，作为维持文化形式的一种手段。这就像威尼斯艺术家绘制的各种城市景观一样，由于地形的特殊性，只有掌握了高度专业化的本地词汇（视觉词汇或语言词汇），才能进入这个由编码参照和复杂典故组成的封闭世界。在20世纪后期，人们对哥尔多尼的戏剧表现出非凡的热情，乔治·斯特勒和卢奇诺·维斯康蒂的开创性作品引领了这种热情，而卡洛·戈齐（1720—1806年）的戏剧则受到冷落。这两位作家之间的对抗和公开竞争构成了18世纪欧洲伟大的文化辩论之一，是艺术竞争主题的另一种变体，还得到了意大利学术机构的推动，戈齐曾借助格拉内莱斯基学会（成立于1747年）的力量攻击哥尔多尼的美学。戈齐和哥尔多尼都大量借鉴了艺术喜剧的传统，但对这种静态大众戏剧形式的诠释却截然不同。戈齐遵循广泛的欧洲传统，收集并重组看似简单的民间传说，他的寓言剧可以追溯到18世纪60年代早期，《三橘之恋》、《图兰朵》、《鹿王》和《乌鸦》中都有大量的隐喻和意象。

卡洛·哥尔多尼（1707—1793年）的戏剧虽然也大量借鉴了艺术喜剧的传统和人物类型，但叙事更为直接，核心是人类面临的现实困境——爱情、性和金钱，另外还提到了很多威尼斯当地的习俗，与戈齐经过高度精练和润色的文学表达形成了鲜明对比。戈齐的文学表达虽然与哥尔多尼的喜剧作品一样深深植根于威尼斯文化，但本质上却是一种道德故事的口头表达传统。令人惊讶的是，戈齐的戏剧直到20世纪才被普契尼、普罗科菲耶夫和亨策改编为一流歌剧，而哥尔多尼的故事则立刻进入并丰富了同时代作曲家的剧本选择，包括与他合作了15年之久的巴尔达萨尔·加卢皮（1706—1785年），以及后来成为维也纳宫廷常客的安东尼奥·萨列里（1750—1825年），后者是意大利文化输出的又一个例子。

卡洛·哥尔多尼的确是一位重要的文化人物，他的职业生涯为他那个时代的艺术结构提供了很多启示。他的戏剧中既有情爱困惑，也反映社会与经济发展，比如被萨列里改编为歌剧的《女店主》（1753年）。哥尔多尼的戏剧显然也是洛伦佐·达·庞特（1749—1838年）为莫扎特创作《费加罗的婚礼》（1786年）、《唐璜》（1787年）和《女人心》（1790年）歌剧唱词的早期来源。庞特后来在美国哥伦比亚大学创建了意大利研究。哥尔多尼，就像琴托的圭尔奇诺、博洛尼亚的圭多·雷尼或那不勒斯的索利梅纳一样，是特定城市文化——威尼斯文化的一张名片，但他也与卡拉瓦乔和尤瓦拉一样，最终选择了一种更加流动的生活方式，于1762年搬到了巴黎。

在威尼斯与都灵和罗马的激烈竞争中，哥尔多尼体现了威尼斯艺术生活中自我参照的偏执文化结构与其作为欧洲世界主义的意大利典范之间的强烈矛盾。哥尔多尼移居巴黎，促成了近代早期一个根本性的重要现象，即18世纪意大利文化在欧洲（无论是信奉天主教还是信奉新教的地区）的输出和传播。更早的文化输出是贝尔尼尼前往巴黎（1665年）设计卢浮宫的外立面，虽然这趟旅程并没有什么启发性。但是到了18世纪，哥尔多尼只是众多长期定居国外的重要文化人物之一。意大利另一位顶尖剧作家皮埃特罗·梅塔斯塔西奥（1698—1782年），也是阿卡迪亚学会的成员，接受了维也纳宫廷诗人的职位（1730年），并在那里度过了漫长的余生。梅塔斯塔西奥对古典神话和历史的改写与哥尔多尼"现实主义"喜剧的世界相去甚远，但有一点非常重要，那就是现在被奉为经典的意大利戏剧文学，最初有很大一部分并不是为了意大利城市观众而创作的。哥尔多尼的经典作品以音乐为媒介进入更广泛的欧洲文化，类似地，梅塔斯塔西奥作品的流行也得益于适合改编为歌剧唱词，在18世纪他的作品至少被谱上了800次音乐，其中流传最久的要数《狄托的仁慈》（1732年）了，它是莫扎特最后一部歌剧（1791年）的基础。

文化输出

  永久移居在意大利各类文化活动中都很常见。皮埃蒙特几何学家和天文学家朱塞佩·路易吉·拉格朗日（1736—1813年）帮助都灵建立了科学院，接着先后服务于普鲁士的腓特烈二世和法国的路易十六，发生革命动乱之后又为拿破仑效劳，表现出在政权更迭之际保全自己的灵活与变通。在欧洲宫廷文化意大利化的过程中，一群意志坚定的女性发挥了重要作用——两位西班牙王后埃丽莎贝塔·法尔内塞和布拉干萨的玛丽亚·芭芭拉，以及两位几乎前后即位的俄国女皇伊丽莎白·彼得罗夫娜和凯瑟琳二世。尽管两位俄国女皇有明显的亲法倾向，但新建成的首都圣彼得堡的视觉外观很大程度上是意大利建筑师的杰作：伊丽莎白·彼得罗夫娜最喜欢的建筑家巴托洛梅奥·弗朗西斯科·拉斯特雷利（1700—1771年）采用了明显的北欧洛可可风格，而凯瑟琳女皇的建筑家团队，包括贾科莫·夸伦吉（1744—1817年），则展现出新古典主义风格。凯瑟琳一直不遗余力地宣传自己对知识和艺术的尊重，她与法国重要的启蒙哲学家保持通信，公开表现了女皇与哲学家们的相互尊重。然而，这并不能掩盖她延续了伊丽莎白·彼得罗夫娜赞助意大利艺术家的力度。凯瑟琳聘请乔瓦尼·帕伊谢洛为宫廷指挥，使音乐也和建筑一样，带有明显的意大利风格。1782年，帕伊谢洛的歌剧《塞维利亚的理发师》在圣彼得堡首演，之后他回到了家乡那不勒斯的波旁宫廷，为很多隆重的场合创作音乐，其中包括巴黎拿破仑宫廷的皇帝加冕礼，这是又一个拿破仑雇用波旁王朝艺术家的例子。拿破仑与意大利半岛有着密切的联系，他欣赏意大利文化维护新政治势力的独特能力。

  18世纪，西班牙提供了一个同样生动的意大利文化输出的例子。

1734年圣诞夜那场灾难性大火烧毁了马德里的皇宫阿尔卡萨城堡，因此不得不建造一座新的皇宫。这座新宫殿汇集了伦敦圣保罗大教堂的圆顶和罗马拉特兰宫圣乔万尼大教堂的外立面，成为18世纪上半叶欧洲三大建筑装饰委托之一。选择由菲利波·尤瓦拉领衔的意大利建筑家和艺术家团队，被看作伊丽莎白女王有意按照意大利风格来塑造西班牙宫廷视觉文化的举动，与她丈夫菲利普五世从小生活的凡尔赛宫那种厚重呆板的风格截然不同。任命那不勒斯的科拉多·贾昆托（1703—1765年）以及威尼斯人雅各布·阿米戈尼（1682—1752年）为西班牙宫廷的新王座装饰绘画，清楚地表明其审美取向，后来又聘请了吉安巴蒂斯塔·蒂波罗（1696—1770年）和他的儿子吉安多梅尼科（1727—1804年），更加证实了西班牙王室喜爱意大利文化的倾向。吉安巴蒂斯塔·蒂波罗是18世纪威尼斯绘画史上的主要人物之一，复兴了维罗内塞等16世纪前辈艺术家们的大幅壁画构图技巧和夸张的装饰方案，同时将深奥的意象和典故与流畅的绘画风格结合在一起，这种流畅的绘画风格来自科尔托纳宏伟而梦幻的天花板和墙壁装饰。科尔托纳式的装饰传统能在罗马得以延续，与耶稣会的委托赞助有关，其中最有名的是两个具有幻想主义色彩的天花板，一个是乔瓦尼·巴蒂斯塔·高利（亦作巴奇查，1639—1709年）在耶稣会教堂的作品，另一个是安德烈·波佐（1642—1709年）在圣伊格纳西奥教堂的创作，二者都在二维表面上实现了科学透视。除了以上技巧，蒂波罗还使用了国际洛可可风格常用的一些色彩。他的职业生涯和波佐和阿米戈尼一样，可以作为理解意大利文化输出的研究案例，三位艺术家都服务过多个北方宫廷。事实上，蒂波罗在维尔茨堡（君主兼主教的宫殿）华丽的楼梯上和皇帝厅里都留下了他标志性的装饰杰作（始于1750年），这是意大利视觉文化在阿尔卑斯山两侧最为宏伟的表现之一。

埃丽莎贝塔·法尔内塞女王还将名气最大的阉伶女高音卡洛·布罗斯基，也就是法里内利（1705—1782年）吸引到了马德里。这位阉伶凭借高超的声乐技巧表演复杂的高音演唱，成为意大利精湛技艺崇拜中最独特的象征之一。然而如果把一种高度精确的音乐技能仅仅与歌剧联系在一起，就会产生严重的误导。玛丽亚·芭芭拉王后是多梅尼科·斯卡拉蒂（1683—1757年）的主要赞助人，后者创作了600多首键盘奏鸣曲，其中大部分都是为王后而作。多梅尼科·斯卡拉蒂是18世纪纯器乐作曲家的杰出代表，这一传统至少可以追溯到吉罗拉莫·弗雷斯科巴尔迪（1583—1643年），他收集的各种键盘（包括管风琴）乐曲都成为经典。除了爱好键盘的传统之外，还有第二种需要精湛技艺与完美展现的类别——小提琴。皮埃特罗·安东尼奥·洛卡特利（1695—1764年）1729年定居于阿姆斯特丹（又一个文化输出的例子），在那里奠定了他小提琴大师的地位，从他发表的作品集《小提琴艺术》可以看出，他想要描述这种乐器的性能，希望其演奏潜力可以确立它在音乐体系中的地位。值得注意的是，洛卡特利出生在克雷莫纳附近的贝加莫，在那里，著名的斯特拉迪瓦里家族（安东尼奥·斯特拉迪瓦里，1644—1737年）以及瓜尼埃里和阿马蒂家族，都是蜚声欧洲的弦乐器制造商。如果没有这种将数学精度与木工技术（这本身就是精湛的技术）相结合的传统，就不会有小提琴大师的演奏。

尽管纯器乐有深厚的传统，却很难给出明确的定义。音乐可以是非声乐的，但仍是程序性的，这样音乐便与绘画、戏剧和文学联系起来。奏鸣曲和协奏曲的形式对器乐的后续发展至关重要，阿尔坎杰洛·科雷利进行的实验性创作，除了《圣诞协奏曲》外，基本上没有使用描述性标题，虽然科雷利显然是一个颇有文学修养的人，他与著名歌剧作曲家亚历山德罗·斯卡拉蒂同时入选阿卡迪亚学会。题材重叠更具代表性的作品是弗朗西斯科·杰米尼亚尼（1687—1762年）的创作，他也移居国外，去世于都柏林，他的纯器乐作品《魔幻森林协奏曲》（1754年）受到了托尔夸托·塔索文学意象的启发。最典型的题材重叠的例子是安东尼奥·维瓦尔第（1678—1741年），他自觉地给自己的协奏曲集冠以修辞性标题：《和谐灵感》（1711年）和后来的《异乎寻常》（年代不详）。维瓦尔第脍炙人口的《四季》出自《和谐灵感》，也许是器乐与文学和视觉形象结合最明显的例子。

与既创作纯器乐作品也创作神圣声乐作品的弗雷斯科巴尔迪一样，维瓦尔第也不能简单地进行归类，因为他创作世俗歌剧、教堂音乐，还为各类乐器（包括巴松管）创作协奏曲。如此多样的音乐表达反映了威尼斯赞助人的复杂构成。威尼斯是一个渴望获得王室地位的共和国，却没有发展出复杂成熟的宫廷，城市由一群强大的精英家族支持，并拥有一系列教会基础，此外，威尼斯有着高度发展的公众付费传统，可能会鼓励私人进行文化投机以获取经济利益。这就是一个世纪前克劳迪奥·蒙特威尔第所面临的情况。蒙特威尔第离开公爵宫廷后，为莫塞尼戈家族创作了《唐克雷蒂与克洛琳达之战》（1624年），之后在1637年至1641年间为了上演《乌利斯返乡记》（1640年）和《波佩亚的加冕》（1643年，同年作曲家去世）建成了四座真正的公共歌剧院（完全不同于宫廷歌剧的概念），获得了丰厚的利润。这些作品长期遭到忽视，到了20世纪晚期，终于在广泛的欧洲文化历史传统中占据了中心地位，然而，这些作品的实际创作背景却植根于威尼斯这座艺术活动创业场。

威尼斯画家很快就抓住了城市位置带来的潜力。他们利用当地赞助中心作为经营基础，同时凭借威尼斯对外国客户的特殊吸引力获得了巨大的利润。四通八达的地理位置，以及与罗马教皇之间无休止的司法纠纷（参见萨尔皮的著作）使威尼斯在17世纪和18世纪一直与信奉新教的北方保持着特殊的关系。四旬斋前的狂欢节对于欧洲人具有巨大的吸引力，威尼斯还有与大海的婚礼这样盛大的仪式，威尼斯人的社会生活非常丰富，比如夏季到别墅避暑，经常光顾赌场。所有这些都出现在哥尔多尼的戏剧、彼得罗·隆吉（1702—1785年）的绘画，以及开启享乐传统的艺术家们建设的城市风景之中。隆吉的风俗画细致地描绘了威尼斯人的服饰和住宅内部的陈设，经常被认为与哥尔多尼的家庭喜剧具有同等的视觉效果。

这种独特的威尼斯文化形象在北欧很受欢迎，促使许多最著名的威尼斯画家到阿尔卑斯山的另一边去碰碰运气。塞巴斯蒂亚诺·里奇（1659—1734年）与吉安巴蒂斯塔·蒂波罗一起，复兴了16世纪维罗内塞创立的宏伟的历史神话装饰风格。他在维也纳（1701—1703年）度过了一段时间，然后1712年前后，在他50多岁时，前往伦敦与他的侄子马可·里奇（1676—1729年）会合，后者在英国绘制意大利歌剧布景。回到威尼斯后，塞巴斯蒂亚诺·里奇虽然对自己未能获得装饰圣保罗大教堂圆顶的委托感到失望，但是得到了英国领事约瑟夫·史密斯的一系列委托，与伦敦仍然保持着联系。史密斯本人在很大程度上促成了18世纪一场著名的文化营销，即乔瓦尼·安东尼奥·卡纳莱托（1697—1768年）的国际事业。卡纳莱托与同时代的吉安安东尼奥·瓜尔迪（1699—1760年）一起，把威尼斯风景画传统推向了巅峰。他绘制（后来使用蚀刻技法）了一系列不同时间下的风景画，画中的地形并不完全准确，描绘的是理想化的城市景观和独特的生活日常。尽管卡纳莱托于1746年来到英国，但他的绘画在英国被大量收藏，这在很大程度上要归功于约瑟夫·史密斯，史密斯一心一意地发动下属，为卡纳莱托寻找绘画委托，委托大多是威尼斯经典城市景观的系列画（不是一幅画），其他客户也乐于收藏。

其他威尼斯画家也走上了流动的职业生涯，这是一种文化进步，对威尼斯画风的传播发挥了重要作用。乔瓦尼·安东尼奥·佩莱格里尼（1675—1741年）深受塞巴斯蒂亚诺·里奇的影响，为许多北欧宫廷和首都创作装饰画，而他弟弟的妻子罗萨尔巴·卡里埃拉（1675—1758年）也在各地巡回创作，成为当时最著名的粉彩肖像画家之一，在欧洲主要城市获得了公众知名度（和委托）。家庭关系对意大利文化生活的组织和输出至关重要。

卡纳莱托的外甥贝尔纳多·贝洛托（1720—1780年）将自己绘制精细的威尼斯风景画带到了北方的维也纳、德累斯顿和华沙，而来自博洛尼亚的加利-比比埃纳家族（费迪南多和弗朗西斯科兄弟孕育了三代场景设计师和剧院建筑师）创建了一个遍布欧洲大陆的剧院和舞台设计师网络，这对18世纪欧洲宫廷文化的国际化和同质性作出了重大贡献。与博罗米尼和瓜里诺·瓜里尼的建筑一样，加利-比比埃纳家族的作品基于精心构思的视觉数学理论，这是博洛尼亚深厚科学传统的另一个表现。因此，在虚构的舞台布景中，加利-比比埃纳家族将透视的细腻与精确推向了新高度，而费迪南多的儿子朱塞佩（1695—1747年）则通过贝鲁斯歌剧院（令人高兴的是，迄今仍保存完好）将意大利剧院的奢华风格传递到了阿尔卑斯山的另一边。

然而，文化交流并不是只朝着一个方向发展，随着欧洲社会日益世俗化，游学成了新教精英正规教育模式的补充，甚至是替代。对遭到天主教污染的担心大幅缓解，瑞典路德派国王古斯塔夫三世可以访问罗马、会见教皇，甚至混在人群中，参加圣彼得大教堂的弥撒。推动游学向南延伸到罗马和那不勒斯的另一个原因是1738年赫库兰尼姆和庞贝开始了令人震惊的考古发掘，极大地提高了新成立的那不勒斯王室的文化威望，那不勒斯王室也小心翼翼地看护着这些文物。

考古学和新古典主义

庞贝古城的考古发现，以及保存完好的古董绘画，对欧洲新古典主义美学的发展和考古历史的组织产生了至关重要的影响。从绘画到家具设计，意大利视觉艺术几乎每个门类都采用了古典主义标准，这要归功于两位来自阿尔卑斯山另一边的艺术家，一位是德累斯顿的安东·拉斐尔·蒙斯（1728—1779年），他为罗马郊外的阿尔巴尼别墅创作的画作《帕纳萨斯》（1761年）代表着与前几个世纪意大利装饰传统的革命性决裂；另一位是约翰·约阿希姆·温克尔曼（1717—1768年），他本是普鲁士国王的臣民，但也与阿尔巴尼家族关系密切（做过该家族图书馆的馆长），阿尔巴尼家族提醒我们18世纪枢机主教的侄子们在罗马文化生活中曾经扮演过多么重要的角色。温克尔曼关于古希腊艺术的著作（1755年，1764年）是用德语写成的，但很快就被翻译成意大利语，成为希腊古典主义研究中最著名的参考文献。

艺术家们对刚出土的古董工艺品抱有强烈的新鲜感，于是便出现了高度模仿的美学形式。考古研究的重要性及其对各种美学形式的影响，在乔瓦尼·巴蒂斯塔·皮拉内西（1720—1778年）身上体现得最为明显。皮拉内西出生在威尼斯附近，汲取了威尼斯城市景观画的传统，后来他定居罗马，立场坚定地支持意大利古典主义，反对希腊理想，这是又一个为定义意大利文化生活而展开的公开争议。皮拉内西的蚀刻作品既有精细的考古模仿（对装饰艺术产生了深远的影响），也有天马行空的幻想，比如《监狱》中极富想象力的监狱场景，他将两种模式结合起来。他关于古罗马和现代罗马的著名观点流传甚广，其中就包含了想象重构这一要素。皮拉内西试图以书的形式整理和编目古典时期的辉煌，这与古代文物的系统化收藏有相似之处，尤其是建在梵蒂冈内部的皮奥-克莱门蒂诺博物馆。这座博物馆以教皇克雷芒十四世（1769—1774年在位）和庇护六世（1774—1799年在位）的名字命名，二人完成了大部分罗马教廷古董藏品的收购和展示，而且呈现的方式标志着王公或皇家的私人收藏向19世纪按照当代学术观点组织的公共博物馆的关键过渡。米开朗基罗·西蒙内蒂（1724—1781年）在皮奥-克莱门蒂诺博物馆设计的清晰整洁的空间为后来的博物馆建筑提供了重要的模型。

新古典主义运动虽然几经变化，派系林立，且因嫉妒而四分五裂，但英美学者经常视其为视觉文化的发展。梅塔斯塔西奥的戏剧为舞台确立了以古典历史和神话为主的文学经典，而与他高度相似的模仿者拉尼罗·卡尔扎比基（1714—1795年，也是一位流动作家和阿卡迪亚学会成员），与作曲家克里斯托夫·威利巴尔德·格拉克建立了密切的合作关系，创作了许多歌剧，其中最有名的是《奥菲欧与尤丽迪茜》（1762年），他们将抒情戏剧重新定位为古典朗诵和朴素音乐表达的融合，从而彻底改变了抒情戏剧。皮埃蒙特剧作家兼诗人维托里奥·阿尔菲利（1749—1803年）是建筑家贝内德托·阿尔菲利的侄子，他创作的悲剧取材于《圣经》故事和古典神话，也借鉴了古代历史，但写作方式经常被认为是浪漫主义运动的先驱。这三位作家，无论彼此之间有多么不同，都为了满足人们对古代虚构文化的兴趣创作出相应的文学作品。虽然人们对维托里奥·阿尔菲利的悲剧戏剧重新产生兴趣，但他最不朽的文学丰碑仍是他的回忆录《1799—1803年的生活》。阿尔菲利回归到意大利文学史上最强大的传统之一——自传。

16世纪，本维努托·切利尼写下了自己的传记；18世纪，维科、哥尔多尼、达·庞特、科齐的自传更加细致和完善，冒险家贾科莫·吉罗拉莫·卡萨诺瓦（1725—1798年）和哥尔多尼一样，用法语写下了自己的回忆。这样的自传不可避免地将艺术家或思想家置于个人宇宙的中心，瓦萨里把艺术史视为传记集合的模式自然也深入人心，比如乔瓦尼·皮耶特罗·贝洛里（1615—1696年）的《艺术家的生活》（1672年），以及同时代的马尔瓦西亚政治色彩浓厚、强调博洛尼亚本地绘画传统重要性的《博洛尼亚绘画史》（1678年）。

维托里奥·阿尔菲利去世（1803年）后，他多年的情人、奥尔巴尼女伯爵——斯托尔伯格家族的路易莎，委托当时最著名的意大利古典雕塑家安东尼奥·卡诺瓦（1757—1822年）在佛罗伦萨圣十字教堂为他建造一座纪念碑。卡诺瓦从1768年起就定居于威尼斯，古代雕塑的视觉表达帮助他创作了一系列灵感来自神话的雕像，包括尤里迪斯像和俄耳甫斯像（1773—1776年；均收藏于威尼斯科雷尔博物馆），这两座雕像象征着卡尔扎比基和格拉克在前十年之中的合作，也为卡诺瓦本人赢得了教皇文物监察长的职位。他的不朽作品明确引用了古代表达的风格与形式，使他与音乐界的帕伊谢洛和科学界的拉格朗日一样，成为融入波拿巴欧洲新政权的理想候选人，他为新政权贡献了代表历史价值与传统的高度理想化的立体表达。

同样愿意接受这种政治和社会转型的还有米兰作家兼改革家彼得罗·韦里（1728—1779年），他与弟弟亚历山德罗（1741—1816年）及朋友塞萨尔·贝卡里亚（1738—1734年）一起建立了名字有些好斗的"拳师学会"，再次显示了意大利学术传统的活力。贝卡里亚的《罪与罚》（1764年）使他成为欧洲启蒙运动中的泰斗，他特别关注定义人性的结构，以及推动司法和刑事改革。韦里兄弟在他们创办的期刊《咖啡》（创办于1764年）中为贝卡里亚关于民事犯罪和惩罚的观点辩护。从杂志的名字中可以看出，咖啡在意大利北部城市的知识分子生活中发挥着重要的作用。然而，与伦巴第其他贵族精英不同，彼得罗·韦里在波拿巴进入米兰（1796年）后仍然担任政府职务，这样，城市中一位举足轻重的文化名流便与新政权联系在一起了。卡诺瓦曾将拿破仑塑造成战神马尔斯，拿破仑高大且气宇轩昂的裸体铜像（大理石版本的雕像陈列于伦敦威灵顿公爵的宅邸阿普斯利大宅，是这位拿破仑最强大的对手之一的文化战利品）现屹立于米兰布雷拉博物馆的庭院之中，是博物馆的镇馆之宝。这座雕像是1807年由拿破仑的继子委托建造的，想要放在米兰，说明波拿巴认为伦巴第的首都比其他意大利城市更适合作为筹划中的意大利王国的首都，这是19世纪以来第一次尝试在由各种主权和传统组成的、各自为政的半岛上实现政治和文化统一。

第七章

1796—1870年的意大利：复兴运动时期

约翰·A. 戴维斯

前　言

　　1789年的法国大革命标志着意大利进入被外国占领、政治动荡和革命的时代，一直持续到19世纪中叶意大利建立独立统一的君主政体。法国大革命引发的变革在意大利革命进程中起着非常重要的作用，因为大革命导致意大利旧制度的土崩瓦解：到拿破仑帝国最终瓦解时，意大利各城邦在某种程度上都已经被法国大革命重塑。意大利统治者在1814年结束流亡回国时，发现自己作为集权专制国家的主人，权力远比之前封建君主制时大得多。

　　旧秩序虽已改变，却未得到有效替代。与新形式的专制政府共存的是法国大革命强化的政治民主和代议制政府思想，从而产生了专制主义和自由主义之间的斗争，这些斗争在随后的几十年里主导了意大利的政治生活（1820—1821年、1831年、1848—1849年，意大利是主要革命和暴动的舞台），这些斗争只有通过政治统一进程才能解决。在萨伏伊的维克托·伊曼纽尔二世的统治下，意大利建立了单一君主立宪制。

　　意大利这些年来的政治斗争是欧洲更广泛的政治变革进程的组成部分。但这里的不同之处在于，政治变革与独立斗争密不可分。法国大革命后的二十年里，意大利各城邦的政治命运都掌握在法国人的手中。1814年，维也纳国会授权奥地利掌管意大利半岛。梅特涅亲王曾声称："意大利仅仅是一种地理表达。"但这一著名论断无法掩盖这样一个事实：维也纳是每个意大利王座背后的操手，但也是原本四分五裂的公国背后的统量。因此，政治变革与摆脱奥地利统治的斗争密不可分，为政治色彩迥异的意大利改革派树立了共同的敌人。

　　奥地利的统治为意大利人树立起共同的敌人，却没能造就共同的事业。对于较古老的民族主义史学派而言，统一要通过建立独立主权国家来实现，这一理念在复兴运动中得以延续，将民族认同感的"复活"或"再发现"视为统一进程的推动力。但这将把统一的意图强加给当时不合时宜的政治斗争。在19世纪中期，可能大多数有政治觉悟的意大利人都赞成独立，但对于如何实现这一目标或者应采取何种政治形式，几乎没有达成一致意见。对于大多数意大利人来说，一个由现有城邦组成的独立联盟似乎是最有可能的结果。如果未能形成独立联盟，那是因为政治冲突迫使独立斗争进入了更广泛的地理、外交和政治领域。1860年，意大利王国建立，人们对此只有很少的期待，而且君主立宪制这一政治形式令许多最狂热的民族主义者感到失望。

　　然而，这些争取政治改革和民族独立的斗争只有一小部分意大利人参与，从来不是意大利城邦动乱的唯一原因。到19世纪中叶，拥有财产和受过教育的阶层不足意大利总人口的2%，大致相当于意大利新王国获得投票权的人数。绝大多数意大利人是农民和农村劳工，正是在这里，出现了最严重的社会动荡。同欧洲许多其他地区一样，社会动荡的原因在于商业化农业的扩张侵占了大量公共土地，威胁到整个农村居民的生存。商业化和体制改革的双重力量导致意大利农村普遍存在着极度贫困和不安全的局面，由此造成的紧张和冲突的局势构成19世纪政治斗争的大背景。中产阶级希望加快经济、体制和政治变革，民众抗议常常与改革派和民族主义者的方案和目标发生冲突。社会冲突极大地制约了中产阶级改革派的行动，然而公众抗议和自由民主派的阴谋同样破坏了意大利现有的政治秩序。实际上，现有政府无法控制或弥补民众的不满，这让许多保守的意大利人看到，只有建立新的政治秩序才能实现政治稳定。

意大利政治变革的斗争伴随着持续暴力的社会冲突，但也和国际大背景密不可分。只要奥地利仍然是欧洲联盟体系的基石，意大利政治变革的国际阻力就会是巨大的。直到19世纪50年代，拿破仑三世统治下的法国帝国野心复苏，英法结盟，共同反对克里米亚地区沙皇俄国的统治，欧洲国际关系形成修正主义氛围，政治变革在意大利再次成为可能。

法国大革命和拿破仑时期的意大利（1789—1814年）

法国在1796年之后迅速征服了意大利，在1797年签订的《坎波福尔米奥条约》中，奥地利把意大利半岛的战略要地波谷割让给了法国。1798年，法国军队占领罗马，1799年1月，钱皮尼特将军进入那不勒斯。1799年春，法国军队从意大利撤出，意大利共和国瓦解，但波拿巴在马伦戈的决定性胜利（1800年6月14日）为意大利各城邦更持久和全面的重组开辟了道路。

与法国军队一同进入意大利的还有1789年之后为远离政治迫害

而逃离意大利的流亡者。他们与意大利爱国者共同建立了临时共和政府，为意大利提供了第一次公开政治辩论的机会。辩论暴露出激进分子和较温和的改革派之间的巨大鸿沟，但短命的意大利共和国（1796—1799年）接受人民主权的普遍原则，标志着与旧体制的彻底决裂。

1799年，法国军队撤退，意大利共和国在民众反革命的暴力浪潮中被推翻。保皇派复辟，图谋复仇，但转瞬即逝，在马伦戈战役后，意大利政治版图在波拿巴的个人监督下得以重绘。1802年1月，前西阿尔卑斯共和国被重建为意大利共和国：定都米兰，包括波河（摩德纳、雷焦埃米利亚）以南的前奇斯帕达纳共和国和前威尼斯共和国的领土。9月，皮埃蒙特并入法国。

拿破仑加冕称帝后（1804年12月2日），意大利各城邦成为皇室属地。意大利共和国改为意大利王国（1805年5月），由皇帝总督欧仁·博阿尔内统治。在乌尔姆战役和奥斯特利茨战役（1805年12月）取得胜利后，拿破仑废黜了那不勒斯波旁王朝。1806年3月，一支法国军队将约瑟夫·波拿巴推上那不勒斯王位。两年后，约瑟夫被迫迁往西班牙，由卡罗琳·波拿巴的丈夫约阿希姆·缪拉取代。1808年2月，法国军队占领罗马，一年之后，罗马被法国吞并：1811年，拿破仑与奥地利的玛丽亚·路易莎之子被加冕为罗马国王。1807年，托斯卡纳被兼并，委托给拿破仑的妹妹埃莉萨·巴西奥克希统治，而在1805年，另一个妹妹帕奥莉娜·博尔盖塞成为帕尔马、瓜斯塔拉和皮亚琴察公爵领地的统治者，这些领地随后在1808年并入法国。到1806年，只有撒丁岛和西西里岛在法国的控制范围之外，两地分别是皮埃蒙特和那不勒斯世袭王位统治者的避难所，那不勒斯得到英国地中海舰队的庇护。

无论是新的君主制度还是意大利修订后的政治版图，都没有帝国长久，但事实证明，意大利各城邦的制度重组更为持久。正如在法国一样，废除封建制度，意大利即刻摆脱了与旧君主政体固有的权力分享和特权豁免的束缚，取而代之的是国家的绝对主权。这是建立新的中央集权和官僚体制的必要法律前提，从中央到各省、地方和社区，均设有严格的等级制度。《法国民法典》的颁布巩固了体制改革的成果，规范了民法和行政程序。它还伴随着全新的干涉主义政府风格，规范、管理、控制和监督的方式都有别于古代君主政体。

在封建统治仍有残存、封建土地租借依然广泛的南方，上述改革的影响特别明显。废除封建土地所有制取消了以前附属于封建庄园和公共土地的多种使用权。直接征税围绕单一的土地税进行重组，而在整个意大利，出售宗教房屋的土地和前皇室领地使法国统治者能够赎回旧政权统治者的债务，重组公共财政并发行新的综合国债。

这些改革的影响是深远的，但并非总是以改革者所预期的方式进行。废除封建土地使用权、出售宗教房屋所有土地，以及封建土地和村庄公地的分割，都旨在刺激农业、创造大量新的小农财产。但是，主要的受益者是那些已经拥有土地的人，而农民在收成受到灾难威胁时，却失去了以前放牧、种植庄稼、打猎、捕鱼、拾柴或拾荒的权利。在整个19世纪早期，围绕保留或重获使用权展开的斗争仍然是意大利农村动荡的主要原因。

在整个拿破仑统治时期，更广范围的经济增长条件仍然不利。法国对原材料的需求有所增加，试图替代进口的努力促进了纺织业的发展，但地中海和拿破仑大陆体系中无休止的战乱严重破坏了贸易发展。拿破仑强加给意大利各城邦的商业条款完全从法国利益出发，而意大利的附属国被迫进贡大量现金，还要满足皇帝对人力和物资的无理要求。

这引起了有产阶级和受教育阶层的不满，尽管在许多方面，法国的统治给这些群体带来了诸多好处。地主受益于封建制度的废除，而公共管理的扩大为专业人员提供了就业机会。教育和培训取代身世或社会地位成为先决条件，为土木工程师、建筑师、农学家、兽医和医务人员，以及其他人员新设立技术培训学校，意大利出现新的专业阶层。在皇家军队服役对于许多来自富裕意大利家庭的年轻人来说很有吸引力。

尽管法国统治者的确比他们的前任寻求到了更广泛的社会群体的支持，但与有产阶级建立政治联盟的尝试，是法国在意大利统治中的薄弱环节。经历了共和时代的动荡，意大利在拿破仑的统治下是保守和专制的。前雅各宾党人被有意排除在外，1802年的里昂，拿破仑中断了关于意大利共和国宪法的辩论。意大利精英们团结在法律和秩序的承诺下，但对缺乏实权越发地不满。法国的政治策略是用更广泛的由显要人士组成的政权取代旧君主政体的特权政治秩序，但这种模式的弱点在于，它没有授予实权。就像在法国一样，显要人士组成的省议会的设立确实具有重要的行政责任（如分配税收和征兵配额），但没有协商权。

意大利精英阶层要求建立宪政，以反对法国的统治。意大利南部是法国统治者批准宪政最接近的一次尝试，约瑟夫·波拿巴在1808年离开那不勒斯前往西班牙之前，曾承诺在当地建立国家议会。缪拉从未履行这一承诺，但的确面临越来越大的压力。英国在1812年首先恢复了西西里中世纪的议会，随后西班牙在加的斯的国民议会颁布了基于普选和单一议会的宪法。1812年"西班牙宪法"既是意大利全民抵抗法国的宣言，也是反对拿破仑帝国专制、等级森严、高度集中统治的明确政治表达：出于这两个原因，意大利自由派很快采纳了西班牙宪法作为自己的宪法。

1814年，约阿希姆·缪拉从帝国叛逃，试图在意大利建立新的王朝，他的那不勒斯将军们以立宪为换取支持的条件。他们的行动也反映了军队中秘密组织日益增长的影响力。这些秘密组织的前身是在启蒙运动时期为地方贵族和知识分子提供秘密交流思想机会的共济会，法国占领后数量迅速增加。其中一个原因是，法国军队中有许多前雅各宾派和持不同政见者，他们的政治观点与拿破仑时代的法国格格不入。例如，法国卡拉布里亚总督让·皮埃尔·布里奥，前雅各宾派、拿破仑政权的坚定反对者，在意大利南部建立了第一个烧炭党聚集地，成为缪拉政府反对者的主要集会点，并为宪法运动的支持者提供了广泛的秘密联系网络。

对代议制政府的支持并不局限于南方，吉安·多梅尼科·罗玛尼奥西1815年在伦巴第发表的文章《代议制君主政体宪法》反映了人们对复辟将扩大政治代表性的期望。人们对立宪政府的解读多种多样，对昔日的精英阶层有着强烈的吸引力，他们希望重获由于旧君主政体倒台而失去的政治影响力。例如，法国于1814年在伦巴第结束了统治，当时一群贵族夺取了政权，希望奥地利能恢复他们在政府中的传统角色，但并未成功。1815年后，伦巴第对奥地利统治的敌意源于被排除在新奥地利政府之外的贵族和大地主的怨恨。这种排他性是意大利复辟时期统治的广泛特征，容易受到来自旧精英阶层以及自由派和民主派人士的反对。这些人士的反对暴露了意大利旧君主政体、法国统治和意大利改革的危机催生的政治解决方案的脆弱基础。

复辟政府（1814—1830年）

1815年9月，沙皇亚历山大一世、奥地利皇帝弗朗西斯一世和普鲁士国王弗雷德里克·威廉签署神圣联盟，从中可以看出王朝复辟的念头。签署联盟的目的是把革命思想拒之门外，认为革命思想给欧洲带来了动乱和灾难。为此，奥地利、普鲁士和俄国承担起了恢复合法君主、顺从宗教原则的责任。

实践证明，这种做法并不可行，与之前决裂根本不可能。甚至意大利的政治版图也不能简单地恢复到1789年以前的边界。热那亚和威尼斯这两个古老的共和国分别被并入萨伏伊家族的亚阿尔卑斯地区和伦巴第-威尼斯的新哈布斯堡王国。奥地利通过米兰总督政府和其在四角广场堡垒中的常备军，控制了整个意大利。在波河南岸，帕尔马公国、摩德纳公国和托斯卡纳大公国都是奥地利的客户。作为欧洲主要的天主教国家，奥地利也是教皇广阔的世俗领地的主要保护者，包括公使城市博洛尼亚和费拉拉。那不勒斯波旁王朝视维也纳为他们的主要盟友，另一个享有一定程度外交自主权的意大利统治者——萨伏伊家族也是如此。

意大利各城邦早已预料到拿破仑帝国的倾覆，而资产阶级最关心的是确保权力的平稳交接，避免再现18世纪90年代的无政府状态。奥地利政府奉行同样的政策，但并非所有意大利统治者都能认识到这一点，比如，摩德纳的弗朗西斯四世公爵（1815—1846年）决心抹去所有法国占领的痕迹，维克托·伊曼纽尔一世（1802—1821年在位）撤销了在撒丁王国亚阿尔卑斯地区的所有法国立法，并驱逐诸如加富尔家族那样与法国政权结盟的人。在罗马，教皇庇护七世（1800—1823年在位）恢复了耶稣会和宗教法庭，废除了对犹太人的宽容，尽管枢机主教孔萨尔维确实试图维持行政改革的动力。然而，在帕尔马公国，法国前皇后、奥地利的玛丽亚·路易莎（1815—1847年在位）保留了法国的机构，而在托斯卡纳，弗朗西斯皇帝的弟弟费迪南德三世大公（1790—1824年在位）也寻求延续性。在那不勒斯，约阿希姆·缪拉在托伦蒂诺战役（1815年5月3日）中被击败后，费迪南德四世（1815—1825年在位）才重新获得王位。梅特涅亲王力图避免重复1799年那不勒斯对保皇派的清剿，并确保像亲王卡诺萨这样的极端反动派被排除在权力之外。至少在最初，那不勒斯波旁王朝不仅向缪拉政府的支持者伸出橄榄枝，保留了大部分法国改革，但通过建立新的统一君主制，实际上也将改革带到了西西里岛。1816年，那不勒斯和西西里的国王费迪南德四世改称两西西里国王费迪南德一世。西西里丧失了作为独立王国长达数百年的自治权。

然而，和解和抗拒都没有换来政治和平，1820年和1821年那不勒斯和都灵都成为革命的目标。意大利革命从西班牙获得启示，试图在1820年恢复西班牙1812年宪法。对意大利统治者来说，这是个不祥的征兆，两次起义都是从军队开始的。在那不勒斯，军官们在1820年7月发动起义，并迅速蔓延到意大利南部，迫使费迪南德一世承认宪法。在西西里岛，巴勒莫的革命领袖们要求立即恢复1816年被废除的岛屿自治权。大地主是革命的主要力量，他们的分离主义要求很快让西西里革命陷入与那不勒斯的自由政府的冲突之中。在梅佐桥诺大陆（罗马以南的意大利），地方名流也要求从那不勒斯获得更大的自治权。

维也纳考虑向那不勒斯的费迪南德寻求帮助，这时，皮埃蒙特爆发了新的叛乱。叛乱再次由一群军官发起，其中一些还与国王的堂兄卡里尼亚诺王子查理·艾伯特（后来成为国王，1831—1849年在位）交情颇深。1821年3月在亚历山德里亚发生的起义蔓延至皮埃蒙特其他城市。维克托·伊曼纽尔退位，他的继任者查理·菲利克斯（1821—1831年在位）逃往摩德纳。查理·艾伯特发表声明，婉转表达对叛军的支持，后来又改变主意，也逃走了。但是，查理·菲利克斯率领一支奥地利军队，在诺瓦拉附近的一次短暂交战中击败了桑托雷·桑塔罗萨领导的自由派。到4月中旬，革命结束，在接下来的20年里，皮埃蒙特始终充斥着反抗和镇压。另一支奥地利军队被派往那不勒斯，结束了当地的革命，又在这里驻守了八年，那不勒斯人民饱受煎熬。

在伦巴第，贵族和专业人士越发不满自己被排除在权力之外，政府和伦巴第名流之友好关系也逐渐退热。奥地利当局试图扼杀一切形式的独立文化活动，包括被视为保守派伦巴第知识分子的喉舌、著名的文学和哲学杂志《调解人》（1819年）。在皮埃蒙特和那不勒斯革命之后，伦巴第的镇压变得更加凶残，并且开始针对当地贵族家族。圣人西尔维奥·佩利科发表《我的狱中生活》（1832年），以其无可挑剔的保守天主教徒身份，成为反奥地利事业的殉道者。亚历山德罗·曼佐尼在他的大作《约婚夫妇》（1827年）中隐晦表达了对外国压迫的谴责，进一步证明了奥地利统治并未赢得伦巴第贵族的心。

就连反动派也明白，复辟王朝根基不稳。那不勒斯卡诺萨王子（1763—1838年）和萨伏亚德极端保守主义者约瑟夫·德·梅斯特（1753—1821年）都认为，教会和贵族在古代君主政体中所享有权威的丧失，导致了人们对上帝顺从和虔诚不可逆转的下降。虽然统治者在一定程度上恢复了教会的权力，但极端保守主义者认为，复辟在维护法国改革方面作出了致命的妥协。新的"行政君主政体"虽然理论上更强大，但缺乏内在的政治基础。正统派统治者视教会为自己的保护者，但不愿恢复18世纪前统治者从罗马夺取的权力，也不愿恢复法国人夺取的土地和资产。他们也没有恢复贵族以前的特权，只能依赖少数被选为部长的贵族和他们在维也纳的赞助人。1820年那不勒斯和都灵发生的事件表明，由于没有真正的保皇派贵族，甚至连王朝的军队都成了革命的温床。对于卡诺萨来说，只有全面恢复旧的封建政体才能解决这个问题；但作为权宜之计，他建议统治者应该利用天生具有忠君思想的农民，正是这些农民在1799年为保卫王位和祭坛而自发地集结，抵抗法国侵略者及他们的意大利支持者。卡诺萨忙于组织反革命秘密社团和合法民兵组织，但他们目无法纪，被驱逐出那不勒斯。在1830年，卡诺萨受雇于摩德纳的弗朗西斯科四世，组织了反革命民兵组织，随后受雇于枢机主教伯内蒂，组建了另一个名为百夫长的农民民兵组织，以追捕教皇国的自由主义者和政治颠覆分子。

意大利统治者在政治上的不安全感或许可以解释1820—1821年革命后那种末日般的镇压氛围，当时只有托斯卡纳仍是相对宽容的避风港。1821年，吉安·皮耶罗·维尤索在佛罗伦萨创办了《选集》。接下来的十年，托斯卡纳首都取代米兰成为意大利的文化活动中心。在其他地方，复辟时期的独裁政权授权警察和神职人员，控制公共和私人生活，试图阻止思想的传播，扼杀一切形式的反对行为。神职人员严格垄断了仅有的一点教育资源，并负责审查所有印刷材料、公开演出、剧院和会议。在不追查秘密组织的时候，警察和他们的间谍也在努力查获沃尔特·斯科特爵士的小说和被认为有害于宗教原则和公共秩序的出版物。

革命准备（1830—1848年）

1820年西班牙的崛起引发了意大利1820—1821年的革命，而1830年巴黎七月革命是意大利下一波起义的导火索。路易·拿破仑（未来的拿破仑三世）在1830年访问罗马期间，与一些秘密组织的成员取得联系，并且相信路易·菲利普在法国的新政府会给予支持，于是西罗·梅诺蒂和恩里科·米斯利开始计划在摩德纳发动起义。1831年2月，包括梅诺蒂在内的主要头目被逮捕，但此时叛乱已经从摩德纳蔓延到博洛尼亚和意大利中部其他地区。教皇格里高利十六世要求奥地利干预，尽管法国没有支持起义，但以阻止奥地利人永久占领教皇国为理由，还是向安科纳派遣了一支军队。然而，到3月底，奥地利人重新获得了控制权；5月26日，西罗·梅诺蒂及其同僚为了独立事业而献出了生命。

由于担心起义和法国的干预会把欧洲各国拖入战争，欧洲召开了一次国际会议。英国政府担心，法国似乎有意在意大利重新站稳脚跟，并且不希望看到奥地利对该地区的控制被削弱。然而，英国代表也坚持认为，教皇的不当管理是意大利中部政治动荡的真正原因，并呼吁维也纳利用其影响力改革教皇的管理。

然而，对于朱塞佩·马志尼（1805—1872年）来说，意大利中部起义进一步证明了革命的必要性，这场革命将横扫意大利现有的统治者。虽然之前的革命有助于意大利的独立事业，但马志尼也将革命失败归咎于秘密组织未能提供有效的领导。这正是马志尼想要做的，在他前一年发表的《青年意大利宣言》中，呼吁意大利革命者不再隐身，转而公开为建立意大利国家的统一事业而努力奋斗。1831年8月14日，青年意大利党在马赛成立，马志尼立即将他的革命思想付诸实践。但他的信件再次被截获，1833年他在都灵、尚贝里、亚历山德里亚和热那亚的同志被皮埃蒙特警方逮捕。所有人都遭受酷刑，一些人被处死，马志尼被缺席判处死刑。他没有被困难吓倒，重新开始计划入侵萨伏伊，以配合热那亚起义（1834年），朱塞佩·加里波第（1807—1882年）也参与其中。这个计划也遭遇失败，马志尼于1837年离开瑞士前往伦敦。

1833年之后，马志尼几乎一直处于流亡状态，只有在1848—1849年和1860年回到过意大利。尽管受马志尼发起的青年意大利运动策划或启发的起义从19世纪三四十年代一直持续到19世纪50年代，他在意大利的追随者受到审查和警察骚扰，但马志尼的影响也是有争议的。青年意大利党的成立为的是对抗秘密组织的影响。1834年，马志尼与意大利的法国革命传统领军人物菲利波·布奥纳罗蒂（1781—1837年）发生了争吵。他的观点更多的是受到圣西门著作的影响，深刻而神秘的宗教信仰也渗透其中。对马志尼来说，民族主义是更高的道德事业，它超越了物质平等的问题，强调责任而非权利，在《人的义务》（1860年）和其他文章中，他激烈地驳斥了源自《人权宣言》的革命传统。

马志尼对雅各宾派传统的敌意，尤其是对把物质平等作为政治行动目标的敌意，使他疏远了那些更接近法国社会主义思想的意大利激进分子，如像朱塞佩·法拉利（1811—1876年）和卡洛·皮萨康（1818—1857年）。像米兰自由派的卡洛·卡特尼奥（1801—1869年）一样，法拉利认为联邦政府的解决方案比马志尼的单一共和国更适合意大利半岛的文化、物质及其多样性。另一些人则认为，应该由人民而不是马志尼来决定新国家的政治形式，而在许多南方自由主义者和激进分子看来，马志尼的共和国与他们希望推翻的拿破仑式集权国家惊人地相似。1837年，马志尼拒绝支持西西里岛的起义，他的亲密合作者之一、摩德尼民族主义者尼古拉·法布里齐在马耳他成立了意大利军团，切断了与马志尼的联系，成为南方革命者的核心。

尽管激进分子之间存在这些对抗和分裂，马志尼的"青年意大利"计划还是第一次明确地把从奥地利独立出来的斗争作为更广泛的政治革命前提，旨在推翻包括教皇在内的现有意大利统治者，建立单一的意大利民族国家。这个激进而顽固的革命计划迫使马志尼的反对者和批评者定义并阐明他们自己的立场。

虽然经历了早期的动荡，19世纪30年代仍是经济相对扩张和稳定的十年，增加了人们对迫在眉睫的改革的期盼。农产品市场进一步完善，新型制造业和工业建立，新型金融机构成倍增加。1839年，半岛上第一条铁路在那不勒斯开通，伦巴第和威内托的铁路项目列入规划。伴随商业复兴而来的是文化和社会活动的新气象。期刊文学仍然由宗教出版物主宰，审查依然严格，但是新农业和经济学期刊开始出现。其中包括卡塔内奥的《世界统计年鉴》（1832—1836年）和米兰的《理工学院》（1839—1844年），佛罗伦萨的《维埃苏选集》和《托斯卡纳农业杂志》，以及其他许多短期的出版企业。1836—1837年的冬天，安科纳、那不勒斯、罗马、卡塔尼亚和巴勒莫暴发霍乱，引发了更多关乎公共利益的公开辩论，1839年佛罗伦萨举办意大利学习者大会第一次会议，进一步增强公众对公共利益的关注。

这些发展造就了更加开放的文化氛围，同时让更多人关注到新城市中产阶级的存在，这个阶层虽然还缺乏独立的声音，却已不容忽视。例如，在歌剧季期间，剧院为精英们提供了日常聚会的场所，供他们交流新闻和八卦；昔日的贵族们也开始与新贵和职业代表们分享新闻和八卦。新中产阶级还出现在许多新哲学社团、农业协会以及文化娱乐俱乐部中，这些社团标志着城市社交新形式的出现。外国游客恢复去意大利旅游，富有和受过教育的意大利人也有了更多的旅行自由。意大利人的视野更加开阔。

尽管出现以上变化，但反动和专制的政治气氛丝毫没有松懈。在罗马，教皇格里高利十六世在通谕《米兰·沃斯》（1832年）和《辛古拉里·沃斯》（1834年）中谴责了试图调和天主教与自由主义的做法。在皮埃蒙特，新国王查理·阿尔伯特坚持顽固的反动立场，直到接下来的十年都没有妥协的迹象。那不勒斯的情况有所不同，费迪南德二世（1830—1859年在位）一登上王位，就罢免了当年他父亲身边腐败的部长们，事情最初看起来很有希望，却未能作出更多实质性的让步。

尽管没有提出政治异议的机会，但商业政策的批评氛围越发宽松。在伦巴第和威尼斯，维也纳对的里雅斯特的偏爱超过威尼斯，奥地利限制进入其他意大利城邦的商业法规引发不满。而那不勒斯政府拒绝降低其高保护主义关税，与南方地主及其主要贸易伙伴——英国发生了冲突。于是，经济自由主义理念开始盛行，即便是对政治不感兴趣的群体也是如此。

在专业阶层中，糟糕的就业机会引发不满。1820年革命后，军队职业机会有限，而教会也几乎没有为受过教育的人提供有吸引力的职位。法律、医学、建筑、土木工程、会计、农业和商业服务等领域的职位空缺的确有所增加，但增长速度不足以满足需求。而统治者们急于限制官僚机构的扩张，并限制专业人员的进入。例如，在伦巴第，奥地利政府在公共就业方面优先考虑奥地利人和匈牙利人，并通过延长进入公共服务所需的大学课程的时间（因此增加费用），加大意大利人的入门难度。在那不勒斯，大学课程只在首都开设，那里的学生受到警察的密切监视，政府一再拒绝在各省设立更多大学的要求。

对于女性来说，还没有一种被认为是体面的公共事业。对于意大利新兴中产阶级的女性来说，从事任何公共事业的机会都比她们的贵族前辈要少。自由主义圈子里的少数妇女是贵族，而在中产阶级中，妇女的教育一般限于修女提供的道德和精神培训。

相比于中产阶级的不满，农村居民的不满更具威胁性。商业扩张和人口增长共同加剧了农村贫困人口对土地的极度渴望，在两西西里王国、撒丁王国和伦巴第王国，19世纪30年代通过的新立法中，农民的利益受到了沉重的打击。新立法延长了前封建庄园和乡村公地的私有化。这些政府干预加速了农业经济中的私有化和商业化进程，同时仍然坚持复辟中的反现代主义意识形态原则，清楚地揭示了当权政府面临的矛盾。

　　甚至在"饥饿的40年代给意大利农村带来更多的苦难"之前，人们对政治动荡再次爆发的预期就已经在上升，这为意大利各城邦就政治选择展开首次公开辩论提供了条件。辩论由温琴佐·焦贝尔蒂的两卷本专著《意大利人的道德至上》开启，该书于1843年在布鲁塞尔出版，但很快再版，尽管有警察和审查人员干预，该书还是在意大利各地广为流传。作为皮埃蒙特的牧师和曾经马志尼的追随者，焦贝尔蒂（1801—1852年）制订了一个对温和保守的独立支持者有吸引力的计划：他提议意大利统治者应该模仿中世纪的圭尔夫党，与教皇结盟，然后与奥地利谈判，组建独立的意大利统治者联盟。皮埃蒙特贵族保皇派恺撒·巴尔博在《意大利的希望》（1844年）一书中提出类似的方案，引发强烈反响。该计划还提及通过与奥地利谈判，建立独立的意大利统治者联盟。

　　民众对这些方案的强烈反响表明，许多保守的意大利人现在承认，从奥地利获得某种形式的独立可能会化解更为激进的政治改革要求，并认为这可以通过谈判实现，从而避免冲突。接下来两件完全不同的事件强化了这些信念。首先是起义的复兴。1844年，两个威尼斯兄弟，埃米利奥·迪埃拉和阿提利奥班·迪埃拉，试图在卡拉布里亚发动起义，尽管未能成功，却在北部教皇城邦引发新的叛乱浪潮。教皇国家的日益混乱震惊了温和派人士，比如皮埃蒙特贵族马西莫·达齐格里奥（1798—1866年），他认为查理·阿尔伯特是同情民族主义事业的。达齐格里奥与意大利中部自由党有着密切联系，在一系列旨在向广大公众宣传并使政治辩论公开化的小册子，如《罗马尼亚近期事件》（1846年）和《国家舆论计划》（1847年）中，以及在奥地利占领费拉拉（1847年）之后，他警告革命者：最好是通过被其称为"公开的阴谋"的舆论的力量逐步实现自己的目标。为了加强自己的论点，达齐格里奥补充说：1845年10月，查理·阿尔伯特在一次个人会见中宣布愿意支持国家事业。

对革命动乱的恐惧增加了温和方案的吸引力，但更大的推动来自1846年6月7日枢机主教乔瓦尼·玛丽亚·马斯塔伊-费雷蒂当选为教皇，成为庇护九世。接连不断的反对教皇事件显示出，庇护九世的当选似乎缺少些天意，而新教皇赦免罗马政治犯的决定，提升了他的自由声誉。1847年3月，教皇政府带头放松了审查制度，并与托斯卡纳的利奥波德二世和皮埃蒙特的查理·阿尔伯特建立了关税同盟。

在教皇的名义领导下组成意大利统治者独立联盟，保守派的梦想似乎触手可及，但事态发展迅速，梦想破灭。到1847年夏，庇护政府已经失去了控制，改革浪潮从罗马蔓延到整个意大利中部。而后奥地利军队占领费拉拉，局势变得更加紧张。利奥波德大公试图在8月恢复托斯卡纳的协商会议，希望以此来阻止不断加剧的骚乱。但事与愿违，民众对奥地利当局的集体反抗行为愈演愈烈，伦巴第和威尼斯骚乱加剧，省级议会请求自治。和欧洲其他地区一样，到1847年秋，意大利各城邦的问题已不在于是否会发生革命，而是在何时何地发生。

革命（1848—1849年）

暴风雨来临了，爆发在离维也纳最远的地方。1848年1月2日在巴勒莫举行的纪念该市守护神圣罗莎利亚游行队伍中开始出现骚乱，随后演变成1848年第一次欧洲革命。1月29日，费迪南德二世颁布宪法，试图防止动乱升级，其他意大利统治者也随之效仿：2月17日，托斯卡纳利奥波德；3月4日，查理·阿尔伯特；3月14日，庇护九世。在各种情况下，让步旨在通过向少数财产所有者授予有限的投票权来收买反对党，但脆弱保守的临时政府立即遭到来自不满的城市工人和农民更激烈的攻击。

2月巴黎发生革命之后，要求进行更广泛政治改革的压力有所增大，尤其是在3月13日维也纳革命之后。奥地利显然已经岌岌可危，梅特涅亲王从首都逃离，意大利的局势发生了戏剧性变化。在威尼斯，奥地利人撤退，由律师丹尼尔·曼宁领导的温和共和党政府于3月23日在米兰成立。然而，81岁的奥地利军事指挥官、陆军元帅拉德茨基顽固抵抗，并将其炮兵调往一个城市人口最密集的工人阶层区。这种野蛮的行径没能迫使米兰屈服，却激起了民众反抗，在五天的激烈巷战（3月18—22日）后，拉德茨基的军队被迫撤退。

皮埃蒙特君主也试图控制民族主义运动。3月23日，查理·阿尔伯特政府向奥地利宣战，应米兰温和派的要求进入伦巴第，他们担心民主人士可能会夺取政权。查理·阿尔伯特承诺加入对抗奥地利的战争，最初赢得了像卡洛·卡特尼奥和马志尼这样激进分子的支持，他们从英格兰匆匆赶到米兰。但查理·阿尔伯特政府坚持要迅速吞并伦巴第，人们越来越担心他真正关心的是扩大自己王国的规模。伦巴第民主党人动员起来反对与皮埃蒙特合并。但在5月，查理·阿尔伯特通过投票支持将皮亚琴察、帕尔马、摩德纳和雷吉奥归入皮埃蒙特，随后是6月的伦巴第和威尼斯诸省，最后是7月的威尼斯，从而巩固了他的地位。

卡特尼奥指责查理·阿尔伯特在拉德茨基征募士兵时拉票，而在7月24日，皮埃蒙特军队在第一次库斯托萨战役中被决定性地击败。奥地利人占领了米兰、摩德纳和雷吉奥埃米利亚，查理·阿尔伯特撤退到提契诺河对岸，请求停战。但即使在库斯托萨战役之前，皮埃蒙特王国领导全国讨伐奥地利的企图就已经遇到了严重的困难。4月29日，庇护九世谴责对奥地利的战争，粉碎了与罗马结盟可以实现独立的保守幻想。5月15日，那不勒斯的费迪南德开始发动一场反革命，暂停那不勒斯议会，退出对奥地利的战争。

库斯托扎·马志尼宣布，王室战争将让位给人民战争，奥地利军队重新占领伦巴第，激进分子开始掌权。10月，由朱塞佩·蒙泰内利领导的激进政府在佛罗伦萨上台执政；12月，温琴佐·焦贝尔蒂在都灵建立了有着激进同情心的政府。但最重要的是，11月15日，保守派罗马临时政府领导人佩莱格里诺·罗西被刺杀；24日，庇护九世和他的枢机主教们逃到盖塔，寻求那不勒斯费迪南德的庇护，这给了民主党第一次真正的机会。1849年1月选举成立了制宪会议，会议于2月5日召开，4天后宣布成立罗马共和国。同一天，利奥波德二世逃离托斯卡纳，临时政府首脑朱塞佩·蒙泰内利和弗朗西斯科·多梅尼科·格拉齐呼吁宣布成立共和国，并与罗马和威尼斯结盟。3月初，马志尼抵达罗马，罗马共和国投票决定与托斯卡纳统一。

此时奥地利即将反攻，查理·阿尔伯特试图重新获得政治主动权。但是皮埃蒙特军队被迫在诺瓦拉投降（1849年3月23日），奥地利人控制了意大利北部和中部。查理·阿尔伯特退位，他的儿子和继任者维克托·伊曼纽尔二世（1849—1878年在位）签署了停战协定。但是，正如1848年奥地利在库斯托萨的胜利击溃保守党一样，1849年皮埃蒙特人在诺瓦拉的第二次失败彻底击垮激进分子。在热那亚他们拒绝停战，但叛乱仍遭到皮埃蒙特军队的镇压。托斯卡纳的革命也失败了，为了避免奥地利入侵，温和派和保守派邀请利奥波德大公复职（7月28日）。只剩下罗马和威尼斯。在罗马，共和国将权力下放给由朱塞佩·马志尼、卡罗·阿梅里尼和奥雷里奥·萨菲组成的三人组，而朱塞佩·加里波第负责城市防御。那不勒斯和法国都派出军队，试图恢复教皇的统治，6月，乌迪诺将军的军队包围了罗马。加里波第负责组织防守，一直坚守到8月初，他领导了巧妙的撤退，大约4000名守军得以逃脱。威尼斯尽管一直被狂轰滥炸，又遭奥地利舰队封锁，同时霍乱肆虐，但马宁仍坚持到8月。

在南方，革命采用了不同模式。费迪南德二世5月15日发动政变，革命席卷大陆各省，但到秋季就已被镇压。9月，一支那不勒斯军队在墨西拿登陆，结束了4月在巴勒莫开始的分裂叛乱。那不勒斯军队于1849年5月进入巴勒莫，南方的所有革命终于结束。

革命后

和欧洲其他国家一样，意大利革命以自由主义者和激进分子的失败告终，却带来了不可逆转的变革。意大利人对奥地利的仇恨更加强烈，而且因为贴上英雄主义和殉道精神的标签而变得神圣化。最重要的是，通过皮埃蒙特君主的参与，争取独立的斗争现在获得了新的合法性。

1848—1849年的事件不仅没有让意大利人为了共同目标团结在一起，反而暴露出巨大的分歧。除了温和派和激进派间的斗争，城市改革者和农村动乱间的斗争，革命还引发了一系列暴力的城市对抗。的确，为了争取更大的城市自治权引发了一系列斗争，比如热那亚与都灵、陆地城市与威尼斯、里窝那与佛罗伦萨、公馆城市博洛尼亚和费拉拉与罗马、南部大陆的省级城镇和那不勒斯、西西里和那不勒斯，这些斗争远比与奥地利的斗争重要。但这些反映的不只是当地的小争斗，更重要的是，法国改革所导致的权力集中引发民众强烈不满。扩大省市自治的要求是改革方案的核心要素。

事实证明，革命对激进分子的分裂尤其严重。1849年的系列失败引发相互指责，特别是马志尼受到了越来越多的批评。除了卡特尼奥和法拉利对联邦党人阵营发起的攻击，现在又有来自那不勒斯的民主党人卡罗·皮萨康的攻击，他指责马志尼未能解决农民不满的问题。在他看来，农民是意大利唯一的革命力量。皮萨康提出了一项土地改革计划，以取代马志尼无休止的、不成功的城市阴谋（1853年在米兰的另一场阴谋将以灾难告终），该计划将争取国家独立的斗争转变为农民游击战争，类似于西班牙反对拿破仑的独立战争。

这些争论触及了许多激进分子在革命中最痛苦的经历。在意大利许多地方，农民们一开始是团结起来支持革命的，但一旦情况变得明朗，无论是自由派还是激进派都无意解决农民们的不满，农民就会转而反对他们。例如，在伦巴第，一些幻想破灭的农民在1849年欢迎奥地利军队的归来，而在威内托、托斯卡纳、教皇国和南部农村的动乱中，农民要么挣脱所有的政治控制，要么走上反革命道路。

激进分子对这些自发的农村抗议毫无防备，由此产生的暴力和混乱导致威内托、伦巴第、托斯卡纳、埃米利亚、罗马涅和拉齐奥许多地主焦急地等待奥地利人恢复秩序。

当权政府试图利用这些恐惧，大打法律和秩序牌；而在奥地利领土上，军事法庭在司法恐怖和报复的气氛中，对参加革命的农民给予即决审判。但这已经不够了。1849年以后的暴力镇压使得意大利与其他欧洲国家越发地格格不入。威廉·格莱斯顿对那不勒斯国王费迪南德囚禁那不勒斯自由主义者的恶劣条件表示谴责，在欧洲自由派看来，这只是意大利专制主义不合时宜的反常行为的一个例子。在意大利国内，复辟时期的暴力和革命的动荡同样让越来越多的意大利人相信，没有独立，意大利就不可能实现政治稳定。但是，尽管革命已经消除了可以与教皇结盟达到独立而不用与奥地利作战的神话，但他们也表示，民族主义事业可以走向保守的政治道路。

这就是为什么在意大利最古老、最保守的公国之一建立君主立宪制被证明是革命带来的最根本和最具决定性的变革。萨伏伊王室对民族主义事业的支持，将对奥地利的斗争从颠覆性和革命性的事业转变为保守但进步的事业。1849年后，皮埃蒙特的君主立宪制成为对所有其他意大利统治者的公开侮辱，使都灵成为意大利各地民族主义者、自由派和民主派的避风港。革命给激进分子造成隔阂，却给温和民族主义者带来新的凝聚力和使命感。维克托·伊曼纽尔在1849年11月20日蒙卡列里城堡宣布，假若都灵新议会批准与奥地利签署停战协议，他会维护宪法，基于此，萨伏伊王室扩张的野心和意大利自由派的政治愿望可能会有所汇集。

加富尔时代

但汇集不会自动发生。即使按照现代标准，皮埃蒙特的1848年宪法（1861年之后仍然是意大利王国的规章，直到1925年被墨索里尼撤销）为国王保留了广泛权力，包括指挥武装部队和控制外交政策。

国王的大臣们对议会的责任界定不清，议会的权力受到限制，投票权受到高财产资格的严格限制。但鉴于皮埃蒙特有产阶级的规模，这几乎是不可避免的，宪法依然有助于少数自由主义者和激进分子开始商业和政治改革，不到十年的时间，皮埃蒙特从最落后的一个公国变成在意大利最具活力的经济体之一。

这种进步少数派的成功很大程度上归功于卡米洛·本索·迪·加富尔伯爵（1810—1861年）。1852年，加富尔第一次当上首相，此后无论在任与否，他一直在皮埃蒙特政界占据主导地位，直到1861年去世。1848年以前，加富尔在《复兴报》担任编辑，早已闻名于都灵。他开始从政是在1850年，在马西莫·达泽里奥保守政府担任农业和商务部长，他推行改革，促进皮埃蒙特贸易发展，鼓励发展经济所需的基础设施（运河、公路、高山隧道、铁路和银行），并成功吸引了大量外国投资。

保守派不仅愿意支持经济发展，而且有意促进皮埃蒙特现代化发展，使得更广泛的自由方案得以执行。例如，达泽里奥在1850年引进被称为西加尔第法律的一套立法，削弱了教会广泛的民事管辖权。这些朝向世俗化的改革引起了保守派的强烈抵制，而在1852年，维克托·伊曼纽尔拒绝支持一项引入公民婚姻的法案，以避免与教皇权发生冲突，达泽里奥辞职，加富尔成为首相。加富尔只想专注于自己的改革方案，放弃了达泽里奥的法案，但关于世俗化的斗争只是被推迟了而已。1855年斗争再次上演，并最终导致加富尔首次辞职。当时皮埃蒙特激进分子领导人、1852年以来加富尔在议会的主要盟友，乌尔班·拉塔齐（1808—1873年）提出小宗教修道院国有化的法案，遭到维克托·伊曼纽尔的拒绝。然而，拉塔齐法案不仅源于信仰，也是为了筹集改革方案所需的资金，表明世俗化与更广泛的皮埃蒙特国家现代化的方案密不可分。

然而，对教会特权的维护动员了强大的反动力量，他们试图寻求国王的领导。为了应对这种情况，加富尔开创性地建立了由保守自由派、温和派和激进派组成的广泛联盟。这一折中的跨议会联盟为他赢得了机会主义的名声，成为他伟大的政治成就。在新议会中没有明确政党或政治忠诚的情况下，这一联盟的有效性源自加富尔方案中制度现代化、商业扩张和民族主义的一致性。

然而，维克托·伊曼纽尔同情反动派，不愿接受宪法的约束，也不愿得罪教会，但1854年克里米亚战争的爆发迫使他在自由派和反动派之间作出选择。国王急于利用欧洲联盟体系的崩溃，介入英法两国的冲突。但由于找不到愿意冒险与奥地利开战的极端保守主义者，他别无选择，只能重新任命加富尔为首相。王朝野心迫使国王与反动派保持距离并与自由党结盟，克里米亚战争成为关键的转折点，因为外交政策成为1856年后皮埃蒙特政治的优先事项，但它标志着意大利独立斗争更广泛的转折点。英法反俄联盟的成立标志着自1814年以来主导欧洲国际关系的反法联盟的结束，奥地利在前盟友和前敌人之间摇摆不定。对意大利民族主义者来说，其影响是巨大的，而奥地利令人不安的中立使整个独立问题有了新的立足点。

皮埃蒙特作为英国和法国的盟友对克里米亚的干预并没有在1856年2月和平会议上产生立竿见影的外交效果，但它确实证实了维克托·伊曼纽尔对意大利民族主义运动的领导力。越来越多的人期望再次对奥地利宣战，这为新的阴谋和叛乱提供了导火索。1857年7月，卡洛·皮萨卡内劫持了一艘属于鲁巴蒂诺船运公司的轮船，和他的追随者们在西兰托的萨普里着陆。这次远征是一场灾难；皮萨卡内的反抗呼吁未能得到当地民众的支持，他和他的追随者很快就被包围并杀害。然而，萨普里远征队发出了新一波起义信号，并促使温和派采取先发制人的行动。

这也是意大利国家协会的宗旨，该协会由达尼埃尔·马宁、朱塞佩·拉·法里纳和乔治·帕拉维奇诺于1857年8月成立。目标是组织对维克托·伊曼纽尔的支持，并准备对奥地利发动新的战争。虽然渴望改变前激进分子，但国家协会希望通过制订一个"更为严格的意大利统一方案"来挑战皮埃蒙特的领导，包括其领导的激进分子、联邦党人、南部在约阿希姆·缪拉继承人领导下支持独立君主立宪制的那不勒斯自由主义者；而西西里人仍然是坚定的分离主义者。尽管国家社会党有着强烈的君主主义立场，加里波第和马志尼都给予了支持，马志尼纯粹是出于战术上的原因，而加里波第是出于对维克托·伊曼纽尔的忠诚。但是，全国的主要精力集中在建立有产阶级之间的关系网上。这样，当战争来临时，意大利中部亲皮埃蒙特的显要人物就会准备好夺取权力，抢先于马志尼派和其他人。

对奥地利的战争（1859年）

拿破仑三世领导下的法国政府原本保守，但扩张主义野心再度复苏，都灵和巴黎之间的联系变得更加密切。奥地利的外交孤立重新点燃法国控制意大利半岛的希望，而费利斯·奥尔西尼在1858年1月试图暗杀拿破仑三世，表明意大利的不满会给其他欧洲国家带来危险。同年7月，加富尔和拿破仑三世在日内瓦湖上的普罗米耶雷斯度假胜地秘密会面，详细讨论了法国的干预方案。双方达成协议：如果奥地利袭击皮埃蒙特，法国会提供军事援助；此外，双方同意建立独立的意大利联邦，由扩大后的撒丁王国、教皇国和那不勒斯王国组成，由教皇领导。作为回报，法国将接收尼斯和萨伏伊，并与萨伏伊王朝结成王朝联盟。1859年1月，约瑟夫·拿破仑代表法国在都灵签署了一项秘密条约，并与萨伏伊的玛丽亚·克洛蒂尔德公主缔结婚约。

战争的预期高涨，但直到4月23日，奥地利人才被激怒，发出最后通牒。战争于7月8日结束，拿破仑三世和奥地利皇帝弗朗西斯·约瑟夫在维拉弗兰卡签署停战协定。奥地利人放弃了伦巴第，但仍然控制着威尼斯，双方在洋红战役（6月4日）、索尔费里诺和圣马提诺战役（6月24日）中伤亡惨重，打消了拿破仑三世继续作战的念头。维克托·伊曼纽尔没有参加停战协定的签署，也没有征求过加富尔的意见：加富尔在7月2日收到消息后随即辞职。

战争开始之前，温和派就一直在努力实现自己的政治目标。4月，利奥波德二世大公逃离托斯卡纳，匆忙组建的临时政府授予维克托·伊曼纽尔独裁者的头衔。6月初，帕尔马的玛丽亚·路易莎和摩德纳的弗朗西斯科五世逃亡，博洛尼亚叛乱，其他教皇国陷入混乱。托斯卡纳的里卡索利男爵（1809—1880年）和摩德纳的路易吉·卡罗·法里尼（1812—1866年）等名流控制了政权，并通过精心策划的"革命"，成功规避了确认当权统治者任期的《维拉弗兰卡条约》。这些虚假的革命为普遍的公民投票提供了理由，托斯卡纳和埃米利亚于1860年3月以压倒性多数的票数通过并入撒丁王国。

加富尔早在1月已经重新上台，尽管在维拉弗兰卡遭遇挫折，但到了春季，他的策略似乎开始奏效。一个包括皮埃蒙特、伦巴第、帕尔马、摩德纳、埃米利亚、罗马涅和托斯卡纳在内的新意大利王国正在形成。拿破仑三世原本想在托斯卡纳建立一个法国附属国，但由于意大利中部温和派的行动而受阻。从外交层面来讲，这一解决方案似乎更加可行，帕麦斯顿政府警告奥地利不要试图恢复当权统治，并有效承认了这个新国家。激进分子也被击败。与法国联盟确保了战争是与正规军作战，不再需要志愿军，加里波第的非正规部队沦为边缘作战。尽管马志尼谴责了对奥地利的皇家战争，但1860年3月25日在新扩大的撒丁王国举行的首次选举对温和派来说是一次巨大胜利。

在威尼斯解放前过早地停止敌对活动，激起民族主义者的不满，新志愿军继续涌入皮埃蒙特。在这种紧张的气氛下，4月尼斯和萨伏伊宣布并入法国，更是引起轩然大波。民族主义者感到失望，尤其是出生在尼斯的朱塞佩·加里波第。他决定派遣一支志愿远征队参与1860年4月在巴勒莫开始的革命。其目的是提高整个南方的反抗水平，并进军解放罗马，从而将皇家独立战争转变为更具广泛民众基础的国家统一战争。

加里波第和千人远征

5月6日，加里波第率领著名的千名志愿兵，在热那亚附近的夸托出发，成功避开那不勒斯海军后，于5月11日登陆西西里岛西部的马尔萨拉；三天后，加里波第以维克托·伊曼纽尔的名义获得了独裁者的称号，先是在卡拉塔菲米与波旁军队交战，而后在6月初进入巴勒莫。在米拉佐附近最后一次交战后，波旁军队放弃了西西里。8月18日，加里波第越过墨西拿海峡，于9月7日进入那不勒斯。前一年继承王位的年轻的国王弗朗西斯二世撤退到加里格利亚诺河和沃尔图尔诺河的防御阵地，波旁军队准备在那里阻止加里波第北上罗马。

加里波第远征南方的成功与之前几次失败的尝试形成了鲜明对比。加里波第是一名经验丰富的游击队员，他的手下要比皮萨康和班迪埃拉兄弟的多，但他们的装备很差，补给也很不稳定。即便如此，要不是革命和农民起义威胁到波旁军队在西西里的交通线，取胜的机会微乎其微。

然而，波旁军队一撤退，加里波第就陷入政治困局。他的主要顾问是当时的国务卿，西西里革命家弗朗切斯科·克里斯皮（1818—

1901年），他代表加里波第作出政治决策，并颁布法令，他赞成推迟吞并皮埃蒙特，以便组织人民议会会议。这引起了保守西西里精英的反对，他们意图迅速吞并皮埃蒙特，因为这能让他们最终摆脱那不勒斯和波旁王朝的统治。

这也是加富尔的目标。他密切关注着千人远征军的进程，越来越担心激进分子的影响，以及远征队如果成功抵达罗马与法国开战的危险。6月，他派遣朱塞佩·拉·法里纳前往巴勒莫，要求立即并入都灵。加里波第驱逐了拉·法里纳，但是巴勒莫反对的呼声日益强烈，克里斯皮被迫辞职，来自西西里地主的压力也迫使加里波第放弃土地改革的承诺，而这是赢得农民支持的关键。既然波旁军队不再构成威胁，西西里地主们都明确表示，只有恢复秩序，他们才会继续支持。8月4日，加里波第的副手尼诺·比肖（1821—1873年）向勃朗特村的农民叛军开火，西西里岛其他地方也有同样的情况发生，发出了明确无误的信号：红衫军是秩序的捍卫者，而不是革命的先驱。比肖的枪声在海峡对岸得到呼应，当地的地主已经在为加里波第的进攻做准备，他们接管了当地政府，并向国民警卫队提供武器，以防止西西里发生大规模动乱。与地主联盟决定了波旁王朝的瓦解，但也使加里波第的远征失去了激进的政治目标。

加富尔再次尝试在那不勒斯发动先发制人的温和革命，以阻止加里波第前进的步伐。革命失败后，他采取了更直接、更危险的策略。都灵向巴黎发出警告，并于9月11日向教皇政府发出最后通牒，两周后派遣军队进入翁布里亚和马凯。在维克托·伊曼纽尔的带领下，皮埃蒙特军队穿过教皇领地，切断了加里波第前往罗马的路线。这是意大利复兴运动中最著名的一次交锋。

加富尔的战略成功地避免了与加里波第追随者发生武装冲突的风

险，也避免了法国为保护加里波第追随者而进行军事干预的风险。激进派又一次被压制住了，加富尔迫切希望巩固自己的地位。尽管克里斯皮和其他人试图组织民众政治集会，但两周前都灵议会已经批准了无条件吞并南部省份的公投，11月初在马凯、翁布里亚和西西里岛进行公投，完成了始于1859年反奥地利独立战争的政治统一进程。革命者和激进民族主义者把争取独立的斗争推向更广阔的地域，但没有改变其政治性质。

1861—1870年的艰难岁月

1861年3月17日，第一届意大利议会宣布萨伏伊国王维克托·伊曼纽尔二世为意大利国王，但很少有人认为新意大利是完整的。1866年奥地利被普鲁士打败后，威尼斯和维尼西亚才归还给意大利，而民族主义者则不断尝试解放罗马。1862年，加里波第试图重振远征军，但遭到了西西里地主的冷遇：他的小部队在卡拉布里亚的阿斯普罗蒙特山脉被一支皮埃蒙特支队轻而易举地逼入绝境。1867年，另一次入侵教皇国的企图在门塔纳遭遇失败。1870年9月20日，拿破仑三世在塞登战役中击败了教皇的保护者，意大利军队才最终进入罗马，但北部和东部的许多意大利语地区仍在奥地利的控制之下。

统一后的意大利，情况并不乐观。在南方，1860年地主夺权引发动乱，到1862年已演变成大规模起义。前波旁王朝的支持者和激进分子试图利用冲突，但没有成功。这些冲突实际上是地主和农民之间旷日持久冲突的最后一搏。当局使用"抢劫"一词来掩盖骚乱的规模，但恢复秩序需要大规模军事干预，耗时三年多，付出的生命代价远超过独立战争。南部叛乱还导致地区自治计划流产，转而支持中央集权。1866年，这一制度在巴勒莫引发分裂叛乱，引起意大利北部精英阶层的广泛不满。

除了上述困难之外，这个新国家还背负着大量债务，来自1848—1849年和1859年的战争、1860年在南方的军事行动、随后的强制镇压，以及1866年的战争。对多数意大利人来说，统一意味着税收更高、信贷更紧。1866年，政府暂停了货币兑换，并通过批发拍卖前教堂和公共土地来增加新收入，地主财富陡增。同时，1861年，皮埃蒙特自由贸易关税扩展到王国的其他地区，许多产业崩溃，失业率高升，南方尤其明显。

最初几年的困境严重侵犯了自由主义者为之奋斗的公民自由、言论自由和结社自由，新意大利遭受严厉批评。马志尼、加里波第和其他民主党人谴责加富尔及其继任者背叛了理想，而历届政府都把激进分子和民族主义者视为新政权的敌人。而激进派也未能提出有效的替代方案，来取代加富尔和皮埃蒙特君主政体。许多人追随弗朗西斯科·克里斯皮的脚步。他在1864年公开宣布放弃共和主义，理由是尽管少数人逐渐走向无政府主义和武装叛乱，但"君主制将我们团结在一起，而共和将永远分裂我们"。

新共和国也成为保守派，尤其是教会猛烈抨击的目标。皮埃蒙特教会与新国家之间的裂痕，在19世纪50年代皮埃蒙特世俗化的冲突中有所展露，从1860年皮埃蒙特军队入侵教皇国那一刻起变得不可逆转。庇护九世否认新国家的合法性，禁止天主教徒担任公职或参与投票，并将教皇职位与推翻当权君主的事业联系在一起。庇护九世颁布《谬说要录》，确立"教皇无谬"原则，对新国家进行攻击，坚决讨伐各种形式的自由主义，意大利主教和神职人员在神坛上一再重申这一点。与教会的分裂尽管具有破坏性，但也加强了新政权的世俗化使命，吸引了颇多少数教派，尤其是新教徒和犹太人。

　　新国家中相对年轻且缺乏经验的掌权阶层受到来自左右两翼的攻击，但这既不令人意外，也不罕见。有输有赢的事实表明，统一带来了政治革命，建立起国家与社会之间的新关系。19世纪50年代在皮埃蒙特首次敲定的宪法方案，将有产阶级的利益与国家利益更紧密结合，最终消除了意大利政治不稳定的因素。正因如此，尽管新政治阶层面临种种困难，尽管加富尔1861年失势，加富尔的经济、体制和政治自由方案依然在整个意大利推广开来。

　　19世纪中叶的意大利与其他欧洲国家不同的是，资产、财富和教育仍然集中在1861年获得投票权的2%的意大利人手中。尽管更多的人参与到城市和地方政府选举中，但牧师在农村影响深远，教会对新政权依旧排斥，公民选举权的扩大受到限制。再加上意大利经济疲软、内部融合不足、国际地位脆弱、新政治阶层相对狭隘，国家建设非常困难，尤其是统一进程消灭了共同敌人。但这并没有减弱国家建设的进程，确保国内相对稳定和独立的政治体系得以建立，自由革命为意大利提供了有效新资源，足以应对痛苦又备受争议的经济、社会和文化变革的持续挑战。

第八章
19世纪的意大利文化

乔纳森·基茨

拿破仑时代

在描述19世纪初期意大利的小说《帕尔梅之夏》的开头，司汤达回忆起拿破仑军队1796年入侵伦巴第时所带来的幸福和快乐。虽然作家把入侵描述为两个命中注定的伙伴之间的欢乐耦合，映射出作家的意大利情怀，但他精明地捕捉到法国思想对意大利文化的浸染，巧妙而隐晦地嘲讽了想要融入拿破仑帝国的意大利人。

法国人掠走了相当数量的艺术作品，包括拉斐尔、提香和其他文艺复兴时期大师的重要画作，其中一些自此留在法国，但法国人对意大利各城市建筑风格产生的影响整体来说是有益的，在某些情况下，其美学意义至关重要。例如，在威尼斯的圣马可大教堂，虽然四座古老的青铜马在1797年作为战利品运往巴黎，但由朱塞佩·索利在1810年设计的教堂前广场拿破仑翼大楼的意义非凡。翼大楼连接新旧行政大楼，取代拆除的圣吉米尼亚诺教堂，与整个圣马可广场的西式景观浑然一体。

在这一时期，新意大利王国的首都米兰受到法国文化的影响最为明显，时任米兰总督的是拿破仑的继子欧仁·博阿尔内。虽然18世纪晚期在奥地利统治下，米兰文化因其文学和新闻的开明传统而独树一帜，但不可避免地受到波拿巴审查制度和政府功利主义教育理念的制约，总督的法庭并非没有它的复杂性，尤金本人也制订了雄心勃勃的计划，意图重新布局中央城区。但实际只执行了一小部分，诸如波拿巴广场，相邻的体育竞技场和白色大理石和平门，以及曾被耶稣会大学占据的布雷拉美术馆，增强了米兰的大都市韵味。

19世纪意大利文化生活的象征意义同样体现在米兰作为国家出版中心的发展中，直到今天，米兰依然保持意大利出版中心的位置。总督府积极提供补贴，资助与帝国政府政策相关的科学和技术出版物的印刷和发行，即便没有这些支持，米兰出版商仍是意大利作家的心之所向。在拿破仑占领期间，意大利法国经济学委员会批量发行过去几个世纪意大利文学和历史著作，通过精选的主题和语言的纯粹，传播知识，推动托斯卡纳语的使用，形成对第一次意大利民族主义运动的有力补充。

托斯卡纳语作为意大利作家但丁、彼特拉克和薄伽丘的继承者所用的语言，在接下来的20年里，在米兰文学辩论中发挥了重要作用。伦巴第首府迅速吸引了来自意大利各地的年轻诗人、评论家和剧作家，他们的领袖是温森佐·蒙蒂。蒙蒂尽管政治立场摇摆不定，但在艺术上颇具影响力。蒙蒂是名副其实的两面派作家，早年在罗马，因歌颂1793年法国革命专员尼古拉斯·乌贡·德·巴斯维尔被一群暴民谋杀而出名。1797年，他抵达米兰，赢得了新军事政府的欢心并吸引到拿破仑的注意。三年后，他在马伦戈战役中以一首振奋人心的颂歌《为了意大利的解放》颂扬拿破仑的胜利。1814年，蒙蒂接连失去多个官职，包括帕维亚大学教授、总督授予的桂冠诗人和历史学家等，转而讨好在米兰恢复统治的奥地利人，晚年恢复尊严，远离政治，致力于语言学研究。

蒙蒂的职业生涯颇具启发性，我们将其机会主义形象与另一位米兰当代诗人乌戈·福斯科洛永不妥协的生活形象进行对比，蒙蒂顿时黯然失色。福斯科洛出身于威尼斯贵族家庭，跟随父亲长大。他出生在洛尼安的扎金索斯岛上，母亲是希腊人。这一双重身份在他那些支离破碎却又引人入胜的文学作品中可以窥见一二。一个浪漫主义的原型，他在法国军队中度过了一段相当长的职业生涯，与伦巴第贵族妇女有诸多风流韵事，1815年逃到瑞士，晚年在英格兰过着长期贫困的流亡生活。他无畏地接受蒙蒂刻意避免的道德挑战。

福斯科洛作为诗人被后人铭记，他的评论在伦敦文坛赢得赞赏，他的书信体小说《雅科波·奥尔蒂斯的最后书简》也同样影响深远，甚至为他赢得国际声誉。仰仗于诗作《墓地哀思》，他被列入现代意大利学校研究的作家之列。1807年，也就是拿破仑"禁止教会埋葬或建造墓碑"法令发布的第二年，该诗在布雷西亚出版。正如《雅科波·奥尔蒂斯的最后书简》中所写到的，正是这种毫不妥协的个人风格成就了作者的伟大。不管福斯科洛本人看起来多么顽固好斗，他的艺术完整性使他成为意大利新一代作家的楷模。

福斯科洛没有完全抵制波拿巴独裁政权，而是保持适度的热情。在意大利其他地方，艺术家对法国入侵和占领的反应更加热烈和不加批判，画家、雕塑家和雕刻家将第一任领事和皇帝塑造为天才、造物主和勇士，至少视觉艺术领域的一位主要人物注定要为偶像塑造作出重大贡献。雕塑家安东尼奥·卡诺瓦与拿破仑本人及整个波拿巴家族的关系，更多的是一种成功合作的性质，而不是创造者与赞助人之间传统的相互依赖关系。在18世纪后期由欧洲鉴赏家、古文物家和美学作家激发的新古典主义精神，热衷于寻求古董雕塑中的灵魂，在威尼斯和罗马创作的早期作品确立了卡诺瓦在新古典主义精品艺术世界中最雄辩阐释者的地位。因此，拿破仑邀请他到巴黎去雕刻一尊官方半身像。若干年后，他又为拿破仑雕刻了一尊巨大的全身雕像，皇帝被赋予了裸体的奥林匹斯神的形象。这尊半身像因为更容易制作，成为最受欢迎的帝王雕像之一。据估计，卡拉拉大理石采石场——拿破仑妹妹伊利莎·巴基奥奇领地的一部分——每年复制的雕像数量为500尊。

然而，卡诺瓦并没有在1815年随着拿破仑一起垮台，而是在此后获得了自己的英雄地位，不论是作为国际知名艺术家，还是作为战后恢复意大利被掠夺艺术品行动的主要代理人，访问其罗马工作室都成为尊贵的外国宾客的必做之事。即使他的几个年轻同辈把他归为未能与正统主义和平相处的人，他并没有与持不同政见者联盟，反而接受了教皇的爵位，并为哈布斯堡大公夫人设计了一座纪念墓碑。卡诺瓦对新古典主义的忠诚，符合他从一而终的性格特征，甚至他自己陵墓的建立，也就是在他的家乡威内托的波萨格诺建造的庄严圣殿，也能看出他专一的性格。

意大利音乐、诗歌和雕塑，在推动法国文化影响力，或者说在取悦波拿巴家族方面发挥了作用。18世纪晚期的两位主要作曲家乔瓦尼·派西洛和多梅尼科·西马罗萨因参与1799年的那不勒斯起义而受到迫害。派西洛虽然在返回首都后重获波旁王朝的青睐，还是在1802年前往巴黎，成为帝国教堂的音乐总监；而西马罗萨流亡到威尼斯，贫困致死，留下了未完成的歌剧《蒿》。在其他地方，音乐家们抓住了意大利波拿巴宫廷提供的各种机会来发展自己的事业，比如，伊利莎·巴基奥奇的门生、小提琴艺术家尼科罗·帕格尼尼和作曲家乔瓦尼·帕齐尼，都获得了早期的成功。到目前为止，一个世纪前开始在意大利半岛流行起来的歌剧，几乎征服了所有意大利人民，而帕格尼尼作为纯粹的器乐演奏者，之后在欧洲其他地方赢得了更高的声誉。

歌剧：罗西尼时代

歌剧院在19世纪意大利文化生活中的作用再怎么强调也不为过。在拿破仑战争结束到意大利统一的半个世纪里，意大利的剧院数量翻了一番，甚至可能是三倍。即便像皮恩扎的威内托自由堡、巴尼亚卡瓦洛和蒙特法尔科这样的小镇也见证了这些特色马蹄形空间的创造，分层包厢的天花板上绘有寓言壁画，下方装饰着镀金工艺品，舞台拱门的下拉窗帘上绘有当地历史上的重要事件。

这些剧院的表演季节仅限于秋季和冬季的几个月，或者只有几周。在许多情况下，相比于四处透风的宫殿里依靠火炉或火盆取暖的客厅，拥挤的包厢更温暖、舒适，适宜社交活动。在外国游客看来，意大利观众吵嚷而且不专心，不考虑歌手的感受，随意评论表演，但特定乐谱的主要部分无论如何还是听得见的。作曲家的声誉越高，他的作品就越受到尊重。威尔第的重要性得到充分验证。例如，他的《游吟诗人》1853年在罗马阿波罗剧院首演时，观众在观看演唱时鸦雀无声，只有在每一幕结束时才报以热烈掌声。

只有少数较大的剧院，特别是米兰的斯卡拉大剧院、那不勒斯的圣卡洛剧院和威尼斯凤凰剧院经常有新作品演出，但像佛罗伦萨的拉裴格拉等较低级别的剧院也经常能够在剧院经理的帮助下演出新歌剧。艺术经理负责聘请歌手、指挥、编剧和作曲家。19世纪意大利许多著名歌剧的经典台词都是从这种特定的环境中创作出来的。整个歌剧媒体试图迎合观众的迫切需求，观众喜欢猎奇，但大多对音乐其他方面的发展不感兴趣，关注声乐个性而不是主题创意，把歌剧院看作强调地位、政治和社会关系的地方。

歌剧是当时意大利的主要文化输出，在那个所谓的美声时代，所有主要作曲家都在国外度过相当长一段时间。对于吉亚奇诺·罗西尼而言，海外经历既释放了也最终毁灭了他的天赋。1813年，《唐克雷蒂》等英雄主义戏剧在威尼斯获得了巨大的成功与赞誉。随着其无可比拟的喜剧天赋的迅速发展，这一成就得到了巩固，同年《塞维利亚的理发师》尽管首演表现平平，之后却取得成功。25岁时，罗西尼开始为那不勒斯的圣卡洛剧院创作一系列杰出的严肃作品。那时，他已经成为公认的天才作曲家，与他那个时代的气氛惊人地吻合。他对原创组合乐器的声音异常敏感，成为19世纪最具启发性的管弦乐作曲家之一，他对个别场景的精心构造对整个欧洲歌剧形式影响深远，得到来自同时代但创作风格不同的音乐家贝多芬、舒伯特和瓦格纳的认可。1829年，罗西尼的最后一部歌剧《威廉·退尔》创作完成，之后他在巴黎安度晚年。瓦格纳是拜访晚年罗西尼的几个作曲家之一。根据弗里德里希·席勒的一部德国戏剧创作的法国歌剧剧本，讲述了瑞士英雄从奥地利人手中为解放他的国家所做的斗争，歌剧首演就配备了优秀的管弦乐队和一流的演员。尽管它的长度让巴黎观众感到不满，但《威廉·退尔》是19世纪歌剧发展史上的里程碑，为罗西尼的作曲家职业生涯画上了圆满的句号。

浪漫主义

罗西尼一生对意大利的政治动荡几乎漠不关心（他最后一部歌剧的革命主题除外），也完全无视他的作品所推动的意大利浪漫主义运动的发展。1815年拿破仑倒台后的10年里，什么是浪漫主义，什么不是浪漫主义，以及对支持浪漫主义立场所固有的政治合理性的争论，主导了意大利文化。米兰再次成为人们关注的焦点，部分原因在于其是穿越阿尔卑斯山国际游客路线上的第一个主要停靠点，还在于它离瑞士很近。在那里，流亡在外的德斯泰尔夫人曾在她内瓦湖的别墅里为来访的意大利人讲授德国和英国浪漫主义。在一些年轻的米兰文人中，或许还有强烈的感觉，他们只是延续了上一代人，比如帕里尼、贝卡里亚和维利兄弟等建立的辩论的传统，他们的父母和祖父母曾与他们友好相处。

偶尔出现的有影响力的外国人，例如《爱丁堡评论》的创始人亨利·布鲁厄姆、1817年因臭名昭著的离婚而开始自我放逐来到米兰的拜伦勋爵。浪漫主义的热情鼓舞了许多当时居住在米兰的最有前途的年轻诗人、评论家和记者。虽然乔瓦尼·白尔谢在他的《格利佐斯托莫致儿子半庄半谐的信》（1816年）中宣扬了诗意的民粹主义，谴责新古典主义在本质上扼杀了最初的灵感，彼得罗·博西埃里在同年出版的《白天的文学冒险》中，敦促他的同胞们将注意力转向其他国家的当代文学，强调德斯泰尔夫人提出的建议，即意大利人不要过于执着于枯燥的古典文学，而应翻译外国作品。在意大利早期浪漫主义拥护者中，最具影响力的是德斯泰尔夫人的朋友——年轻的皮埃蒙特贵族卢德维科·迪·布雷梅，他强化了白尔谢和博西埃里的观点，在《谈一些意大利文学判断的不公正》（1816年）中支持现代国际主义艺术风格。他之前做过赞助人、主办者，经常为文人主办宴会（包括拜伦，为其安排蒙蒂、佩利科和司汤达出席的晚宴），他在《大评论》（1817年，一本用法语写成，并在日内瓦出版的知识分子自传）中回顾现代意大利的文化背景，其中最有争议的一句话就是"我爱我的国家……不比生命多也不比生命少"（J'aime mon pays...ni plus ni moins que la vie）。

重新掌权的哈布斯堡政府控制着奥地利伦巴第省首府米兰，对不同政见和批评更加包容，不可避免地，意大利浪漫主义从一开始就应该与之和平相处。该政权宽容的终极考验来自1818年出版的第一期《调解人》，这是一份以当时英国文学期刊模式撰写的评论，由迪·布雷梅开创，白尔谢、博西埃里、评论家爱马仕·维斯康蒂以及诗人和戏剧家西尔维奥·佩利科亲情加盟。虽然这一期刊在1819年因帝国监察员的干预而被迫中止，但《调解人》作为自由主义舆论载体的短暂存在，为不同政治背景的意大利人树立了一面旗帜。两年后，大多数主要撰稿人都支持皮埃蒙特烧炭党起义，这绝非偶然。米兰政府在1821年采取严厉措施来处置所有可疑的持不同政见者，导致一波逮捕、监禁和流放浪潮，包括佩利科和白尔谢，连同米兰年轻贵族克里斯蒂娜·特里沃尔佐·迪比利奥里奥索公主，其在巴黎（最终定居在那里）的沙龙，在随后的几十年里成为意大利外籍人士的重要论坛。

在这里也许值得一提的是，由于涉嫌与烧炭党牵连，自1816年以来一直生活在米兰并热烈支持新浪漫主义的司汤达被迫回到他的家乡法国，在那里他做了很多工作，推动远离传统经典文学模式的运动。意大利革命者流亡至伦敦、巴黎和纽约等城市，得以宣传民族文化，以此推动国家统一。比较知名的意大利逃亡者，诸如批判主义作家朱塞佩·马志尼，或者大英博物馆圆顶阅览室的创造者安东尼奥·帕尼兹，有效提升了意大利文学遗产的知名度，同样惠及意大利的外国游客，18世纪在半岛各个城市发展起来的外籍殖民地也不断扩张。例如，罗马成为艺术家最喜欢的地方，尤其是法国人，他们在美第奇庄园学院每年为画家和音乐家颁发意大利研究奖项。佛罗伦萨是多种文化旅游聚集地，见证了整个世纪艺术史一场重要的、渐进的革命，这是机遇中世纪和文艺复兴早期托斯卡纳文明的发展，其中包括乔托、马萨乔和弗拉·安杰利科这样的关键人物。主要由北欧历史学家、评论家和鉴赏家开创，对佛罗伦萨及其周边地区的现代旅游经济产生了显著影响。

尽管托斯卡纳的精美绘画传统到19世纪或多或少已经消亡，但重建后的哈布斯堡-洛林王朝资助了整个公国的许多优秀建筑师。来自锡耶纳的阿戈斯蒂诺·凡塔斯缇茨和加建佛罗伦萨皮蒂公爵宫的帕斯奎尔·波恰尼，在托斯卡纳景观的背景下营造出朴素优雅和线性和谐，建筑设计更符合当地风格，对托斯卡纳中心的其他公共建筑，如里窝那、阿雷佐和普拉托，也有一定的影响。与此同时，在雕塑领域，佛罗伦萨见证了洛伦佐·巴托里尼的成功。洛伦佐·巴托里尼是更加温和的守旧版卡诺瓦，于1820年被任命为卡拉拉学院负责人。他在佛罗伦萨教堂的大理石纪念碑，尤其是在圣十字教堂和新圣母玛利亚教堂，总是以完美无瑕的造型展现，代表了巴托里尼继承的国际新古典主义与对他周围所反映的文艺复兴风格之间的完美融合。

19世纪20—30年代，在大公相对温和的统治下，佛罗伦萨重拾国际大都市的韵味，至少在一定程度上代替米兰，成为自由主义的中心。当地著名人物有吉安·皮耶罗·维约瑟索斯，一位带有瑞士血统的利古里亚人。他的书店、印刷室和阅览室——著名的维约瑟索斯科学与文学图书馆，以及以此为基础扩建的至今仍在使用的图书馆——是圣三一广场的重要建筑。1821年维约瑟索斯创立了《选集》，被视为《调解人》的有效传承。该杂志尽管谨慎避免任何明显的政治联盟，却汇集了当代意大利最好的作品和学者。伦巴第文学评论家朱塞佩·蒙塔尼再次提出福斯科洛和蒙蒂在过去十年始终倡导的统一民族语言问题。

莱奥帕尔迪和曼佐尼

19世纪20年代，在经常光顾维约瑟索斯阅览室的人当中，有一个看上去很虚弱的马凯年轻贵族。他来到佛罗伦萨也许是为了身体健康，但主要是想逃离他早年生活过的地方小镇雷康那蒂令人窒息的地方主义。在意大利文学史上，贾科莫·莱奥帕尔迪的童年和青春期已成为不快乐和压抑的代名词，主要是由于他根据童年经历创作的诗歌所释放出的强大魔力。其中主要人物为一位迂腐但反动的父亲、一位超级没有爱心的母亲，以及他们失明残障的儿子，他的生活集中在他家族宅邸的图书馆里，呈现出近乎传奇的色彩，但莱奥帕尔迪世界观中与生俱来的宿命论，毫无疑问源于这种阴郁、无望、偏僻的氛围。

莱奥帕尔迪眼中的世界是一个战场，一方是人类愿望与幻想，一方是无情的现实世界。可能是受到19世纪20年代意大利爱国主义者觉醒的影响，在他充满哲学思想和讽刺口吻的随笔和散文背后，你能强烈地感觉到期望进步的启蒙运动所固有的虚荣。这种凄凉的空洞与冷酷无情的现实相结合，构成人与自然永恒的斗争。

莱奥帕尔迪的成年生活更是强化了这一想法，他的健康状况一直不佳，个人和职业关系也不尽如人意，这让他深受困扰。创作出了一系列的诗歌，《扫把》《致月亮》《回忆录》《致席尔维娅》等，用鲜明崇高的语言讲述他精神湮灭的空虚感，没有任何基督教救赎的承诺来缓解。从纯手法的角度来看，这些作品形式多样，无论是自由流淌的颂歌，还是严格模式的诗节，都完善了早期诗人，如蒙蒂和福斯科洛的风格成就，致力于更强硬、少学究地使用文学语言。莱奥帕尔迪本人在1821年之前就已经达到米兰评论家对新诗和原创诗的预期。然而令人匪夷所思的是，他对意大利诗歌的影响比较有限。即使在今天，莱奥帕尔迪式浪漫朦胧的心境仍然广为意大利诗人引用。

托斯卡纳作为文学媒介的首要地位并不是由莱奥帕尔迪一个人决定的。1825年至1827年间，亚历山德罗·曼佐尼发行了小说《约婚夫妇》的第一版，故事背景设定在17世纪西班牙统治下的米兰。他本人是米兰贵族，是恺撒·贝卡里亚的孙子，因此在理论上继承了《调解人》集团的自由主义传统。然而，在气质上，他与他们保持着一定距离，与其说是出于审美上的考虑，不如说是由于他对基督教精神的狂热，这是由于他的妻子亨丽埃特·布隆德尔（原为新教徒）皈依天主教之后信仰发生的变化。他于1808年与她结婚。他早期的《圣歌》和两部悲剧——《卡马尼奥拉伯爵》和《阿德尔齐》（死后出版）虽然带有浪漫主义情怀，宣扬了意大利的爱国主义，但更值得注意的是他们的基督教道德观，宣扬宗教是世间逆境和失望的唯一解药。

曼佐尼相信，现代意大利语应该吸收佛罗伦萨方言，而不是米兰方言。他对小说文本进行大量的修改——用他自己的话说，就是"把这块破布浸在阿诺河中"（一次佛罗伦萨之行是至关重要的）——并于1840年以《约婚夫妇》的名字重新出版了这部小说。因此，这部作品的意义是三重的。在描写技巧方面具有令人印象深刻的诗意，它为意大利叙事作家提出了新的、灵活的散文形式；而其主题，这对恋人的爱情故事不断被历史塑造，使得人们越来越意识到，以前外国君主的压迫与现在奥地利人在整个意大利直接或间接地实行统治之间存在着相似之处。更重要的是，这本书在意大利读者和作家中建立了可行的文学模式。《约婚夫妇》绝不是第一部全国性小说，但它巧妙地运用了沃尔特·斯科特爵士早已风靡欧洲的小说形式，令曼佐尼获得了全世界的认可，确立了整个19世纪的意大利小说家的美学标准。

《约婚夫妇》第二版获得的赞赏，无疑与19世纪30年代意大利人对共同历史认同感的增强有关。继续讨论作为统一手段的语言问题，通过关注中世纪和文艺复兴时期获得了进一步的活力，在此期间，意大利领先的艺术家和诗人在抵制外国干涉的小国家中蓬勃发展。毫不奇怪，曼佐尼的小说激发了更多民族主义作家的类似作品。这些作品掀起一股自由主义热潮，在烧炭党溃退之后复苏，以浪漫主义手法，呼唤昔日伟大意大利的觉醒。

歌剧：多尼泽蒂和贝里尼时代

小说在19世纪的意大利远不像在其他国家那样流行。想要绕过奥地利、波旁或教皇的审查，隐晦类比当下政治现状，生动诠释历史，需要更可行的媒介，才能产生真正的影响。除了剧院建筑强制将观众进行社会分层，歌剧整体上算是一种"民主性"娱乐，的确是将过去和现在进行粗略类比的理想场所，具有革命精神的诗人经常为作曲家创作歌剧脚本，现实显得更加清晰可见。不奇怪的是，1860年意大利统一战争第一个阶段结束前，曾与朱塞佩·威尔第并肩作战的人当中，两人曾参与与1848年威尼斯起义的英雄事件，其中一人是著名的米兰自由派，他的妻子欢迎异见人士参加她的沙龙，而其他人始终抱有明显的民族主义情结。具有讽刺意味的是，无论是盖塔诺·多尼泽蒂还是让威尔第都相形见绌的领衔歌剧作曲家文森佐·贝里尼，都没有表现出明显的爱国主义情结。他们都非常满足于追随潮流，寻求大胆的历史情节剧作为音乐表达的载体，而不是效仿前人，重塑年代久远的古典神话题材。像贝里尼的杰作《诺尔玛》是19世纪最具影响力的歌剧之一，通过讲述罗马占领高卢，德鲁伊抵抗侵略者背景下两个女人爱上了一个不忠男人的故事，巧妙婉转地刻画出当代政治情绪。《清教徒》是贝里尼1835年在巴黎因为霍乱英年早逝前最后的作品，表面上看是对被当代的欧洲读者神圣化的斯科特小说无害的涉猎，其中一首二重唱《吹响号角》中"自由还是死亡"的信息很难不被意大利观众觉察。

贝里尼的毕生之作虽只有九部歌剧，这是由于他对潜在竞争对手病态的怨恨和更宏大的审美考量，传统上被视为意大利歌剧浪漫主义最纯粹的精髓。相比之下，多尼泽蒂不够严谨，却更为多产，他在《拉美莫尔的露契亚》、《露西亚·博尔吉亚》和《宠儿》等歌剧中，对标准场景形式进行重塑，增加令人信服的动机和戏剧性情节，征服国际观众。多尼泽蒂不但美声唱法流利，还创造了伟大的谐歌剧《爱之甘醇》和《多帕斯夸莱》，这种喜剧类型的歌剧，通过罗西尼，穿越到西马罗萨和莫扎特所在的18世纪。《多帕斯夸莱》创作于1843年，是多尼泽蒂在他三级梅毒影响精神错乱之前完成的最后作品之一，意大利音乐剧历史上最高产、最辉煌的人物以悲剧谢幕。

文学与复兴运动

浪漫主义创新性地用过去隐喻当代事件，通过当时斯卡拉大剧院最有成就的设计师亚历山德罗·桑库里科发展出的场景绘画技术，在舞台上得到了加强。此外，歌剧的戏剧性元素渗透到了一位19世纪早期意大利最好的画室画家的作品中，他漫长的一生跨越了拿破仑时代、复兴运动时期和19世纪80年代的新工业化时期。这位被马志尼描述为伟大的意大利理想主义者的弗朗西斯科·海耶兹，7岁时就开始了专业训练，当时他身处共和国时期威尼斯的废墟之中，这里是他的出生地，也是他在艺术创作中经常提及的地方。作为罗西尼和卡诺瓦的朋友，并被司汤达誉为冉冉升起的天才，海耶兹放弃了新古典主义，更多地受到米兰浪漫主义的启发，试图复原文艺复兴时期大师们的创作语言和风格。他同种风格且最出众的早期画作是由布雷西亚贵族保罗·托西奥在1826年委托其创作的《帕尔加人离开家园》。正如海耶兹后来承认的那样，主题关于希腊独立战争中发生的悲剧事件，显然是爱国主义，但情感上一点也不现代，本质上是贝里尼和西玛·达·科涅利亚诺时代的威尼斯祭坛画。

对于现代的情感来说，这些场景和微妙的色彩总是引人注目，比海耶兹同时代人对他伟大的杰出肖像研究更具有吸引力，其中几幅已经成为复兴运动时期图像的原型。作为肖像画家，他的技巧重新诠释了伦巴第-威尼斯传统，这一传统可以追溯到弗拉·加利奥里奥到丁托列托、提香，以及莫罗尼和萨沃尔多的布雷西亚学派。尽管海耶兹在处理服装和女性发型的细节上有种内在的性感，但他对待模特的方式基本上是简朴的，背景保持最简单，强调面部轮廓和表情的内在力量。在佛罗伦萨的阿利纳、罗马的安德森和斯皮斯等工作室忙于推广摄影新工艺的时代，他觉得有必要用一些权威的肖像来重申其艺术作品的至高无上地位，从老人曼佐尼的肖像——有尊严的参议员和隐士的结合，到像塞壬一样摆着姿势、与一尊古代女性半身像并置的克里斯蒂娜·比利奥里奥索。

　　意大利复兴运动所激起的强烈情感，在19世纪中叶的几十年里，影响到了意大利几乎所有的艺术领域。在他们的著作中，独立理论家如朱塞佩·马志尼、温琴佐·焦贝尔蒂和卡洛·卡特尼奥都继续在《调解人》和《选集》上发表文章，宣传民族复兴理念，引用中世纪和文艺复兴时期的观点，同时回应当代欧洲其他地方对所谓"意大利问题"的关切和质疑。尽管对这些人物政治范畴的讨论比艺术范畴更为合适，但他们都没有局限于当前历史发展分析。马志尼是一位颇有成就的文学评论家和音乐爱好者；焦贝尔蒂是皮埃蒙特国王的牧师，热衷于比较哲学；卡特尼奥在《米兰理工报》发表月度评论，抒发对天主教的极大热情。然而，每个人成就的核心仍是通过各种理想主义实现，这些理想主义既支配又反映了时代情绪，在爱国主义诗歌和歌曲中更加直接地被反映出来，如戈弗雷多·马梅利著名的《意大利之歌》，最终成为意大利国歌；路易吉·梅尔坎蒂尼选集中最受欢迎的《萨普里的拾穗者》中的诗句以1857年北方革命者在卡拉布里亚起义的失败为蓝图。

　　至少在当时看来，复兴运动兴起的崇高思想和反动审查效率压制了意大利讽刺文学的天才。伟大的米兰方言诗人卡洛·波塔，在拿破仑时代和哈布斯堡王朝复兴时期在同胞中造成虚荣和偏见的灾难，非凡多产的G. G. 贝利撰写2000首罗马方言十四行诗，采用现实主义手法，描绘19世纪20—30年代教皇首都的生活，然而二者都未能激起潜在的竞争对手或模仿者。在中世纪，托斯卡纳人朱塞佩·古斯蒂的名字脱颖而出，他的诗歌似乎更具有原创性，避开了标准的后莱奥帕尔迪式的庄严和浪漫的内省。古斯蒂，擅长自我批评，饱受病痛折磨，要求在他死后只能发表二十几个他称之为"诙谐曲"的乐章，尽管意大利主权受限，但他讽刺技巧精湛，娴熟应用到诸如《蒸汽断头台》、《王日志》和《蜗牛》等诗歌中，大部分作品在其有生之年被广泛传播到托斯卡纳以外的地方。他有着复兴运动作家中最尖锐颠覆性的声音，更像是20世纪东欧共产主义作家的政治幽默风格。

威尔第

　　古斯蒂最受欢迎的诗歌《圣人安布罗吉奥》，是令人难忘的讽刺作品，在这首诗歌中，艺术品的影响可以暂时模糊外国权威与其受害者之间的敌对分歧。这位诗人在米兰的教堂里聆听的音乐是朱塞佩·威尔第的歌剧《伦巴第人在第一次十字军中》（1843年），站在身旁的奥地利士兵分享着他的情感反应。意大利统一战争相关的所有艺术家中，威尔第始终是最接地气的，作为著名作曲家，有生之年就已硕果累累、声名显赫，后来他更多早期作品得到更多世人认可，名声更盛。这些早期作品完成于戏剧院学徒期间，也就是威尔第所说的画廊年间。

　　音乐界一直试图淡化威尔第与意大利复兴运动之间的关系，但只要看一眼他为歌剧创作挑选的材料，就会发现，这些人物要么与政治权威格格不入，要么被既定社会边缘化，而这个社会的规则要么存在道德缺陷，要么明显是邪恶的。他最受欢迎的三部歌剧《弄臣》、《游吟诗人》和《茶花女》的主人公分别是驼背、吉卜赛人和名妓，而他最后一部舞台剧，选择了莎士比亚笔下的暴君约翰·法斯塔夫爵士作为主角。他的几部歌剧场景都以民众起义为特色，至少《莱尼亚诺战役》直接源自1848—1849年罗马人反抗教皇统治的起义。然而，与古斯蒂诗歌中的叠句相比，更受爱国观众欢迎的是《埃尔纳尼》中"重新唤醒卡斯蒂利亚的狮子"（'Si ridesti il leon di Castiglia'）和《拿布果》中"飞吧！思想，乘着金色的翅膀！"（'Va pensiero sull'ali dorate'），后者成为非官方的意大利国歌，尤其是因其被见证米兰史卡拉歌剧院在二战毁灭后重新开放的民众所吟唱而闻名于世。

出身于埃米利亚富农之家的威尔第，对他的家乡有着强烈的情感，最终得以在帕尔马附近的圣亚加塔购买一座漂亮的庄园。也许是由于职业成功让他感到不安，性格上比较矜持和严厉。他晚期作品的成功，如《奥赛罗》、《法尔斯塔夫》和改编版《西蒙·波卡涅拉》，很大程度上归功于与作曲家阿里戈·博伊托富有成效的合作，但几乎从职业生涯的一开始，他就坚持剧本作者应该始终保持一致的风格。19世纪下半叶的其他意大利作曲家在艺术造诣上都不能与他相媲美，他的同胞，不论什么阶级和背景，都应该尊其为现代人所谓的"活着的国宝"。

威尔第为人低调，不愿公开露面，不愿别人为他撰写回忆录，也因此加入意大利人的行列，对几十年革命重大时刻的感受激励他记录下自己的经历。意大利复兴运动时期的自传文学尚未得到充分研究，但作品风格千差万别。西尔维奥·佩利科的《我的狱中生活》，对其在斯皮尔伯格摩拉维亚堡垒中被奥地利人监禁的经历进行深刻的精神剖析；政治家、小说家和外交官马西莫·达齐格里奥的《记忆》，与意大利各城邦走向统一、皮埃蒙特霸权的建立紧密相关。与这些作品有着鲜明对比的是路易吉·塞特布里尼的《纪念我的生活》，讲述了一位那不勒斯律师因为参加1848年反抗而被囚禁的故事，一系列政治迫害引发了威廉·尤尔特·格莱斯顿对那不勒斯王国的著名诅咒："违背上帝意愿建立的政府体系。"塞特布里尼的《纪念》诙谐幽默、细节生动、叙述充分，是19世纪意大利最具吸引力的散文作品之一。

与塞特布里尼的著作相对应的是意大利北部作家乔瓦尼·维斯孔蒂·维诺斯塔所著的《年轻人的回忆》（1847—1860年），这本书描绘了哈布斯堡王朝统治最后几年里米兰自由派和艺术界的全貌。1850年，维斯孔蒂的朋友卡洛·滕卡发起并创立文学艺术周刊《暮色》，由白尔谢、迪·布雷梅和其他米兰人开创的批判传统得到了有效更新，期刊严格限制评论时事时提及与奥地利有关的事情。政府的审查制度对这种无声的政治抗议完全不起作用。滕卡是威尔第红颜知己克拉拉·马斐主持的沙龙常客，对意大利艺术批评风格的改良产生了巨大影响，他的多才多艺（他本身就是小说家和诗人）以及公正严谨的评论风格广受赞扬。在他的指导下，《暮色》为意大利严肃杂志确定了基准，在19世纪后半叶被广泛效仿。

艺术界多位名人在复兴运动的武装冲突中殒命。伊波利托·涅埃沃于1861年在西西里岛执行军事任务期间于海上去世，年仅29岁，他生前成功尝试讽刺、悲剧和政治新闻等，创作出令人瞩目的短篇小说集，多以他的家乡弗留利为背景，描述了乔瓦尼·维尔加在西西里的乡村生活。他在1857—1858年仅用8个月的时间创作并完成了其主要作品《一个意大利人的自述》，这部小说的背景是威尼斯的沦陷和奥地利的崛起，它仅仅是对涅埃沃所处时代人物和困境的历史阐述。这部小说十分亲切易读。涅埃沃的离世是意大利文坛的巨大损失，在曼佐尼之后的一代，意大利损失了一位真正的原创作家。

在威尼斯还有一位像涅埃沃一样辛勤工作的画家伊波利托·卡菲，他与大家分享着炽热的爱国主义精神。卡菲是威尼斯风景画派画家中的最后一位，这些画家在威尼斯及其潟湖的绘画延续了18世纪卡纳莱托及其流派的传统。卡菲有着惊人的敏锐视觉，他选择在小画布上进行创作，用色彩鲜艳的小区域来个性化描述各种城市景观（他还创作了著名的佛罗伦萨和罗马图像）。科勒博物馆现在的铅笔和水彩画素描本，清晰地记录了1848年威尼斯被围困期间他在前线路障旁的生活。1866年，他作为海军志愿兵在利萨战役中被奥地利人用鱼雷击中，不幸牺牲。

建筑与艺术

在1815年至1860年期间，各意大利城邦的统治者大多出于经济考虑，鲜少改变或改善领地内主要城市的建筑特征和布局。奥地利似乎有意降低威尼斯的港口地位，加快其位于亚得里亚海的的里雅斯特的发展，威尼斯成为潜在受害者。原本计划将斯齐亚沃尼河畔打造成由酒店和政府大楼构成的综合建筑群，但方案未能付诸实施，尽管1846年该市建成公路和铁路堤道，与意大利本土贯通，但也没能恢复原有的商业繁荣。在其他地方，除了托斯卡纳大公国的哈布斯堡-洛林家族，尝试提升莱霍恩等城市的商业形象，铺设道路，并引进英国和法国工程师，打造铁路网核心，其他地方很少推出新城市建设项目。坐落在那不勒斯的保罗圣方济教堂，重建的圣卡洛教堂，通常被认为是在这个意大利建筑沉睡期兴建的，但两座教堂只有本身的魅力，并未激发其他的创意。

1860年新王国建立后，意大利的城市氛围发生了剧烈变化。在接下来的几十年里，许多城镇推倒城墙，修建林荫大道；在市中心，围绕着一个古老的中央广场的中世纪迷宫兴建新的广场和主干道。罗马无疑是无情的现代化建设最大的牺牲品，在1870年成为意大利首都后，失去了外国旅行者以前喜欢的那种半乡村半废墟的魅力。在庇护七世时期，罗马的确增加了一些重要建筑，比如波波罗广场和平西奥花园，它们都是朱塞佩·瓦拉迪耶的大作。该建筑师高度认可罗马特色，对恢复教皇和拿破仑政权时期的罗马建筑特色产生了重大影响。然而，在19世纪的最后三十年里，把罗马重塑为一个有抱负的欧洲大国首都显得更为必要。结果罗马成为不和谐的城市：一方面，引人注目的古董、文艺复兴、巴洛克风格和建筑，让人感受到罗马悠久的历史；另一方面，罗马新王国城市化建设带来浮夸的炫耀和郊区的单调乏味。而且，由于大量砍伐树木和花园，罗马的小气候发生了恶化。

并非所有19世纪晚期的意大利建筑都缺乏特色和典雅。米兰的维托里奥埃曼纽莱大酒店，萨尔索马吉奥和圣佩莱格里诺等温泉小镇的泵房、赌场和酒店，阿西西和佩鲁贾的火车站，都灵和诺瓦拉由阿莱西奥·安东内利设计的奇特但令人难忘的塔尖，都见证了建筑师们在新古典主义长期沉睡后，重新焕发出的想象力。就连新古典主义也在这一时期找到了灵感的重新诠释者——佛罗伦萨建筑师朱塞佩·波吉。他的主要项目，其中一些始建于佛罗伦萨短暂成为意大利首都时期（1862—1870年），包括柱廊式的贝卡里亚广场和米开朗基罗广场的全景布局，连接着科利大道，在阿诺河上方的花园、橄榄林和松林之间蜿蜒而出。

意大利迁都罗马，对佛罗伦萨来说未必不是件好事。人们开始重新审视但丁和乔托时代的中世纪意大利文化，学者们对文艺复兴时期的研究兴趣愈浓，佛罗伦萨成为外国游客眼中神圣的艺术之城。截至19世纪末，在贝洛斯瓜多、菲索莱和塞提尼亚诺的山上出现了主要由英国人、德国人和美国人构成的国际化社区，他们被美趣、美景和相对较低的生活成本吸引至此。与此同时，现代托斯卡纳绘画被"瘢痕画派"艺术家们发扬光大，这些艺术家通常与法国印象派联系在一起，但在很大程度上独立于他们，尽管他们对光线和色彩采用类似的想象手法。代表人物是乔瓦尼·法托里，他以相当正统的方式开启自己的历史画家生涯，从几个与当时的解放战争有关的精心构思的场景，转向对风景、农业生活或小群体人物与周围环境色调关系更具发人深思的处理。泰勒梅科·西诺里尼是另一位托斯卡纳派画家，对风俗画的冷静处理和对托斯卡纳乡村的深刻观察为他赢得声誉，记录法国、英格兰和苏格兰旅行的画作更是使他声名鹊起。他对异国场景从画家角度的冷静思考，与同时代法国的自由派克劳德·莫奈和卡米耶·毕沙罗不谋而合。在这个19世纪最占主导地位的意大利画派中，第三位主要人物是西尔维斯特罗·莱加，他将当代生活与风景中的元素完美结合，让人联想起文艺复兴时期的画作背景，这使他成为托斯卡纳团体里可能最具吸引力的人物。

19世纪末的文学与文化

如果说19世纪60年代和70年代瘢痕派画家形成一个显著的流派，那么同时期被称为"浪荡文学"的文学革命显然更是一场运动。它要求忠实的信徒打破旧习，抵制复兴运动文化中信奉的神灵。随着皮埃蒙特和伦巴第工业化进程加速，意大利北部资产阶级崛起在年轻作家和记者中引发不满，米兰再次成为他们的聚集点。Scapigliatura的字面意思是"不整洁"，但其更广泛的含义是对曼佐尼在《约婚夫妇》（浪荡文学运动最喜欢的攻击目标）中传达的虔诚和爱国主义既定价值观的大声蔑视，是对法国颓废文学和巴黎小说家中流行的自然主义和心理的强烈渴望，是在处理各种文学形式时故意采取的反奉从主义。

某些浪荡文学运动成员似乎是根据自我毁灭的固定模式来塑造自己的职业生涯的，著名诗人埃米利奥·布拉加和小说家伊吉尼奥·乌戈·塔切蒂，他们早早崭露头角，却因忧郁和堕落而枯萎。

多才多艺又长寿的博伊托兄弟，至少在最初的时候，心情也同样苦涩和厌世。阿里戈的诗意才华很快就被用到为威尔第创作的三部卓有成就的歌剧剧本中，而卡米洛，米兰布雷拉学院的建筑教授，凭借《战国妖姬》（1883年）在相对较新的意大利短篇小说中取得了非凡的成就。该书对无法无天的女性性行为的大胆刻画，在20世纪被卢奇诺·维斯康蒂用于电影创作。在浪荡文学运动所有的年轻声音中，最具原创性的是卡洛·多西的作品。他的原创性散文作品，其写作技巧被普鲁斯特和弗吉尼亚·伍尔夫等现代作家采用，但仍然没有得到意大利读者足够的重视和研究。

　　随着世纪接近尾声，新事物的热情有力塑造了意大利文化，越来越强烈地转向被宽松定义为"真实主义"的风格，法国的福楼拜、左拉、都德及其模仿者的小说、歌剧和戏剧中采用的方法，都在适应意大利的情境。在这个曾经的西西里王国所在地，而不是北方浪荡文学活动地区，这种对细节现实主义的表达，受到了欧洲对技术进步更广泛视角，以及黑格尔、马克思和达尔文理论的影响，找到了最重要的表达方式。长寿的那不勒斯人弗朗西斯科·德桑蒂斯对意大利主流评论界有着深远的影响，他的职业生涯始于对波旁王朝的反抗，认为意大利文学受到国外思想的熏陶，整体上不断进步。他的理论在两位天才西西里青年小说家路易吉·卡普阿纳和乔瓦尼·维尔加的作品中得到了很好体现。前者将他的第一部小说《贾辛塔》献给埃米尔·佐拉，之后又致力于创作虚构的历史故事，作品主角（主要是女性）通常受到社会和心理的限制，其中以《罗卡维迪纳侯爵》（1904年）最为著名，其对西西里乡村生活和刻板的中世纪封建主义下的现代礼仪和习俗进行了无情剖析。对于维尔加而言，西西里乡村为故事和小说提供了重要有效的背景，描绘了在岛上工作的农民与官僚剥削和腐败势力的斗争，这些势力被新意大利政府合法化，但实际上其是在过去的几个世纪中，在西西里岛各代统治者之下建立的永久控制结构。像《马拉沃利亚一家》（1881年）和《堂·杰苏阿多师傅》（1888年）这样的巨作从经济私利、家庭扩张以及贵族和资产阶级之间的旧恩怨等方面，对性格和动机的尖锐定义，引来了赞誉。维尔加不仅是具有福楼拜式文采天赋的散文作家，作为短篇小说作家，他同样享有盛誉，D. H. 劳伦斯等20世纪作家都采用了《乡村故事》和《田野生活》中紧凑小情节的表达方式。

维尔加的两个故事，《女人本色》和《乡村故事》，随后被改编成舞台剧。如果说本章到目前为止还没有提到意大利的非歌剧戏剧，那是因为这一时期的戏剧与其他艺术相比，实在是无足轻重。尽管曼佐尼、佩里科和尼埃沃等剧作家，以经典的法国模式创作出不错的诗歌悲剧，但几乎没有任何作品真能够与18世纪的哥尔多尼、戈齐和阿尔菲耶里的作品相媲美。威尼斯的演员经纪人贾辛托·加利纳和那不勒斯的真实主义流派萨尔瓦托·迪贾科莫坚持以各自的方言进行创作。

正统戏剧一直被歌剧所掩盖，二者经常共用舞台，而且戏剧大多采用歌剧的创作手法。事实上，在过去的一百年里，意大利在戏剧创作手法上几乎没有什么改善。没有一家全国性的话剧演出公司成立，只有在某些富有灵感和进取精神的导演的倡导下，剧院才能零星地发展出剧院风格和剧目体系。制作仍然是围绕着巡回演出的明星进行的，就像他们在19世纪后期所做的那样，当时意大利的舞台由两位伟大的女演员阿德莱德·里斯托里和埃莉奥诺拉·杜塞主导。

里斯托里以她对阿尔菲利、拉辛和莎士比亚的诠释而闻名，在国内外都享有盛誉。对查理·狄更斯、马修·阿诺德和维多利亚女王等知名角色的塑造证明了其是与瑞秋和莎拉·伯恩哈特同等级别的最好的国际悲剧女演员。杜塞，在其轰动一时的职业生涯中，包括与阿瑞戈·博伊托和诗人加布里埃尔·丹南齐奥广为人知的韵事，无论是在喜剧如卡洛·哥尔多尼的《女店主》中的角色，还是在易卜生和维尔加悲剧里的女主角，都通过她漫不经心的、自然的舞台风格，彻底改变了女演员的严肃角色。契诃夫和萧伯纳都承认她对各自戏剧概念的影响，她的表演对整个欧洲表演风格现代化作出了至关重要的贡献。

复兴运动时期没有赋予作家、艺术家和音乐家确定性，19世纪末的意大利文化似乎因缺乏焦点和方向而略显松散。人们很容易将这种模糊视为19世纪80—90年代困扰整个国家政治和社会动荡的明显后果，但两者之间的关系并没有那么简单。尽管像佩里泽·达·沃尔佩多《四分之一》这样著名的绘画作品有意回应新城市工人阶级的不满情绪，年轻的加布里埃尔·丹南齐奥在其19世纪90年代的"颓废"小说中所采取的立场，从道德或社会学角度对贵族主角完全是批判的。皮埃蒙特雕塑家梅达多·罗索是这一时期最具原创性的天才之一。起初，他似乎直接从巴黎、米兰和都灵的林荫大道的日常生活中获得灵感，这些大道激发他创作出更令人难以忘怀的形象。然而，他试图通过青铜或蜡制未完成的独特造型来体现每个人物内在的、流动的本质，这使得这些雕塑有别于其他领域艺术家热切希望展现的那种当代真实感。

矛盾的是，这个时代最孤独的声音来自最著名的诗人。1907年乔休·卡杜奇去世时，他已经成为一个国家代表、意大利非官方桂冠诗人；不论作为诗歌作家，还是散文家、编辑和评论家，他都遥不可及。他是否成功地让意大利人更加了解自己的历史遗产，还是仅仅最早吹响了法西斯主义最终会取得胜利的号角，都是值得商榷的。自1945年以来，其作品地位在意大利人心中急剧下跌。他的许多与历史直接相关的诗歌现在显得苍白无力，夸夸其谈。与他在托斯卡纳马雷玛孤独的童年有关，是更安静、更具反思性的卡杜奇缪斯强调了19世纪意大利灵魂的不和谐：一方面，意大利高调尝试在世界舞台上以新帝国主义力量塑造自己；另一方面是宁静的乡村中永恒不变的人类价值观。

年青一代的艺术家对于个人与社会政治动荡的关系，以及如何以正确方式去面对它，几乎没有像卡杜奇那样的不安。真实主义激发了新一代歌剧作曲家，他们深受被新近改革的意大利音乐学院强化的瓦格纳热情的影响。在皮埃特罗·马斯卡尼和鲁鲁吉罗·莱昂卡瓦洛的作品中，与美声歌剧相比，对性激情更为坦率的处理，在不那么高贵的社会背景下展开。在这些青年才子中，最有前途的是贾科莫·普契尼（1858—1924年），他遵循同样的路线。普契尼的灵感来源于1886年威尔第的《艾达》的一场演出，但他的风格受到了真实主义和瓦格纳的影响。截至19世纪末，他接连创作了《玛侬·雷斯考特》（1893年）、《波西米亚人》（1896年）和《托斯卡》（1900年）。年长的威尔第称赞他是意大利音乐之印的守护者。1901年威尔第去世，对19世纪意大利文化的研究似乎也应该暂告一段落了。这位88岁作曲家的去世震惊了整个国家，仿佛意大利的灵魂被割去了一部分。

第九章

1870—1915年的意大利：政治和社会

阿德里安·莱特尔顿

教会、国家和社会

1870年9月20日，意大利夺取罗马，新意大利摇摇欲坠的威信得以巩固，议会政府的权力也在无形中得到加强。维克托·伊曼纽尔二世曾想与法国结盟，与普鲁士作战，但平民内阁阻止了他。法国人撤离罗马，政府的政治路线得到维护，国王的阴谋企图得到遏制。另一方面，随着马志尼共和党追随者失去了他们最响亮的号召（"与罗马共存亡！"），君主制面临的威胁有所减弱。马志尼本人于1872年去世，他对自己苦心经营的新意大利深感失望。

然而从长远来看，夺取罗马也引发了诸多问题。新意大利王国和教皇和解的希望彻底破灭。1871年的《保障法》赋予教皇许多主权权力。派往梵蒂冈的使节享有完全的外交地位。但《保障法》并不具有条约的效力；它是意大利国家内部法律，可以修改或废除。对教皇来说，任何缺乏完整领土主权的行为都是不可接受的。庇护九世宣称基督和魔鬼之间不可能妥协，教皇的辩护者谴责意大利统一是反常和虚假的伪装。面对如此敌意，政府很难坚持加富尔"自由国家的自由教会"的理想。《保障法》是一项折中方案；它承认教会任命主教的自由，但允许政府批准他们的财产，在实践中保留了否决权。

1870年7月，梵蒂冈大公会宣布"教皇无谬"原则，教会内部的自由反对派被镇压。1871年，梵蒂冈禁止天主教徒在议会选举中投票。投票禁令实际上多被忽视，但影响之一是不可能在议会中组建天主教政党。教会把自己排除在国家政治之外，致力于征服公民社会。这只能通过平信徒的积极参与来实现。议会救助会成立于1874年，旨在协调当地天主教在教育和社会工作方面的举措。到19世纪80年代中期，一个密集的教区委员会网络覆盖了伦巴第和威内托，那里始终是现代社会和政治天主教的中心地带。施行强硬措施的目的是把天主教平信徒组织成独立的亚文化，以反对自由国家及其原则。但他们并没有代表所有活跃在政界的天主教徒。这种不参政的指示不适用于地方选举，包括罗马在内的许多重要城市开始由天主教和保守自由派组成的神职人员"温和派联盟"管理。天主教运动在南方的成功更为有限。主教们不赞成让平信徒独立，教区神职人员与当地地主精英关系紧密，不愿意代表农民采取社会行动，平信徒继续以更传统的形式表达虔诚——朝圣、游行，以及纪念守护神的节日。

与教会的冲突是自由统治阶级孤立感的根源。它助长了防御围攻心态的发展。没有神职人员的帮助，如何赢得群众的忠诚？如何维护社会的稳定？意大利60%的人口依赖农业，对于农民和农场工人来说，新意大利国家带来的好处有限，却增加了不少困难，包括征兵、高税收和地方政府对土地所有者的自由支配等方面，甚至基础教育支出也广受指责，因为大多数农民指望孩子在田间劳动。1871年，意大利只有31%的人口识字，在南部部分农村，这一比例低至5%。10年后，6岁至12岁的儿童中仍有43%没有上过学。在这种情况下，神职人员往往是了解更广阔世界的唯一信息来源。一位开明的右翼青年自由主义者西德尼·索尼诺写道，教会是农民的悲惨生活中唯一的理想之光。国家侵占教会土地和财产，使农民的处境更加恶化。在一些土壤肥沃的地区，水果或葡萄酒利润丰厚，少数富农从出售教会土地中获益。但对大多数人来说，所有权的改变意味着更苛刻的租赁条件和更难以获得的信贷。在意大利南部，市政府掠夺蒙蒂皮埃塔的资源（建立粮食银行是为了以低利率向农民发放贷款）。

农业和工业（1870—1896年）

诸多证据表明，1870—1900年，意大利农村的生活水平普遍恶化。平均而言，农民家庭收入的四分之三花在了食物上，还常常食不果腹。在意大利北部，主食是玉米粥（由玉米制成的玉米粉），维生素缺乏导致人们患有严重的糙皮病，甚至精神错乱和死亡。意大利南部没有这样的疾病，但在南部的许多地区，特别是沿海平原，疟疾盛行。森林砍伐，水土流失，以及随之带来的洪水使得疟疾比以前传播得更广。据估计，每年有200万人感染疟疾，而在南方，疟疾造成的死亡人数约占总死亡人数的四分之一。对南方和西西里岛社会状况的第一次认真调查揭示了普遍存在的苦难和剥削。19世纪70至80年代是发现"真正意大利"的年代，而现实往往令人深感沮丧。阿齐尼委员会在议会对农业进行的重大调查中表明，意大利大多数地区的农业技术落后，改善速度缓慢。然而，随着铁路建设和自由贸易促进了出口生产和专业化，一些地区确实出现了繁荣。西西里的阿普利亚葡萄酒生产商和橘子、柠檬种植户都从中获利。

即使是统一后最初几十年的小幅发展也受到了来自19世纪80年代农业危机的威胁，小麦和其他主要农产品价格下降，消费者从中受益，但随着土地所有者和农民的利润消失，失业率不断攀升。危机根源在于运费的降低，北美和阿根廷的农产品涌入欧洲市场，但这也促进了大规模移民。19世纪70年代以前，只有航海的利古里亚人大量移居美洲。在农业萧条的最初十年，北方，特别是威内托，许多人选择移民。大多数人只到法国、瑞士或德国这种距离近的地方。但是在1885年到1896年间，大量移民从北部地区来到美洲大陆，其中阿根廷和巴西是最受欢迎的目的地。

除了农民，大批意大利中产阶级同样在寻求财富。布宜诺斯艾利斯成为世界上意大利移民最多的城市之一。从意大利南部移民到美洲的人数增长更快：到19世纪90年代，所有越洋移民中有60%是南部人，而到了20世纪，这一比例上升到了70%。大多数南部移民去了美国。在移民中，男性人数大大超过女性，许多男性移民回国结婚或与他们留在意大利的家人团聚。移民给家庭的现金汇款是意大利经济的重要来源。加上旅游业收入，意大利得以弥补贸易逆差，购买工业化所需的原材料和机械。

19世纪80年代的危机摧毁了人们长期以来认为农业发展可能是未来繁荣关键的幻想。意大利第一届政府的首要任务之一是建设全国铁路网：1861年至1870年间，铁路长度几乎增加了两倍。但意大利工业基础薄弱，无法从铁路和铁路车辆的需求中获利。1876年以后，左派政府更加支持工业发展的需求。皮埃蒙特和伦巴第纺织业发达，但该国最大、最现代化的工业公司是由羊毛制造商亚历山德罗·罗西在威内托斯基奥创建的。罗西像管理一个小王国一样管理着斯基奥，负责从城市规划到教育和剧院的一切事物。作为虔诚的天主教徒，他批评自由主义对社会问题的漠不关心，同时他也是一位不知疲倦的关税保护说客。大萧条给罗西提供了与农业利益团体结盟的机会。精明的是，他支持意大利北部小麦和水稻种植者对进口产品征收高额关税的要求。贸易保护主义联盟的第三个成员是钢铁和重型工程行业的实业家，他们与棉、毛生产商和粮食生产商一道组成了贸易保护主义联盟。

在钢铁时代，意大利庞大的商船队面临着淘汰。主要集中在热那亚及其周边地区的船东和造船商成功向政府申请补贴，与政府签订协议，助其实现现代化。造船商最有力的论据是，造船业事关国防建设。他们找到了雄心勃勃的海军部长贝尼代托·布林，与其结盟。布林是一位杰出的海军工程师，他曾亲自负责1876年下水的铁甲战舰"杜利奥"号的创新性设计，就连英国人也对其大炮尺寸和船体厚度印象深刻。1884年布林第二次出任海军部长时，他着手一项建设计划，几乎将意大利舰队的规模扩大了一倍，到1890年，意大利已成为世界上第三大海军强国。据布林说，国家安全部门要求：船只和钢材都必须由意大利产生。布林在翁布里亚南部的特尼赞助了一家大型钢铁厂的建设。特尼公司远离海岸并缺乏足够的铁矿石供应，被选中是出于军事原因而不是经济原因，而该公司的生存仍然严重依赖于海军合同。海军工业只占有意大利全部工业生产的一小部分，但其政治影响力不可小觑。

1881年至1888年间，工业生产以每年4.6%的速度增长，但这种增长建立在不稳固的财政和政治基础之上。1887年实施保护主义关税，与法国的新商业条约谈判破裂。1880—1890年灾难性的关税战导致意大利对法国的出口减少了一半，受其影响最大的是南部的葡萄酒、橄榄油和水果生产商。南方农业最具活力的部门出现倒退，而低效低产的粮食生产受到关税的保护。即使是西西里以外的大地主也不热衷于这种保护，但他们比农民更容易适应新形势。短期内，关税也没有给工业带来预期收益。关税战争间接在1889年引发了重大的金融危机。外资撤离，房地产市场衰退，导致银行体系全面崩溃，1893年底，意大利两家主要商业银行——意大利信贷银行和兴业银行倒闭，金融危机愈演愈烈。工业受到信贷短缺和国家开支被迫削减的沉重打击，直到1896年生产一直停滞不前。正如我们看到的那样，银行业危机对政治体系的影响同样严重。

左翼掌权：从德普雷蒂斯到克里斯皮

1861年到1882年是意大利议会历史上唯一一段两党制盛行的时期。选举被视为左翼和右翼之间的较量，但实际上两党内部都存在严重分歧，尤其是地区分歧。右翼的主要弱点在南方，由北方人占多数的政府制定的中央集权和财政紧缩政策在南方始终不被接受。南方中产阶级抱怨在税收分配和公共开支分配方面受到歧视。在1874年的选举中，南方的惨败使右派的多数优势缩减到42席。1876年右翼倒台，当时一大批托斯卡纳州议员反水，他们财政实力雄厚，投票反对政府将整个铁路系统国有化的计划。此前，罗马拒绝就迁都问题赔偿佛罗伦萨，已然令他们震怒。因此，区域和金融利益集团的反对导致了右翼的倒台。左翼的胜利也是专业中产阶级对地主贵族的胜利。地主贵族往往鄙视积极的竞选活动，相信自己继承的影响力和社会声望，而新一代雄心勃勃的律师阶层将从政变成了第二职业。

1882年的选举改革将选票权赋予所有有识字能力的人，选民人数增加了两倍。但是议会左翼领导人阿戈斯蒂诺·德普雷蒂斯担心改革会给激进的共和党反对派带来太大影响。他没有利用改革巩固左翼的优势地位，而是选择与马尔科·明格蒂及温和的右翼结盟。这就是著名的转型的起源。当时普遍认为，各方之间过去的差别已经过时。然而，转型很快成为腐败妥协的同义词。之前，左翼和右翼都倾向于加强地方政治团体，并设法在国家一级协调。转型扭转了这一趋势。从此，多数派更多的是指政府层面，而不是政党层面。这一变化并没有像人们希望的那样带来一个强大团结的中心。多数派联盟是松散的地方团体和个人团体的集合体，由赞助人和德普雷蒂斯的调解技巧维系在一起。19世纪80年代见证了反议会论战的兴盛。大多数批评家来自旧右翼，他们的观点无疑受对自己失败的怨恨所影响。但他们的批评具有实质性内容，明格蒂和西尔维奥·斯帕文塔抨击党派对司法和行政进行干涉，年轻的西西里知识分子、精英理论的创始人乔瓦尼·莫斯卡，揭露了"大选民"小派系决定候选人的选择机制。然而，从日益增长的幻灭情绪中受益的并非右翼。对转型的反感使得顽固的左派领袖弗朗西斯科·克里斯皮在1887年接替了德普雷蒂斯。

西西里人克里斯皮与谨慎的德普雷蒂斯形成鲜明对比，他是雄辩、激情和加里波第爱国传统的化身。他给政府带来了新活力，他的第一届政府推出一系列改革方案，令人印象深刻。国家获得了管理公共卫生和慈善机构的新权力，对天主教慈善组织实施更严格的控制，既令社会改革者满意，也满足了反宗教人士的要求。国务委员会进行了改革，以制止行政滥用行为。为了配合1882年的全国普选改革，地方选民人数增加了一倍，市长首次由选举产生，而不是由政府提名。然而，与此同时，省长对地方行政的控制得到加强，而地方行政对内政部长的依赖也得到加强。基层民主得到加强的同时，中央集权也在逐步加强。进步的司法部长扎纳德利推出新刑法法案，废除死刑，减轻诸多刑罚，并确认了罢工权，但对协会的控制增强，警察拘留制度得到扩张，在一定程度上抵消了自由主义的创新。

尽管克里斯皮过去曾反对转型，但他的胜利并没能恢复两党制，而是强化了政府集团。1881年至1887年间，南方大力支持持不同政见的左翼反对派克里斯皮和乔瓦尼·尼考特拉；1887年以后，南方成为所有政府官员的金库，无论左翼还是右翼。南方代表们终于得到了政府的支持，他们充当中央政府和选民之间的调解人。对他们成功至关重要的是源源不断的资助。此外，内政部长（通常也是总理）还有其他说服手段。他可以通过警察和省长直接干预地方政治，调动政府官员和地方法官，制裁选举舞弊，甚至直接恐吓。不是选举产生政府，而是政府操纵选举。

在坎帕尼亚和西西里岛，政府候选人成功当选，往往得益于与卡莫拉或黑手党等犯罪团伙结盟。在那不勒斯，由于一场由社会党人主导的揭丑运动，卡莫拉对城市管理的影响在1900年后有所下降，黑手党的邪恶权力却完好无损。各国政府试图用正统的警察方法镇压西西里岛的土匪，但由于缺乏依赖黑手党保护的当地地主和知名人士的合作而没有成功。相反，左派政府开始接受黑手党，借以维持最低限度的社会秩序，同时获得选举支持。黑手党自己的非正式司法体系当然比国家的更有效，但代价也很高。战争前夕，西西里阿格里根托省的谋杀率是北方一些省份的30倍。作为保护地主的回报，黑手党作为承租人和中间人，拿走了大部分利润。他们继续大规模组织盗牛。黑手党对犯罪和社会秩序的态度本质上是矛盾的；他们是罪犯与警察、农民与地主之间的仲裁员，也是西西里人反对政府干涉的保护伞。

三国同盟和意大利殖民主义的开端

右翼政府出于平衡预算和巩固意大利国际合法性的需要，采取了谨慎的外交政策，不做有约束力的承诺，不结盟。第一届左翼政府沿袭了右翼的做法，但在1875年至1878年东部危机爆发后的动荡时期，奉行中立政策变得更加困难。公众舆论要求意大利分享其他强国获得的利益，与法国争夺在突尼斯的经济和政治影响力，促使法国政府在1881年建立了保护国。法国占领突尼斯所引起的震动把意大利推入俾斯麦的怀抱。当左翼势力觊觎特伦托和的里雅斯特未被承认的领土，并仍然视奥匈帝国为主要敌人时，翁贝托国王却极力促成了与两位皇帝弗朗西斯·约瑟夫和威廉一世缔结保守联盟。1882年5月签署的德国、奥匈帝国和意大利之间的协议，是转型政治策略在外交政策上的体现。它把温和的左翼从共和党人和视奥匈帝国为敌人的领土收复主义者中分离出来，孤立了法兰西共和国，巩固了君主制的威望，并为军队的扩张开辟了道路。在接下来的四年里，军事开支增加了40%。尽管议会可以控制国内政策，但三国同盟允许君主得以重申宪法赋予的在外交和军事事务上拥有的最终决定权。条约不必提交议会，三国同盟的条款仍然保密。

直到1881年，意大利政府一直认为殖民地是奢侈浪费，但在争夺非洲的时代，不可能将公众舆论与帝国主义狂热隔离开来。在突尼斯之后，获取殖民地似乎是平息民族主义情绪、确认意大利新强国地位的廉价方式。英国政府赞成意大利在东非建立殖民地作为对法国的制衡。1885年意大利占领了马萨瓦港。当地军事指挥部与埃塞俄比亚人发生了冲突，1887年1月，一支由500名意大利士兵组成的纵队在多加利被歼灭。这场灾难的影响可以与两年前戈登在喀土穆之死对英国的影响相提并论。大屠杀激起意大利强烈的爱国主义情绪，对克里斯皮上台起到决定性作用。多加利的重要性还在于，它让意大利人更加清楚地认识到国内腐败的议会政府在国外的怯懦无能。

克里斯皮放弃了共和主义，因为他开始相信君主制对意大利统一的不可或缺性。但他也知道，现有的君主制必须改革才能继续维持。他不得不放弃其独有的皮埃蒙特和贵族传统，成为真正的意大利平民。克里斯皮热心倡导培养大众对君主制的崇拜。正是他提议在万神殿埋葬维克托·伊曼纽尔·伊勒。1884年，他攻击德普雷蒂斯，因为后者在前往国王陵墓的大规模朝圣过程中设置了障碍。但在帝国主义时代，要在稳固的基础上建立君主威信，还需要做得更多：海外扩张和展示军事实力。

克里斯皮下定决心，意大利不应再当三国联盟中被动的次要伙伴。他加强了与德国的联系，并于1888年签署了一项军事公约，根据该公约，意大利承诺向莱茵河派遣五个军团，以防与法国和俄罗斯发生战争。克里斯皮与俾斯麦的友好关系、咄咄逼人的言辞，以及布林的海军建设计划，共同将意大利与法国的紧张关系提升到了危险高度，后果非常严重。除了关税战和法国金融市场对意大利贷款的关闭之外，利奥十三世与第三共和国之间的和解再次引发了人们对法国干涉罗马问题的担忧。同年，对意大利移民工人的排外情绪频频爆发，这激起了民众的反法情绪，在1893年的艾格斯-莫特斯暴乱中达到高潮，八名意大利人在暴乱中丧生。

金融危机、银行丑闻和克里斯皮倒台

意大利军费开支持续增长，政府遭受来自议会中左右两翼越来越多的批评。保守派斯特凡诺·贾西尼抨击克里斯皮"狂妄自大",而激进派抨击税收降低了民众的生活水平。尽管左翼信守承诺,废除了臭名昭著的面粉加工税,但消费税却大幅上涨。"无忧财政"导致了严重的预算赤字。金融问题最终导致克里斯皮在1891年下台。而后,标榜节俭的异见右翼领袖、西西里贵族迪·鲁迪尼成立了新政府。但鲁迪尼的经济计划因国王、战争部长和海军部长拒绝同意削减军费而失败。曾以金融专家著称的乔瓦尼·乔利蒂取代鲁迪尼,成为新总理,引起一片哗然。他的晋升得益于王室大臣、翁贝托国王的心腹谋士乌尔班·拉塔齐;乔利蒂,前官僚,是第一位没参加过复兴运动的总理,他也因此受到攻击,也有人指责他是宫廷阴谋的产物。在整个职业生涯中,他拒绝发表夸夸其谈的爱国言论,常被指责缺乏理想。还有人批评他在1892年选举中使用了特别强硬的手段来获得多数席位。但乔利蒂远非对手所描绘的是灰色官僚和腐败的操纵者。他深信必须减轻群众的痛苦和不满:抑制非生产性支出,减轻税收负担,对工人阶级和农民组织采取更加宽容的态度。然而,最后一项政策在当时看来太超前了。

　　1893年,在社会党领导下,西西里爆发了一场大规模的农民运动。到了秋天,出现焚毁税务机关等暴力行为,已经演变为彻底的革命。乔利蒂拒绝批准大规模镇压措施,使他在议会和宫廷失去支持。而后,他因为一些其他原因下台。银行体系的危机引发了意大利政治史上的大丑闻,仅次于一百年后的"贿赂之城"丑闻案。地区利益阻碍了央行统一发行货币,印刷钞票的权力由六家不同的银行共同享有。议会的一项调查揭示,其中罗马银行的货币发行量超过了法律允许的发行量近100%,而且其中一大笔钱被用来贿赂政客和记者。作为在任总理,乔利蒂首当其冲受到丑闻的影响。几乎可以肯定,他曾经利用该银行来获得支持,还把银行行长塔隆戈提拔到了参议院。但具有讽刺意味的是,

1893年12月重新掌权的克里斯皮，牵连更深，更不光彩。与个人诚信无可置疑的乔利蒂不同，克里斯皮直接接受罗马银行的钱来还债。

克里斯皮新政府在国内迅速采取行动，对外大胆冒进。他立即宣布西西里岛戒严，并派遣4万名士兵恢复秩序。他暗示，或许也相信，在这场剧变的背后有法国的阴谋，想要将西西里岛从意大利分割出去。公平地讲，克里斯皮不相信他能单靠镇压解决西西里的问题。

他试图推行一项重大的土地改革措施，以迫使大庄园的所有者授予农民长期租约。不出所料，改革遭到了地主的反对。1894年10月，克里斯皮解散社会党并逮捕了其代表。为了获得更易于管理的选民，他剥夺了80多万选民的选举权，几乎占选民总数的三分之一。1894年底，当关于他与罗马银行有牵连的真相浮出水面时，他下令众议院休会，并将其关闭了5个月，之后才进行新的选举。克里斯皮毫不掩饰自己的信念，即意大利的议会政府是不可能存在的，他几乎成功地将其简化为行政绝对统治的表象。然而，议会的反对无法压制，甚至内阁内部的异议也无法消除。他不得不寄希望于对外政策的成功。

克里斯皮上台时承诺要为多加利的耻辱复仇。1889年，与埃塞俄比亚新皇帝梅内利克签署了《乌切利条约》，意大利外交似乎取得了成功。意大利在1890年占领了更多领土，宣布厄立特里亚殖民地正式建立。意大利声称该条约在整个埃塞俄比亚建立了一个保护国，这一点在阿姆哈拉语版本中故意没有明确说明。梅内利克被欺骗激怒，于1893年拒绝签署该条约。面对外交上的失败，克里斯皮准备让军方放手。与此同时，保守党财政部长索尼诺坚持要求限制开支。其结果是，军队缺乏必要的兵力和资源来克服被严重低估的埃塞俄比亚帝国的反击。1896年3月1日，因进攻计划不周，埃塞俄比亚庞大军队在阿杜瓦附近摧毁了17 000人的意大利军队。这是迄今为止殖民者在非洲遭受的最严重损失。克里斯皮原以为国王会支持他，但面对街头的大规模示威和保守党参议院的强烈反对，翁贝托决定让他充当替罪羊。显然，君主制已经严重削弱，其作用和前景成为未来四年意大利政治的中心主题。

意大利第一次在非洲建立帝国的努力遭到挫败，因为当时国家财政危机严重，国家普遍贫困，无法大规模调动资源。同其他国家一样，殖民主义是解决实际问题的神话。殖民主义宣传的一个重要主题是殖民地可以吸收大量移民，这在南方具有相当大的吸引力。克里斯皮宣称，埃塞俄比亚将为"意大利众多人口提供出处，而意大利人口现在流向了其他文明国家……却没有留在祖国"。开明的保守派利奥波多·弗朗切蒂试图在厄立特里亚推进农民殖民，以帮助减轻土地危机的压力。但他的努力没有得到殖民当局的支持，彻底失败。在1890—1905年，有350万意大利人移居国外，截至1905年，厄立特里亚的意大利人口约为4000人，其中大多数是士兵及其家属。

社会主义的兴起

1871年马志尼对巴黎公社的谴责疏远了许多年轻知识分子。他们构成了意大利"第一国际"，奉行巴枯宁的无政府主义原则。巴枯宁在1865年至1867年间一直住在那不勒斯，他认为土匪盛行显示出意大利农民的革命潜力。然而，意大利的无政府主义者在唤醒农民方面并不比意大利复兴运动的先驱成功。相反，他们在城市工匠中取得了相当大的成功，特别是在罗马涅、马凯和托斯卡纳。他们的起义失败导致1878年后无政府主义的衰落，但无政府主义传统一直延续，这些地区始终是革命社会主义和颠覆运动的温床。

与此同时，工匠、工厂工人和部分农民通过互助会养成了组织的习惯，在温和的自由派和马志尼派推动下，他们秉承自助原则，缴纳最低限度的资金来支付葬礼和生病费用，组织夜校和阅览室。截至19世纪80年代，意大利工业化程度较高地区的互助会变得越发独立，开始不满资产阶级的庇护。与此同时，皮埃蒙特阿尔卑斯山谷比埃拉的羊毛工人爆发了长期罢工。这些工人中有许多人拥有小块土地，让自由派感到不安的是，这并没有使他们更加保守，反而提供了继续抵抗的资本。以上的发展及选举权的扩大，促进了"法律"社会主义和工会主义的传播。前无政府主义者安德里亚·科斯塔于1881年成立罗马涅革命社会党。尽管名字如此，但该党反对暴动，赞成法律解决途径。1882年，科斯塔成为第一个当选议会议员的社会党代表。在伦巴第，意大利工人党于1885年从激进分子手中脱离出来，该党排斥选举政治，倾向于通过工会和罢工等经济行为实现目标。它的纲领与英国工党颇为相似，但不同的是，它缺乏一个强大且成熟的工会运动支持。该党无法将其影响力扩大到伦巴第以外的地区，但由于农业萧条，它在深入农村方面取得了惊人的成功。1884—1885年，曼图亚省爆发了第一次农业工人大罢工。政府对这一突如其来的事态发展感到震惊，试图镇压工人党。

政府镇压产生了意想不到的结果。工人阶级领袖和富有同情心的中产阶级知识分子走在了一起，后者帮助工人阶级宣传事业，并在法庭上为其辩护。其中一位年轻的米兰律师菲利波·图拉蒂，带头组织了受社会主义纲领启发的全国性政党。意大利社会党的成立时间通常可以追溯到1892年的热那亚议会，尽管这个名字直到1895年才被采纳。面对"工党分子"和无政府主义者的反对，图拉蒂艰难地树立起权威。但是，科斯塔的加入使得新政党实力大增。改革派和革命者能够在新政党中共存，因为在理论上，改革只是走向革命的一步，而革命只有通过工人阶级意识的逐步觉醒才能实现。这是"第二国际"的正统观点，图拉蒂与资产阶级激进分子结盟，以对抗克里斯皮，捍卫自由的策略，得到了弗里德里希·恩格斯的权威认可。

尽管受到镇压，社会党在工业工人和无地劳工中的队伍迅速壮大。在1897年选举中，社会党选出17名代表：4名来自米兰、都灵和佛罗伦萨等大城市，9名来自波谷农村地区。尽管农民耕种的减少和雇佣劳工的增加已经削弱了教会在平原地区的势力，但社会党避免正面挑战宗教。雷吉奥埃米利亚镇的卡米洛·普兰波利尼等福音派社会党人，传达了这样一个信息：耶稣是第一位社会主义者，而现代教会背叛了他的教义。宣传者用寓言和福音书中的引语在村庄里传播社会主义信息。这与城市社会主义者的普遍态度形成了鲜明对比。共济会纲领和无政府主义传统的影响都有利于传播自由思想，散播对国教的敌意。

在19世纪90年代，社会党在知识分子和大学中赢得越来越多的支持。社会党领袖们面对迫害时表现出的坚强不屈的精神赢得人们的钦佩，在许多方面，他们似乎是复兴运动留下的民主遗产最勇敢的捍卫者。图拉蒂的进化社会主义和马克思主义一样遵循实证主义哲学。它呼吁人们相信通过科学和教育可以取得进步。社会主义也和妇女解放事业联系在一起。杰出的俄国流亡革命家安娜·库利西奥夫结束与安德里亚·科斯塔的感情后，成为图拉蒂的终身伴侣。在这两段感情中，她无疑受到主流革命思想的影响。她是最早争取进入医学界的女性之一，而且在米兰女性工人组织中表现活跃。然而，受到宗教的影响，大多数社会党人对争取妇女选举权的斗争感到紧张。事实上，出于同样的原因，社会党人甚至在争取男性普选权时也犹豫不决。这在日后成为严重的问题，但直到20世纪90年代，该党仍致力于争取基本的公民和政治自由。

"不参政"原则限制了天主教参与国家政治。但多年来天主教徒显然是群众组织领域的严重竞争者。利奥十三世关于社会问题的著名通谕《新纪元》（1891年），通过呼吁采取行动纠正资本主义不公正，给天主教运动带来了新思想。允许成立工会，但重点是促进阶级间的合作，而罢工行动则不被赞成。这降低了天主教运动对工业工人和带薪劳工的吸引力，但在满足农民需求方面，天主教运动比社会主义运动更为成功。它最明智的举措是通过农村银行提供廉价信贷；牧师对教区居民的了解对于避免不良风险必不可少，他们在社会控制中的作用也得到进一步加强。天主教亚文化在威内托和伦巴第北部根深蒂固，就像埃米利亚罗马涅的社会主义一样。

世纪末危机

阿杜瓦的失利，加上高税收和严重经济困境，民众积怨深厚。保守派开始怀疑君主政体能否与当下代议制政府并存。索尼诺率先呼吁"恢复法令"，恢复国王任命部长的实际权力。他认为，一个从议会中获得更大独立性的政府不仅能够维持秩序，更能够推动社会和经济改革。但他的提议未能使右翼团结起来。迪·鲁迪尼认为，这会产生让君主政体面对直接政治责任的风险。

出于恐惧，国王、宫廷党和保守党没有明确计划，而是跌跌撞撞地走上了威权主义道路。1898年粮食价格的急剧上涨在意大利各地引发骚乱。米兰工人在5月走上街头，国王和鲁迪尼政府惊慌失措，实施戒严。尽管示威者手无寸铁，但仍有100多人丧生，400多人受伤。军事指挥官巴瓦·贝卡里斯将军用大炮轰击卡普钦寺，误以为那是革命总部。国王翁贝托授予他特殊勋章。政府利用人们对革命的恐惧，为大规模镇压措施辩护。激进报纸被取缔，工会被镇压，社会主义领导人被逮捕，并被判处长期监禁。天主教社会运动也遇到类似遭遇。任何形式的民众组织都遭到质疑，迪·鲁迪尼本人深信，社会天主教是罗马教皇长期企图颠覆意大利政权的工具。

然而，对天主教徒的镇压导致内阁分裂，迫使迪·鲁迪尼辞职。国王借此机会选派名叫路易吉·佩洛克斯的将军领导新一届政府。佩洛克斯是一名参议员，与议会温和左翼关系紧密，他的任命最初被视为一种安抚姿态。但在1899年2月，他提出了一项新的立法来惩罚罢工、禁止集会和限制新闻自由。5月，国王授权他可以不经议会同意采取进一步镇压措施。尽管议会中社会党百般阻挠，乔利蒂和扎纳德利极力反对，政府还是决定举行选举。佩洛克斯成功赢得多数席位，但这要归功于政府在南方的影响力。在意大利其他地区，反对党赢得了超过半数的席位，社会党人的席位翻了一番，从16席增加到33席。这相当于道德失败，佩洛克斯于1900年7月辞职，翁贝托国王被无政府主义者盖塔诺·布雷西（一名来自新泽西州帕特森的移民工人）刺杀，报复他在1898年对工人运动的镇压。他的继任者维克托·伊曼纽尔三世从父亲的政治失败中吸取教训，开始尊重代议制政府。

意大利工业革命

金融业重组为意大利工业复兴创造了条件。乔利蒂在1893年创立意大利银行，结束了旧银行体系下的货币混乱局面。但作为对南方利益的让步，那不勒斯和西西里银行仍然保留了发行纸币的特权。1894年，德国资本在米兰成立商业银行，由德国人管理。它是第一个，也是最重要的德式混合银行，将存款业务与长短期信贷结合起来。在为工业筹集资金方面，它们比之前的银行成功得多，而且有助于在意大利传播企业经营和管理技能。

1896年，世界范围的大萧条结束，意大利工业获得了实现突破性持续增长所需的刺激。1896年至1913年，意大利人均产值增长率领跑欧洲主要国家，工业年增长率约为5%，农业年增长率超过2%。新一代企业家抓住了"第二次工业革命"技术创新带来的机遇，他们中的许多人在米兰和都灵的理工学院接受过工程师培训。水力发电工业的发展尤为重要，因为它使意大利摆脱了对进口煤炭能源的完全依赖。在这一资本密集型产业的发展中，混合银行的作用是决定性的，作为工业中心，都灵一直落后于米兰，但在新汽车产业发展中却独占鳌头。与其他工业产品不同，汽车让人联想到速度和运动；著名的菲亚特公司是由一群年轻贵族和前骑兵军官创办的。其中一位名叫乔瓦尼·阿涅利的成了意大利最著名的企业家。1912年，阿涅利访问美国，引进福特流水生产线，生产更便宜的"实用"汽车。作为潜艇发动机和飞机的生产商，菲亚特完全能够满足战争与和平的需求。老牌企业倍耐力橡胶公司成为意大利第一家跨国企业，得益于汽车工业扩张，在轮胎制造业中确立了主导地位。意大利工业界另一个家喻户晓的人物卡米洛·奥利维蒂于1911年生产出第一批打字机。

米兰带领意大利城市进入大众消费和大众传媒的世界。它拥有最早的现代百货公司和最早的现代报纸；到1913年，《晚邮报》的发行量达到35万份，其周刊《周日信使报》的发行量达到150万份。到1910年，大约有500家电影院开张，仅在米兰就有40家，战前意大利电影制片人正在向美国输出像《卡比里亚》这样壮观的史诗。但故事还有另一面。

首先，工业仍然高度集中在工业三角区。1911年，伦巴第、皮埃蒙特和利古里亚三个地区占意大利工业生产的一半以上，57%的人口仍然从事农业。其次，意大利在新兴产业方面虽然成功，但纺织业的重要性不容忽视，该行业雇用了约四分之一的工业劳动力，占制造业出口的60%。1907年纺织业尤其是棉纺织业爆发危机，尽管经历了快速增长和现代化，但复苏缓慢，未来的增长前景并不乐观。纺织技术有所进步，但纺织业仍然严重依赖工资过低的女性劳动力，四分之三的纺织工人都是女性。

在考虑意大利工人阶级及其组织时，不应忽略落后的工业部门。1900年至1913年间，工业工人的平均实际工资增长了约40%。但是，只有印刷、工程技术和建筑工人这样的"劳动贵族"达到了与发达工业国家普通工人阶级家庭相媲美的生活水平。尽管他们的饮食远优于农民，大多数工厂工人只在特殊场合吃肉；而在米兰，高达70%的家庭收入仍用于食物。工资过低，工会难以为继。多轮罢工之后，工人们被迫停止行动。然而，意大利工人阶级领导人在规避困难方面表现出高超的聪明才智。工会仿照法国劳动交易所的模式，按地区而不是按职业来组织。不同行业的工人之间更容易团结起来，参加地区大罢工。革命派工团主义者和顽固的社会主义者正是在工会找到了最大的支持，而贸易联盟则倾向于站在改革派一边。

乔利蒂和民主

1900年后，一种新自由主义在乔利蒂的领导下发展起来。他的政策旨在扩大自由国家的基础，之前备受压制的新生政治和社会力量得以自由表达意见。国家行政部门还应发挥新作用，在工人和雇主之间进行调解，并积极干预，消除社会抗议的根源。政府寻求与改革派社会主义者合作，推进福利改革：1902年成立最高劳工委员会，赋予工会参与社会立法的权利，通过法律，禁止童工，限制妇女工作时间，设立生育基金。在担任扎那德利政府内政部长期间，乔利蒂允许农村劳工工会自由组织罢工。这产生了巨大的影响。超过20万农业工人参加了罢工，而1899年只有2000人左右。为了缓解失业，政府还将公共工程合同分配给社会党组织的劳工合作社。事实上，通过政府、工会和合作社共同努力，失控的局面才得以控制。

这一策略遭到来自左右两翼的攻击。波谷的农民和地主，一旦意识到已经不再享有国家无条件的支持，就开始有效地组织起来抵抗罢工。当地农业协会和工会之间的冲突愈演愈烈，乔利蒂没有对黑手党劳工动用武力，罢工者和警察之间的冲突仍然频繁。在南方，乔利蒂与工党的协议没有发挥作用。工会力量薄弱，民众抗议通常采取面包暴动或袭击市政厅的形式，警方也以强硬手段维持秩序。警察杀害罢工者或示威者，给社会党内革命派充足的理由，反对与改革派合作。第一次成功挑战图拉蒂领导地位的运动是由那不勒斯人阿图罗·拉卜里奥拉领导的革命工团主义运动。他们指责改革派为了操纵议会而忽视了阶级斗争，呼吁采取直接行动，并最终导致1904年的全国大罢工。他们抨击改革派和乔利蒂之间的妥协，即通过社会立法和保护主义，以牺牲农民利益为代价，偏袒北方工人的少数特权群体。矛盾的是，像拉卜里奥拉这样的南方知识分子想利用北方劳工运动来摧毁乔利蒂的政治体系，他们认为该体系让南方永远无法摆脱腐败和贫穷。就连来自阿普利亚的历史学家、该党的改革派加埃塔诺·萨尔维米尼也最终与图拉蒂决裂。

在一本名为《黑社会部长》的名著中，他抨击乔利蒂是政府职员与黑手党和其他犯罪集团勾结的罪魁祸首。

社会主义运动并不是乔利蒂试图安抚的唯一运动。他敏锐地意识到天主教运动的巨大潜力，并将其视为对社会主义者的有效制衡。在保守的庇护十世时期，教会和政府之间达成谨慎和解。教皇对社会主义的威胁非常关注，1904年开始放松了对非宗教人士的限制，并在1909年允许天主教候选人参选，但并没有组建政党。更为激进的基督教民主党受到了严格的限制，他们的领袖，牧师罗摩罗·穆里被革职。事实证明社会党人不守规矩，乔利蒂欣然接受天主教的选票，但他试图保持一种微妙的平衡，因为选民的政治分化日益严重，一边是反教权人士和共济会成员，一边是保守派和教会。

1911年，乔利蒂出人意料地推进男性普选。他的野心是通过承诺实施更有力的社会改革方案，包括将人寿保险国有化，为养老计划提供资金，将社会党纳入多数。但摩洛哥危机给乔利蒂的计划带来了不可预测的变数。根据之前与法国达成的协议，意大利获得占领利比亚的机会，这是在不伤害民族感情的前提下不可多得的机会。乔利蒂似乎相信自己能够保住社会党的支持，但就连图拉蒂也对乔利蒂的背叛感到震惊，无论如何，他都无力阻止席卷全党的愤怒浪潮。1912年，革命"顽固派"受到来自罗马涅的一位热情的年轻演说家贝尼托·墨索里尼的启发，在雷吉奥埃米利亚议会选举中获胜。

顽固派的胜利意味着乔利蒂进步战略的失败。在1913年举行的第一次普选中，只有在天主教徒大力帮助下政府才保持了多数票数。天主教选举联盟主席根蒂罗尼伯爵声称，318名自由议员中有228个席位应归功于他所在组织的投票。作为回报，他们承诺反对离婚、支持宗教教育。尽管许多议员否认该协议的存在，但根蒂罗尼条约的曝光暴露了新大众选民中自由主义的弱点。

乔利蒂试图平息反宗教人士的愤怒，但激进分子仍然在1914年3月撤回了他们的支持，导致乔利蒂辞职。他的继任者安东尼奥·萨兰德拉试图利用对乔利蒂操纵和转移联盟策略的反感，宣布回归纯粹自由主义，不再对社会主义或激进主义妥协。相反，他主动要求天主教的支持，而他的前任右翼领袖索尼诺一直拒绝这样做。但他的政府依赖于乔利蒂在议会中支持者的宽容，如果不是战争爆发，这种局面不可能持续太久。

利比亚战争也破坏了乔利蒂的社会妥协。在左翼，墨索里尼与无政府主义者、独立革命工团主义工会和顽固共和党人组成阵线。他遵循革命工团主义理论家乔治·索雷尔关于暴力和总罢工的积极价值教导，尽管他不同意索雷尔认为必须由政党而不是工会来领导的观点。雇主对乔利蒂的调解方法越来越不耐烦，他们集中精力建立自己的组织来抵制罢工。经济衰退加剧了双方对抗的主张。革命的骚动在1914年6月的"红色周"中达到高潮。三名反军国主义示威者在安科纳被杀后，全国举行了大罢工。在罗马涅和马凯，罢工升级为暴动；暴乱者占领火车站，切断电话线，洗劫教堂，在市政厅升起红旗，宣布成立共和国。这场运动完全没有计划，两天后，改革派劳工联盟撤回支持，罢工失败。

利比亚战争和民族主义

利比亚战争得到的国内支持远远超过当年克里斯皮在埃塞俄比亚的冒险。1911年的意大利比1896年的意大利富裕得多，一次大规模的殖民远征费用也不再令人望而却步。利比亚算不上意大利企业的梦想之地，但出于政治考虑，政府鼓励罗马银行在那投资。1911年，该银行陷入困境，它资助了一场重大的新闻宣传活动，以立即占领来保护它的投资。该银行与梵蒂冈和亲教会保守派政客关系密切，天主教舆论为战争提供强有力的支持。与19世纪90年代相比，北方工业资产阶级当下更支持扩张主义政策。意大利仍然是一个资本净进口国，但意大利的银行和工业已经在巴尔干半岛和小亚细亚寻求建立势力范围。对土耳其作战如果取得成功，将会提高意大利在国外的威望，同时加强国内对社会主义的抵制。尽管社会党反对，利比亚战争一开始还是激起了民众的极大热情。可以在自由土地定居的幻想尽管早些时候在东非遭遇挫败，但仍然具有强大的吸引力，尤其是在意大利南部。在克里斯皮当年失败的领域，乔利蒂却取得了成功，但具有讽刺意味的是，这次成功对他来说弊大于利。在战争记者、著名诗人加布里埃尔·达农齐奥《海外之歌》的煽动下，他谨慎、平淡的政治风格与新近民族主义热情格格不入。事实证明，对利比亚的征服比预期要困难和昂贵得多。即使在土耳其于1912年10月正式割让利比亚之后，游击战仍在继续。

民族主义，作为独特的学术和政治运动，诞生于阿杜瓦战败和社会主义兴起之后。恩里科·科拉迪尼在1903年创办的《王国报》上呼吁反抗懦弱的资产阶级，因为资产阶级与和平社会主义妥协，背叛了自己的民族使命。帝国主义竞争新时代已经歪曲了民主意识形态的乐观假设，民族要想在斗争中取得胜利，就必须准备同内部敌人战斗，并消灭他们。科拉迪尼比马克思技高一筹，将阶级斗争推向国际。科拉迪尼认为，从高出生率就可以看出，意大利是一个年轻而充满活力的无产阶级国家，但不得不将过剩劳动力出口到国外。因此，决定性斗争是国际舞台上富国和穷国之间的斗争，而不是国内富有阶级和贫穷阶级之间的斗争。无产阶级国家的概念唤起了意大利的民族情结，意大利常年被排除在殖民宴会之外，其移民总被视为低人一等，对此早已不满。对民族自卑情结的巧妙利用为法西斯开创了重要先例。

成立于1910年的民族主义协会，最初代表广泛的利益，因此赢得了从左翼民主统一主义者到三国联盟及右翼天主教保守集团的支持者。他们的共同诉求是更强势的外交政策。但在接下来的四年里，该运动的领导人强化并阐明了他们的政策，以失去许多最初的支持者为代价。他们强烈支持保护主义，与重工业关系紧密。意大利民族主义者认为工业扩张既是国家活力的证明，也是未来伟大的必要条件。法学教授阿尔弗雷多·罗科提出民族主义威权理论，他强调该理论完全不同于传统爱国主义。自由个人主义必须摒弃，取而代之的是国家共同体的等级观念。在国家的严格监督下，生产和劳动将受到国家财团的纪律约束和组织。民族主义协会的反民主和扩张主义方案对新兴大众选民没有吸引力，但民族主义者对自由主义保守派、农业和商业领袖的吸引力越来越大，在学生中拥有相当多的追随者，在文化、外交和军队的精英中也多有渗透。

战争之路

1914年8月第一次世界大战爆发时，意大利在外交政策、战略和公众舆论方面都出现严重分歧。1912年，为遏制奥地利，三国联盟重新成立，但武装部队领导人仍然相信，在欧洲战争中，意大利将与其盟友并肩作战。左翼支持法兰西共和国，只要特伦托和的里雅斯特还在奥匈帝国统治之下，意大利的公众舆论就不太可能接受和奥地利并肩作战。

幸运的是，奥地利在没有向意大利提供领土补偿的情况下就进攻了塞尔维亚，这违反了联盟条款，意大利政府于8月3日宣布中立。然而，中立让意大利陷入尴尬境地。政府担心获胜一方不会顾及意大利的利益，萨兰德拉和他的外交部长索尼诺也担心，如果战争在意大利未能取得重大领土利益的情况下结束，君主制和统治阶级的声誉将受到损害。萨兰德拉宣称，他的政策之一是祖国神圣的利己主义，简单地说就是把意大利的支持卖给出价最高的国家。但鉴于奥地利不愿对意大利民族统一主义作出任何重大让步，加入协约国一方的可能性越来越大。

乔利蒂更加质疑战争。他虽没有排除干预的可能性，但也清楚地知道，无论是军事上还是经济上，意大利都没有为欧洲战争做好准备。1915年1月，他发表了一封信，表示不需要战争就可以收获颇丰，比如通过与奥匈帝国谈判。在与协约国谈判的进展上，萨兰德拉欺骗了乔利蒂，等到乔利蒂发现，早就为时已晚。萨兰德拉和索尼诺在没有通知议会甚至内阁其他成员的情况下，把决策权集中在自己手中。他们之所以能够这样做，是因为王室有权缔结条约；他们相信维克托·伊曼纽尔会赞同他们的决定。1915年4月26日签署的《伦敦条约》是秘密外交的经典成果。

与此同时，公众舆论在干涉派和中立派之间出现了严重分歧。绝大多数工人阶级和农民都想要和平，而与其他政党不同的是，社会党坚持走国际主义路线。但是干涉派的少数群体更具战斗性。

他们在大城市的势力异常强大，主要的支持来自学生和中产阶级。对于干涉主义运动的领导人来说，乔利蒂和其政府体系是首要目标。他对战争的态度证实了他们的看法，即他玩世不恭的调停策略背叛了复兴运动和右翼自由国家的理想。民族主义者尽管钦佩德国，但很快认识到，战比不战更好。他们的优势在于，与其他干涉主义团体相比，他们更赞同萨兰德拉的利己主义政策。但是，干涉主义联盟更为重要的意义在于，它打破了左翼和右翼之间的界限。知识分子在动员舆论方面发挥了主导作用。第一次战争游行就是由马里内蒂及其未来主义艺术家组织的。1909年的未来主义宣言曾将战争美化为"让世界保持洁净的唯一途径"。与民族主义者不同，未来主义者是亲法反教权的。未来主义者及其前卫派知识分子同盟捕捉并关注年青一代对沉闷、缺少野心且保守的资产阶级抱有的不耐烦的情绪。

然而，最坚定的干涉派来自激进派和共和民主党人，他们得到了共济会的支持，共济会认为这场战争是在复兴运动精神的感召下，争取民主和民族权利的十字军东征。更令人惊讶的是来自极左异见人士的支持。革命派工团主义知识分子和民族主义者相互吸引：对议会民主和阶级妥协的仇恨让他们走到了一起。利比亚战争时期，阿图罗·拉卜里奥拉曾写道，意大利无产阶级不擅长革命，因为他们不擅长发动战争。但大多数工团主义者仍然反对帝国主义和君主政体。然而，在1914年，该运动最负盛名的领导人加入了鼓动战争的行列：他们认同法国社会主义的自由主义传统，反对德国社会民主党的官僚思想。战争会结束改革派的懦弱，并带来革命。这些争论对墨索里尼有着强烈的吸引力，他的革命战略在"红周"后陷入僵局。1914年11月，他辞去《社会主义前进报》编辑职务，并创办了自己的报纸《意大利人民报》，为战争做宣传。他得到了知名企业家的资金支持，这些企业家很高兴看到社会党内部出现分裂，后来又从法国和俄国获得资金支持。得益于米兰的菲利波·科里多尼和帕尔马的阿尔塞斯特·德·阿姆布里斯特等革命工团主义论坛，墨索里尼的革命行动纲领得到工人阶级的支持，但其实是一场没有追随者的领袖运动。工团主义者失去了对他们的国家组织意大利工团主义联盟的控制，取而代之的是反战的无政府主义者。但由于墨索里尼拥有记者的才华，《意大利人民报》成为整个干涉主义运动的代言人。

　　1915年5月，乔利蒂终于醒悟过来，300名议会代表表示支持他。政府的处境更加困难，因为奥地利迫于德国的压力，同意割让特伦托，而的里雅斯特将享有双重君主制下的自治权。5月13日，萨兰德拉辞职。干涉派抓住机会，在米兰和其他城市举行大规模示威游行，社会主义者根本无法比拟。高潮出现在罗马，达农齐奥从国会大厦向10万名群众发表长篇大论，煽动他们对叛徒乔利蒂和他的追随者使用暴力。"光辉五月"制造了民众反对乔利蒂和议会的大众干涉主义革命的神话。事实上，战争的决定已经作出，不对国王和意大利的国际地位作出致命妥协，乔利蒂就不可能掌权；国王要求他组建政府，他拒绝了。但是，就像经常发生的那样，神话比现实更重要。意大利参战时，议会名誉扫地，国家四分五裂。

第十章
1915—1945年的意大利：政治和社会

保罗·康纳

战争的创伤（1915—1918年）

意大利决定放弃中立，加入第一次世界大战，其间所表现出的热情令世人难忘；1915年的"光辉五月"让意大利干涉派心满意足。然而，可以肯定地说，在第一次世界大战所有战胜国中，没有哪个国家经受过如此巨大的战争考验，也没有哪个国家因战争努力产生如此巨变，更没有哪个国家因战争结果而产生如此深刻的分歧。事实证明，这场战争像个巨大的冲击波，把这个政治动荡、经济落后、缺乏团结的社会逼到极限，并留下一个无法想象的大烂摊子。的确，无论是战争所暴露的分裂，还是冲突所引起的创伤，都远远超出1918年11月停战协定的范畴。

可以说，意大利政府在1915年至1918年间打了两场战争：一场是与奥地利人（1916年后是针对德国人）的战争，另一场则是在国内战线上与部分本国民众的较量。毕竟，意大利是唯一一个尽管多数国人反战，但参战后没有放弃立场的好战国家（"不支持也不破坏"一直是意大利社会主义者的口号）。这是一场侵略战争，但几届战时内阁都不愿承认这一点。相反，战争为政府提供了机会，以前所未有的规模推行镇压性立法。干预主义者最初普遍认为，战争将是短暂的（当然会取得胜利），如果迅速取得胜利，主张和平的社会党人和主张中立的乔利蒂派都将彻底退出政治舞台。因此，与其他国家相比，意大利并未尝试缔造联盟，消除干涉主义危机所造成的明显政治和社会分歧。随着卡尔索高原之战带来的第一次逆转，人们认识到战争不但不会是短暂的，而且很有可能会失败，镇压的姿态不仅没有改变，反而变得更加强硬。当然，这只会增加而不是减少公众对冲突的敌意。

意大利在物质上和心理上都没有做好开战准备，对战争目标以及如何实现目标都没有把握。然而，包括萨兰德拉这样的右翼威权主义者、比索拉蒂这样的民主改革派社会主义者在内的干涉派普遍认为，这场战争代表着意大利的某种精神典范。军队未能取得任何实质性胜利，起初引发隐隐不安，而后在1916年，奥地利扫射远征队几近破防，恐慌情绪不断蔓延。人们担心，失败实际上意味着意大利复兴雄心的终结（人们对此有不同的解读）；更直接的影响是，失败意味着整个统治精英阶层的灭亡。这种拿命当赌注的孤注一掷，经常把原本交战方共有的焦虑情绪演变成意大利民族主义者的歇斯底里。胜利似乎越来越遥不可及，主战派开始寻找替罪羊，以为自己开脱。真正的罪犯——卡多纳将军和他的参谋长们——显然是不能被起诉的，那就等于否定整个战争的努力。因此，人们的注意力转向"内部敌人"——社会党，从1916年开始，社会党因所谓的失败主义和破坏军队及国内战线士气而遭受谴责。特别是在1917年10月的卡波雷托战役之后，奥地利人突破意大利防线，在溃败的军队中俘虏了近30万名士兵，紧张的气氛不断升级，出现严重的政治迫害，连祈祷和平也可能遭受宣言失败主义和叛国的指控。

对社会党歇斯底里的攻击清楚地表明，意大利精英阶层面对本国民众，极其缺乏安全感，无法实现民族团结。但至关重要的是，由于使用了"内部敌人"的手段，民族主义与社会主义的分歧成为所有政治问题后来转向的支点。战争中灾难性的军事进展只会加剧这种分裂，没有任何中间地带。不可避免地，中间派和左翼的干涉派政客发现自己被迫加入民族主义阵营，并开始接受右翼意识形态。前革命和改革派社会主义者（包括墨索里尼）、民主党人以及激进派联合起来组成联盟，在1917年对社会党发起猛烈攻击，一举成名。

议会是战争引发的新威权主义的首批受害者之一。虽没有彻底关闭，但议会的召集和协商也很少。政府很清楚，议会中的社会党和天主教多数派反对战争，一旦有机会，就会表达观点（确实，在极少数有机会的情况下，他们确实这样做了）。政府更倾向于通过法令来统治国家。在这个过程中，权力实际上越来越多地直接分配给各部委、新设立的官僚机构，甚至实业家和银行家。由实业家决定生产什么，生产多少，并确定自己的价格。这种建立几乎自主的权力中心是战争破坏自由国家制度的另一个特征。具有讽刺意味的是，由于人力和财力的大规模动员，国家在意大利人生活中前所未有地重要，但这样的国家却把自己大部分的权力交给了私人辖地。

分散体制权力，降低议会角色，在国家紧急状态下具有一定合理性。当然，重大的经济努力十分必要。这场战争见证了意大利工业基地的大规模扩张。一些公司，比如造船和武器军备制造商安萨尔多，在战争期间产量和劳动力都增加了十倍。工业动员——实际上是将大部分工业集团军事化——代表了一种新的工业组织概念，即国家官僚机构、地方当局、军队和实业家密切合作。巨额利润成为大家的共识；战时奸商的形象——"鲨鱼"——成了许多报纸上流行的讽刺漫画。

对未来更重要的是，实业家已经了解到，通过与国家密切合作，控制劳动力，可以带来诸多好处。在受工业动员影响的工厂里，工人们——其中许多人是新工人——受到军事监督，并受到军事法庭的纪律处分；轻罪可能被派到前线。工作时间延长，罢工被宣布为非法。尽管如此，糟糕的工作环境还是引发了罢工。到1917年8月，都灵的抗议活动激烈演变，引发政府对暴动的担忧。罢工往往由妇女领导，她们较少受到军事制裁约束。他们要求和平和面包（到1917年总是供不应求），根据报道，他们呼吁"在国内进行革命"，以求得和平和面包。在农村地区，妇女也举行类似的抗议，通常是因为她们的男人没有获准批假来帮助收割。

这场战争是否增强了意大利人的民族意识，仍是一个备受争议的问题。从某种意义上说，许多以前从未离开过自己村庄的人现在对其他地区有了一些了解，这样看答案很可能是肯定的。但就爱国主义或对国家的热爱而言，似乎就不那么确定了。工人们对工厂的最初体验是工业动员的纪律，不大可能带来积极的情绪。普通士兵几乎或者根本不知道为什么要打这场侵略战争，自己在前线的经历也很难让他们向新兵推荐这个意大利政府。波浪式正面攻击的战争策略造成大规模无用的屠杀。违纪士兵经常被当场处决，以抽签方式惩罚整个部队的情况并不少见。严厉的纪律似乎已被勉强接受，但重复毫无意义和看似不公平的命令常常令官兵关系剑拔弩张。穷人去拼命，而富人却安然待在家里，甚至有人认为，奥地利的统治都有可能好于意大利政府。

多数战线上无疑都存在这种紧张关系；但在大多数情况下，敌意是针对军官、将军或政府，而不是直接针对国家。英国士兵可能想谋杀黑格，但他们（通常）没有质疑为英国而战的事实。反对国家的情绪一直是意大利所特有的，自统一以来，这种情绪一直在民众中普遍存在。对许多人来说，比如士兵和平民，与意大利政府的第一次亲密接触竟是一场灾难性的战争。矛盾且重要的是，由于意大利政府和最高司令部的无能、低效和愚蠢，许多军官也与国家渐渐疏离。出于爱国主义，他们肩负重任，但现实令人失望，后续他们会采取相应的行动。

意大利当局对待本国士兵的态度体现在对待那些被奥地利和德国俘虏的意大利士兵的行为上。在战争期间被俘的60万士兵中，有超过10万人在囚禁期间死亡，这一比例远远高于任何其他国家。出现这样高的死亡率，很大程度上是因为意大利政府拒绝向本国囚犯寄送食品包裹和衣物，也不允许寄送私人包裹，而这是意大利政府依据1907年《海牙公约》应承担的义务。结果，大量战俘死于饥饿、疾病和暴晒；这种惩罚行为取决于政府和高级军界的观念，即大多数囚犯实际上是逃兵，只有使难民营的条件无法忍受，并向前线的人宣传这一事实，才能避免出现更多的逃兵。可以想象，返回国土的士兵对意大利当局必定怀有根深蒂固的仇恨。

正如许多干涉派所希望的那样，这场战争非但没有解决意大利的问题，反而加剧了阶级分化，增加了各方对政府的敌意，并在意大利国内造成了政治上的严重极化。在战争后期，奥地利军队在维托里奥·维内托溃败，和平来临，但严重的社会分歧淹没了和平。在1910年到1920年，所谓的"红色二十年"，社会主义组织利用人们在冲突中产生的对新未来的愿景，不断发展壮大。在某些时刻，例如1919年初夏，因为生活成本过高引发的暴动，在多个北方城镇蔓延开来，甚至社会主义组织也无法控制局势，革命一触即发。北方的农村地区也发生了类似的骚动，当地社会主义联盟迫使地主让步，差一点就建立了民众控制。1920年9月和10月，在都灵，菲亚特等工厂被占领，革命浪潮的最后一击也随之而来。革命蔓延到其他城市，在实业家中引起极度恐慌。

　　虽然这些革命运动最终都无果而终，但在当时，由于政治当局无法重新确立其控制地位，运动显得更具威胁性。议会在战争中失去很多权力，战后很难重新获得指挥权。1919年11月选举后，社会党控制了近三分之一的席位，选举规则更改后，新天主教民众党进入议会，任何稳定的联盟都难以形成。像弗朗西斯科·萨维里奥·尼蒂这样温和而开明的改革家，发现自己无法有效掌控局面，一面是战争引发的明显经济紧缩，一面是想按照自己的利益需求进行干政的游说团体。税收改革迫在眉睫，但会疏远城镇小资产阶级这一旧自由主义国家的唯一政治基础。

　　1919年紧张的政治局势加大了战后恢复和稳定的难度。战时前线军官和士兵间的紧张关系同样复制在平民生活中。社会党抓住一切机会重申他们的观点，即这场战争是一场毫无意义的屠杀，意大利政府对此负有重要责任。当意大利代表团在凡尔赛走出和平会谈，抗议盟国的不公对待时，加布里埃尔·邓南遮谴责了他所谓的"残缺胜利"，并成功掀起了一股民族主义情绪的旋风，最终促成了他在1919年9月占领战略要地阜姆。邓南遮的言论和行动极大地颠覆了中央政府的权威，在接下来的一年里成为所有右翼、反社会主义和反国家情绪的焦点。

　　1919年末至1920年，颠覆中央政府的权威成为普遍做法。左翼方面，在波河河谷的资本主义土地上，无地农民工组成社会主义组织，对既定权威不屑一顾。既然"不可避免的社会主义明天"即将到来，似乎没有什么理由对省长或警察局长太顺从。右翼方面，邓南遮鼓舞了民族主义，民族主义者认为战争是种背叛，而战后和平更是不可信。在阜姆，邓南遮宣扬中央政府不能行使其权力。那些感到自己受到革命社会主义极大威胁的人牢牢抓住这一信念。地主和实业家在对抗有组织的劳工的斗争中，对中央政府给予的帮助深感失望，开始考虑复制战前的做法，自己动手解决问题。

1922年前的法西斯主义

法西斯主义是最具动员性的工具。该运动于1919年3月在米兰发起，最初吸引了一小部分城市颠沛流离人士的支持，包括退伍军人、艺术家、记者、未来主义者、无政府主义者和工会主义者，他们有一个共同的计划，吸引那些希望进行激进变革，但因社会主义在战争中的表现而拒绝与其为伍的人。该组织在1919年无所作为，清楚地传达一个信号，由于墨索里尼在1914年背叛了社会主义运动，现在失去了选民基础，不管是右翼还是左翼，都不再信任他。1920年，一个意想不到的地方拯救了他。早期法西斯组织在北方的大城市组织活动总是不太成功，但这场运动爆发于1920年秋天，在波河河谷的农村地区，资本主义地主和劳工之间的关系尤为紧张。包括来自省城中心的年轻人，出离愤怒、幻想破灭的退役战斗人员，还有学生，开始组织行动小组，并在夜间进入农村地区，殴打、谋杀或以其他方式恐吓社会主义农场工人运动的领导人。在这些行动中，他们通常得到当地警察等部门的协助。

其影响立竿见影，但也是毁灭性的。由于承诺的革命还没有出现，农村社会主义在普通民众中已经困难重重，在短短几周的时间里，农村社会主义在许多地区破灭和瓦解。社会党刚刚赢得了劳工交换的垄断权，却在地主的支持下落入了法西斯分子手中。农场工人再次成为农村人口过剩的受害者；为了工作，工人现在不得不加入法西斯联盟。加入联盟后，他们发现自己工作的时间比以前更长了，薪水却比以前更少了，但他们别无选择，只能挨饿。最初，墨索里尼对这场运动的反应是，它是一个反动的白人卫队。但是，看到对工厂的占领已经瓦解，城市工人阶级也在撤退，他决定利用在农村地区的成功来达到自己的目的。到1921年5月，他在议会中担任36名法西斯主义代表的领袖，这些代表是乔利蒂的"民族集团党"的成员。

墨索里尼之所以在全国范围内声名鹊起，是因为背后有农业法西斯主义所代表的暴力阶级的支持。城市法西斯主义发展相对缓慢，阶级冲突没有那么尖锐，而且无论如何都难以将农村行动小组所采用的成体系的残酷方式推广到城市环境中去。企业家也有其他威慑工人的方法，尤其是在经济衰退时期。尽管如此，暴力仍然普遍存在，通常针对敢于公开反对法西斯主义的个人，发起者通常是中产阶级学生、退伍军人、失业工人和愿意投身法西斯事业的城市底层无产阶级。

法西斯主义取得成功的因素有很多：新奇的风格吸引了众多年轻人，诉诸系统化暴力（而这是疲惫而又不明方向的社会主义者从未挑战过的），巧妙利用了农村地区经济集团之间的分歧（例如在战后初期人数大幅增加的保守佃农和革命派无地劳工之间的分歧）。地主和企业家提供的财政和道义援助至关重要，警察和宪兵的同谋同样必不可少。但是，成功的根本因素是政府和资产阶级的错误印象，即法西斯主义只是6个月的奇迹，可以被吸纳进摇摇欲坠的自由主义制度。当局之所以对暴力和非法组织一再容忍，是因为他们相信，随着社会主义恢复秩序，法西斯主义将不会再有所作为。

到1922年，法西斯小队控制了意大利北部的大部分地区。地方长官哀叹自己权力尽失；地方一级的决策权都掌握在法西斯领导人手中。要找到一个能够强烈反对墨索里尼的政治联盟已不可能。社会主义者和天主教徒不但内部分裂，而且互不相容。从某种意义上说，1922年10月的罗马大游行不过是确认了已经取得的胜利，与其说是征服，不如说是精心设计。唯一能够阻挡"黑衫党"的是军队，但国王决定不发动围攻；相反，他邀请墨索里尼组建政府。这是对暴力和非法行为的彻底妥协，24年后，维克托·伊曼纽尔因此失去王位。

法西斯主义的胜利不仅仅代表墨索里尼个人的胜利。"进军罗马"事件标志着1914年至1915年开始的干涉主义危机的终结。法西斯主义正式诞生于1919年，但孕育于干涉主义危机和战争带给意大利社会的深刻冲击，这种冲击造就了由希望、期望、恐惧、仇恨和分裂构成的不稳定状态，一个脆弱和人为的民主无法实现、消除或调和的不稳定状态。法西斯主义代表着某种稳定，但又很含糊，因为这场运动既包括农业、工业和金融业的保守势力，也包括在冲突过程中出现的新势力，他们的政治取向往往是激进和伪革命的，即使这些团体始终是反自由主义和反社会主义的。法西斯主义所代表的等级制度的恢复（在农业方面最为明显）是在没有任何目标定义的情况下实现的；事实上，意识形态定义的缺乏构成法西斯主义的优势之一，它几乎可以满足所有人的需求。法西斯主义政治风格新奇，事实上，除了得到传统保守势力的支持外，在城市和农村小资产阶级中也有一定的群众基础，但是除了勉强可以充当方案的一般行动主义之外，它在早年仍然是反党，不愿或者也不能表达明确的身份。1922年底，在以国家和民族主义政党自居后，法西斯主义显然还未能实现的一件事，就是弥合那些通过干预而出现并随着战争而增长的深刻分歧。

法西斯主义掌权：初期（1922—1927年）

出于平等主义和谨慎的考虑，墨索里尼的第一届政府是联盟的性质，起初包括些许天主教徒和自由派人士，显然是为了在多年社会冲突和内战之后，尽快实现政治正常化。在国内政治方面，法西斯主义与民族主义运动在1923年初的融合，显示出强烈的保守倾向，表明墨索里尼想要吸引更多非法西斯主义人士，以形成广泛而稳定的政治基础。对法西斯主义的方法和意图重新树立信心是当时的主要任务。然而，对于墨索里尼来说——偷猎者成了猎场看守人——恢复合法性是一个重大问题。法西斯主义的暴力和非法行为在该运动兴起期间已成为其不可分割的一部分，镇压暴力很可能引起习惯将法律掌握在自己手中的法西斯黑衫军的敌意。解散黑衫军同样困难重重；自第一次世界大战结束以来，许多黑衫军士兵都没有工作过，而依靠法西斯主义已经成为他们的职业。为解决这一问题，1923年初法西斯民兵组织成立，黑衫军前士兵被招募到军官麾下。这一措施旨在防止政治暴力的重演，同时仍赋予黑衫党在运动中明确的角色。随后的事件表明，解决方案有名无实。

在国际舆论方面，墨索里尼显然十分谨慎，试图消除欧洲大部分民主国家的疑虑。尽管修正主义和扩张主义从来没有深入人心（法西斯主义毕竟试图扭转第一次世界大战的耻辱和"残缺的胜利"），意大利经济困难，从属地位越发明显，行事更需谨慎。除了1923年的科孚岛事件（意大利短暂占领该岛作为对涉及意大利外交使团事件的报复）和持续干涉某些中欧和巴尔干国家的内政之外，法西斯的目标似乎受到这样一种理念的主导，即英国和美国主导战后和解，特别是在金融领域。与这些大国的合作是提高意大利国际声誉的唯一现实途径。1925年，英国和意大利被指定为《洛迦诺公约》的联合担保人，意大利对外谨慎的合作态度取得一定的成功。1925年后流入意大利的美国贷款也证明了外国对法西斯政府的信心，意大利国际地位有所提高。

1923年的第一部立法比较保守，奖励曾支持法西斯主义的中产阶级，尤其是经济和金融政策，奉行传统自由主义，保护储蓄和鼓励投资。更能体现法西斯政治意图的是1923年秋季通过的《阿谢尔波选举改革法案》。该法案确保该党在议会中以三分之二多数赢得选举。改革方案打着确保政治稳定的旗号，得以顺利通过，其目的显然是确保法西斯主义在议会中不容撼动的地位。

然而，1924年4月的选举几乎将法西斯主义推进深渊。尽管法西斯党人赢得了选举，但改革派社会主义者吉亚科莫·马泰奥蒂因谴责选举期间使用暴力，惨遭法西斯暴徒杀害。墨索里尼在其中扮演什么角色尚不清楚，但他对这起谋杀的最终责任导致许多温和、同行的意见人士出于厌恶，选择远离法西斯主义。在夏天的几个月里，墨索里尼的地位似乎极不稳定；反对他的声音越来越大，甚至议会的反对派（共产党除外）也离开了议院，以示抗议（所谓的"阿文廷分离运动"），这是一种颇有争议的举动。更为坚定的法西斯领导人向墨索里尼施压，要求发动"第二轮"暴力行动，最终消除所有反对派，让法西斯小分队在战场上成为无可争议的主宰者，但墨索里尼对公众舆论持谨慎态度，尤其不愿受制于自己的副手，他进行了一段时间的抵抗，直到1925年1月3日，在明显被强迫的情况下，他在议会上表示，虽然他为法西斯暴力的后果承担责任，但以更重要的法西斯美德的名义，他将对所有反对派采取行动。

1月3日的讲话通常被认为是法西斯政权的开始。它的意义在于，镇压反对派的责任不是交给法西斯主义黑衫军，而是交给国家当局、长官、警察和宪兵。这次讲话第一次清楚地表明，在此后的岁月里，墨索里尼将会努力追求一条路线，让自己逐步摆脱国家法西斯党"顽固分子"的控制。墨索里尼担心，任何法西斯主义"顽固不化"的实际应用，即通过党的干预将国家法西斯化，只会疏远强大的、非法西斯主义团体的支持，因此他宁愿约束自己的支持者，让他们成为后备军。在形式上，国家法西斯党仍然很重要，并为支持者提供工作，但与纳粹德国不同，该党最终隶属于国家，是在必要时用来施压的工具，而不是内部政治的真正决定因素。例如，1923年建立的联结政府和政党的法西斯大委员会就曾被征求过意见，但是——直到1943年7月那场决定命运的会议之前——很少有人听取意见。

尽管如此，1923年被抵制的镇压在1925年至1927年期间得到了坚定的实施。反对党被镇压，新闻自由被废除，罢工被宣布为非法，工会被并入一个滑稽可笑的法西斯联盟组织。特别立法规定沿着法西斯主义路线改革官僚机构、法典和地方政府。批评当局的人面临被法西斯"特别法庭"审判并监禁的危险，1927年共产党领导人安东尼奥·葛兰西就是这样的遭遇。一些反对者甚至被判死刑。许多反法西斯主义者宁愿流亡国外，也不愿保持沉默，他们离开意大利，通常选择去巴黎、伦敦或莫斯科，在那里他们依旧是意大利政权的眼中钉。意大利当局采取措施，以合作和社团取代阶级和政党冲突；通过《劳工宪章》，并设立劳工裁判法院，对劳资纠纷进行仲裁和独立干预，但实际上却把工人交给了雇主。引人注目的是，这一立法的大部分内容都非常接近于第一次世界大战期间在截然不同的情况下制定的压制性劳工法案。

1925年以后，法西斯正常化失败，政权更加具有专制性和压迫性，法西斯主义者和非法西斯主义者之间的紧张局势仍然明显。通过1925—1927年的立法和对国家法西斯党进行最终惩戒，在一定程度上达到巩固政权和实现稳定的目的；但经济才是墨索里尼巩固统治地位最有效的武器。法西斯主义很幸运，在1923年至1953年期间，意大利踏上战后国际经济增长的列车，实现经济快速扩张。但扩张也带来了问题。意大利进口（尤其是谷物）增长迅猛，国际收支失衡，里拉贬值（引发1925年小麦战）。到1926年，通货膨胀的趋势进一步确立，里拉贬值令重工业陷入困境，意大利是最大的传统重工业原材料进口国。通货膨胀对法西斯主义者来说会带来双重问题，一方面，在小资产阶级中有很大一部分法西斯支持者——那些有固定收入和储蓄的人——可能会对无法保护他们经济地位的运动失去信心；另一方面，通货膨胀威胁到那些最具政治影响力和与国防联系最密切的核心工业。1926年8月，里拉开始进行重估，1927年底确立1英镑兑90里拉的法定汇率，经济趋于稳定（尽管汇率高得离谱），更重要的是，政权得以巩固。这次重估利率，里拉被高估，捍卫了工资、股息和储蓄，并允许逐渐缩减对基本原材料的进口，巩固了小资产阶级和工业中较有影响力的部门对法西斯主义的支持。对权力、声望和政治方面的影响都显而易见。

对墨索里尼来说，货币重估多少代表着一种胜利。此举不仅巩固了他在国内的政治基础，而且这是基于与英国央行、美联储和不得不支持这一举措的美国私人银行进行长期谈判的结果。此举坚定地（或许只是短暂地）将意大利纳入国际经济体系，并允许意大利吸引大量急需的外国资本（主要是美国）。这是对法西斯主义的高度认可。然而，这是要付出代价的。外国银行家并非没有意识到，配额90所带来的剧烈紧缩将带来只有威权政府才能承受的社会成本，而实际上，法西斯政府通过压迫和恐吓将估值成本转嫁给了劳工。这完全符合已经显而易见的法西斯主义社会优先事项；控制劳动力一直是雇主支持法西斯主义的根本原因。毫不奇怪，甚至在1925年以前，农业和工业的工资都受到了不利影响。在农业方面，土地所有者压榨过剩劳动力，随意减薪，对于本已严重就业不足的劳动力市场来说更是雪上加霜；在工业方面，裁员没有那么公开，但通过劳动力改组，造成劳动力技能下降，同时受到通货膨胀的影响，变相的裁员依旧发生。伴随重估而来的是经济衰退、更高的失业率和法令规定的工资削减（1927年为20%）。由于配额90的通缩效应，物价下跌，但工资下跌得更多、更快，并对国内需求产生了巨大影响。工作时间经常延长。法西斯联盟有时为了挽回面子而组织抗议，但无力进行有效干预；企业家则直接越过他们向墨索里尼表达诉求，而墨索里尼不会为了保护工人而疏远强大的支持群体。

危机与政权巩固（1927—1934年）

尽管货币重估引发了严重的经济衰退，农业和工业出口商受损尤为严重，但它确实巩固了墨索里尼的政治基础，使法西斯主义得以在通货紧缩的直接影响下生存，并在1929年后吸收了国际危机的影响。在20世纪30年代早期，根据得到法西斯宣传推动的民间传言，意大利受大危机的影响比其他许多国家要小，但事实并非如此。大危机只是来得比其他地方晚一些，最糟糕的一年可能是1932年。危机极其严重，并累积了货币重估危机的不利影响。但看上去没有那么明显，因为在仍然以农业为主的经济中，农民家庭承受经济危机的弹性极大，第一代城市工人被迫返乡，经济危机的影响得以掩盖。尽管如此，城市失业率迅速上升，工业三角地带的北部城市尤为严重，这让当局有些担忧。

面对困难，墨索里尼迅速作出反应，他向财阀统治的弊病宣战，并宣称已经取代了资本主义。现实情况是，对危机的反应只是权宜之计，而且半心半意。大规模的公共工程计划吸引了公众的注意（虽然这些计划所提供的就业机会可能相对较少）；土地复垦计划继续推进，但比较低调（没有进入关键的最后阶段，在这一阶段中，复垦的土地应该被分割并委托给无地农民，因此，它变成了以消耗公共支出为代价的对私人土地的改善）；意大利人不断被告知，"乡村主义"是解决问题的出路——这是一种相当温和的尝试，旨在补偿农民长久低下的生活水平，并阻止他们向城镇迁移。和法西斯主义的其他方面一样，这里的措辞是为了让现实变得更容易忍受，反映出这样一个事实：对法西斯主义者来说，农村就业不足在政治上比城市失业的危险要小。与此同时，公共部门的就业也随着国家官僚机构的扩大而大大增加。这最后一个因素可能部分解释了为什么这场危机没有给政权带来更大的不稳定。但也有必要记住，警察的控制方法十分完善，并且非常有效（在这段时期，因单独的个人抗议活动而被捕的人数确实显著增加），大萧条造成了就业者和失业者之间的分裂（许多新城市化的失业工人害怕被送回原来的公社，因此保持沉默），法西斯主义者对劳动力交换、休闲场所、公共工程、补贴和施粥室的几近垄断，使得与该党派的接触成为不可避免的行为。事实上，似乎没有理由怀疑，意大利的大萧条非但没有造成不稳定，反而加强而不是削弱了独裁统治。

即便如此，这场危机决定了法西斯政策的重大变化，一方面突出了重估政策中隐含的经济孤立主义和国家自给自足的倾向，另一方面突出了侵略性扩张主义的倾向。高估的里拉为了进口牺牲了出口，即使在国际危机爆发之前，意大利的外汇来源就已大大减少。1929年以后，情况更加糟糕。大萧条之后的国际保护主义趋势使得出口更加困难，美国资本回撤，意大利经济的传统生命线——意大利移民的汇款和旅游业的输入，几乎枯竭。在这种情况下，通过与英国和美国合作来提高意大利的声望已不再可行。至少就贸易而言，这两个国家都以这样或那样的方式撤出欧洲；显然，英美牌已不再有效。这使得意大利经济地位的弱势得以凸显，与此同时，意大利政策的一个主要制约因素已不复存在。意大利可以，实际上是被迫地去寻找新的贸易伙伴和新方法来改善国际地位。在贸易方面，德国（和中欧）提供了显而易见的解决方案；甚至在希特勒出现之前，意大利的贸易就已经急剧转向德国的被《经济学人》称之为"以煤换柠檬"的双边易货体系。随后的意识形态联系只是加强了而不是决定了商业关系。在寻求声望方面，危机带来了非常明显的基调变化；法西斯主义在国际舞台上变得更加尖锐和咄咄逼人，反映了欧洲从合作走向竞争的普遍趋势。

意大利人为此付出的代价根据所处社会阶层而有所不同。大型企业——钢铁、化工、电力——实际上从有利于集中和垂直一体化的措施中获益，比如，它们从1933年IRI（国家控股公司工业重建研究所）的成立中获益。IRI加强了重工业与国家之间的联系。尽管由于与德国和中欧其他国家的双边协定，农业出口在20世纪30年代有所增加，但农业遭受的损失更大。工人和农民本已很低的生活水平再次大幅度下降。根据1934年官方数据显示，产业工人工资相比1927年降低了40%左右；根据G. 萨维米尼的估算，产业工人的实际购买力下降了约30%。如果我们从许多地区的令人绝望的危机报告中判断，农业收入——由于农业自给自足的性质，很难评估——可能下降得更多。一些观察员认为，压缩消费已达到绝对极限；当然，根据日内瓦国际劳工组织的数据，与其他欧洲国家相比，意大利人整体上吃的鸡蛋、肉、黄油和糖都要更少（西班牙和葡萄牙不包括在数据统计范围内），其中农民和工人只吃了其中的50%。中产阶级作为法西斯主义的中坚力量，显然表现得更好，但他们拥有更多的就业保障和其他特权，这些特权往往由国家或半国营、与党合作等形式得以保障，或通过与国家法西斯党的接触而获得。在20世纪30年代，这一阶层开始小心翼翼地走上通往另一种生活方式的道路，过上了拥有电影、机动车、流行音乐（尽管收音机仍然稀缺）的生活，越来越多地参与休闲活动和体育活动。

然而，按照欧洲的标准，几乎所有意大利人的生活水平都很低。法西斯主义试图用信念克服消费和物质福利低下的问题。墨索里尼再一次从第一次世界大战中汲取灵感，发动了无数次"战斗"，试图动员公众舆论。小麦之战、里拉之战、人口之战、动物技术之战（牲畜之战）——所有这些都反映出，有必要从政治的高度来克服人们所感知到的经济和社会不足。尝试用牺牲意识或使命感弥补实际的困难。这些运动能在多大程度上改变人们的看法仍不可知，但从法西斯主义补偿的另一项主要内容——组织休闲活动（国家康乐俱乐部）的失败来判断——成功与否仍值得怀疑。国家康乐俱乐部旨在通过教化实现闲暇时间的法西斯化，但最终与政治信仰需要政治讨论的事实相冲突，法西斯官员认为政治讨论太过危险。"领袖总是正确的"和"相信、服从、战斗"的口号应该被当作一种信仰，而不是理性的辩论。

信仰可能来自国家康乐俱乐部之外的地方。墨索里尼的一大功绩在于他在1929年与天主教会达成协议，也为同年晚些时候赢得全民选举铺平了道路。这结束了教会和国家之间长达70年的冲突，似乎对双方都有利。在墨索里尼（庇护十一世眼中的"天意之人"）看来，《拉特兰协定》极为重要，必须在国家和国际舆论面前予以认可；对教会来说，协约代表着一种保证，保证其在一个日益极权主义的国家能保持特权地位。该协约有力地证明了这样一个事实：但凡是有必要并且能获得政治优势的时候，墨索里尼提出的"一切献给国家，不能超越国家，不能违背国家"的公式都能有例外。当然，协约巩固了他的地位，确认了他脱离党的独立，但这也意味着让步；同君主制一样，教会在法西斯体制方面仍然是一个自治的权力中心，因此限制了任何真正极权主义的主张。然而，与君主政体一样，教会与法西斯主义的共谋使这一让步更像是限于形式，而非实质性的让步。

青年组织是冲突尚存的领域。天主教青年运动"公教进行会"一直被怀疑是反法西斯运动的前沿阵地，尤其其领导人是重点怀疑对象。《拉特兰协定》掩盖了这一冲突裂痕，但在20世纪30年代的大部分时间里，它始终是个焦点话题。法西斯主义者对这个问题的敏感反映了这样一个事实，即该政权显然谋求在民间组织领域，特别是在年轻人中间取得垄断地位，认为这是灌输和动员的最有效手段。巴利拉国家歌剧院（小学生）、青年法西斯（18—20岁）和法西斯大学团体（大学生）都是在政权早期形成的，旨在确保新一代成长为坚定的法西斯主义者。通过建立妇女联合会（主要是中产阶级）、建立农村家庭妇女运动以及在法西斯福利行动中使用妇女志愿者，妇女也被囊括其中。许多其他政权仿效，按照军事路线管理平民生活是法西斯控制人口的一个显著特点，其目的是创造前几年极为缺乏的共同目标感。但是，与国家康乐俱乐部一样，最重要的印象是，这些组织的影响通常只是表面的。人们拿走了他们想要的东西——体育、福利、国家补贴的假期、娱乐、战友情谊——但往往把政治信息放在一边。

扩张主义与帝国

对第一次世界大战和"残缺不全的胜利"的记忆从未远离法西斯的意识；这份记忆带来的直接后果就是追求国际承认和大国地位。强调意大利无产阶级在富豪和帝国主义国家手中受到不公正待遇等主题，在动员法西斯舆论方面特别有效，显然在全国引起了共鸣。法西斯主义所采用的战争言论（小麦战争等），通过众多穿制服的团体实现社会军事化，追求国家粮食和其他产品自给自足。所有这些都建立在这种怨恨感的基础上，并符合一种社会愿景，在这种愿景中，积极进取的"新"意大利人最终将在争取被剥夺的民族权利的斗争中获胜。战争从一开始就被纳入了法西斯主义（或法西斯主义的一部分），追求爱国主义和民族主义的目标为统治意大利20年之久的暴力和独裁政府提供了合法的逻辑。这种逻辑是不容置疑的：反对法西斯主义就意味着反对国家，因而等同于叛国。

正如20世纪20年代所显示的那样，外交，属于现实世界，当然是另一回事。当时的情况决定了谨慎的作风，即使某种修正主义显然仍是政策的基础。意大利在多瑙河地区、巴尔干半岛和亚得里亚海地区都有野心，这影响了其对法国和德国的态度，同时在北非也有野心，法国和英国在这里都受到了质疑。1933年希特勒上台，墨索里尼提出的四国条约（类似于扩大版的《洛迦诺公约》）遭受失败，实际上粉碎了意大利在欧洲扩张的希望，墨索里尼的注意力进而完全转向了非洲。由于国际紧张局势加剧，表明可能不会再出现有利转机，同时为了刺激在危机中明显陷入停滞的法西斯运动，入侵埃塞俄比亚的决定似乎是必然的。

这场战役比预期的时间更长，花费也更高。战争采用的野蛮途径（毒气和屠杀平民），即使在今天的意大利也很少有人知道。但在政治上，这对墨索里尼来说是一个巨大的成功，尽管只是昙花一现。国际联盟对意大利的制裁正中他的下怀，1936年5月，他宣布吞并埃塞俄比亚，这似乎证实，法西斯主义不仅打败了埃塞俄比亚，而且还战胜了那些希望延续国际不公正的人。意大利欢呼雀跃：占领地中海——我们的海洋——已经近在咫尺了。

走向战争：社会、国家和极权主义

在埃塞俄比亚的胜利可能是该政权的高光时刻。它产生了一个短暂的普遍共识，法西斯坚持在平民生活中强调军国主义是正当的。但这场战争的长期后果，无论在外交政策还是在内政上，都是灾难性的。意大利在制裁期间相对孤立，使其进一步落入纳粹德国的怀抱，在原材料和燃料方面比以往任何时候都更加依赖德国。结果，墨索里尼在奥地利地位问题上向希特勒作出了让步，从而放弃了他反对纳粹扩张的唯一一张好牌。埃塞俄比亚的成功也说服了他派遣"志愿者"和军事装备来支持佛朗哥，这是对欧洲法西斯化的承诺，而贫穷的意大利几乎难以承受。

在国内，这场战争将法西斯带入了所谓的"极权阶段"，意大利试图在日常生活中加强法西斯的存在，以努力建立一个真正的法西斯国家。这一时期以战争和对战争预期为主导，人口和经济的组织和管理更加强大，以形成能够承受可能到来的欧洲战争压力的国家。通过大众文化部加强宣传，重新组织和振兴青年组织，修订学校课程，加强教育的法西斯主义导向。当局试图改变意大利人的习惯和看法。反资产阶级运动希望产生一种更强硬、更坚决的法西斯主义，反映出多年来该运动已经萎缩到何种程度。军队荒谬地模仿纳粹，引入正步；甚至握手也被法西斯主义的罗马敬礼取代，这又是一个与纳粹交往过密的体现。极权主义阶段呈现出一种虚假的现代性，其目的是为这场日益老化的运动增添新的活力，并通过创造真正的法西斯主义新一代来确保未来，正如墨索里尼所说，他们要经过"磨炼"，才能经受战争和苦难。

在重塑意大利特色的同时，意大利经济不断瘦身。埃塞俄比亚战争的代价巨大（"平定"持续到1937年和1938年），对意大利黄金和外汇储备也产生了巨大的影响。这就要求政府对经济事务采取更加严格的控制。里拉最终在1936年贬值，打开了通货膨胀的大门；同年，自给自足成为官方政策，所有用于进口的外汇支出都由政府许可管控；努力寻找橡胶和汽油等基本原料的替代品；政府甚至赞助了在阿尔卑斯山脉前的河床中寻找金矿的活动。生产的政治要求日益突出；必须非常小心地控制稀少的资源，只有国家才能做到这一点。1935年前的十多年间成立的公司备受吹捧，本应按照生产的领域，将雇主、党政官员和工人联合起来，但这些公司过于复杂，效率低下，根本无法完成这一任务。因此，必须建立新的机构。结果，国家机构和并行的官僚机构不可思议地大量增加，这些机构努力创造高效的战时经济，却相互脱节，无法协调，其有限的效果可想而知。到1938年至1939年间，人们清楚地认识到，必要的工业扩张需要大量的资本注入，而这只能通过对消费、价格和薪资管控，以及投资管控和投资方向的进一步压制来实现。在战争爆发之前，法西斯分子只有效地限制了消费。事实上，20世纪30年代末的矛盾之处在于，随着经济组织中的政治因素变得越来越明显，经济表现得却越来越不尽如人意。

最终，埃塞俄比亚战争和法西斯的极权阶段导致该政权的不稳定。通货膨胀带来了损失。意大利银行在1940年的年度报告中承认，工业工人的"实际工资有一定程度的下降"，而白领由于经受物价上涨、税收增加，以及多年的各种强制性贷款和特殊征税，经济优势也大幅下降。同样严重的是，许多实业家和大地主开始疏远法西斯主义。由于国家对贸易和投资组织过度干预，实业家之间产生了分歧，使少数人获益，而损害了大多数人的利益。土地所有者普遍意识到，尽管仍存在"农村主义"，但从收益回报可以看出，农业的政治地位在法西斯统治下已经下降。即便是佃农这一农村法西斯主义的中坚力量，也开始对国家当局以较低的官方价格征用农作物感到不满。

283

　　然而，不满的低语，即使相当响亮，也没有真正威胁到法西斯的生存。到20世纪30年代末，该政权已经明显面临困境，而它为克服这些困难而创立的机制收效甚微。但毫无疑问，如果没有这场战争，法西斯主义还会坚持一段时间。当然，制度框架存在问题（墨索里尼对君主制的愤怒变得越来越明显），对未来也存在疑虑；墨索里尼的继承权仍然是一个悬而未决的问题，在法西斯主义统治下成长起来的下一代正表现出对衰老和僵化的等级制度越来越多的不满。1938年，为讨好希特勒而出台的《种族法》不受大众欢迎，与纳粹德国迅速发展的联盟也是如此。但不满并不等同于公开和积极的反对；即使越来越不情愿，服从仍然是最普遍的态度。

战争、反法西斯、抵抗运动

　　意大利不卷入战争的可能性的确微乎其微。到1939年，墨索里尼与希特勒虚荣的个人外交政策，使得意大利几乎成为德国的人质（甚至有迹象表明，他在签署"钢铁盟约"之前都没有阅读过条约内容）。20世纪30年代中期，意大利试图避免承诺，以便在关键时刻到来时将自己卖给出价最高的投标人，而这种"决定权重"政策早已痕迹全无。但是，即便抛开不负责任的外交政策，法西斯主义的意识形态要求使得意大利选择中立几乎是不可能的。法西斯主义从一开始就是按照军国主义路线组织起来的，并且总是通过与战争有关的措辞来表达自己；它曾试图把第一次世界大战的民族主义价值观——纪律、侵略、英雄主义、等级制度、爱国主义——带入和平时期，并在这些价值观下团结和统一一个臭名昭著、分裂的社会。这场冒险的最终考验显然是战争本身。如果拒绝接受挑战，就意味着背叛了法西斯主义试图构建的一切。

由于缺乏经济和军事准备，墨索里尼起初选择不交战（但非中立），后于1940年6月加入第二次世界大战。所有的幕僚都清楚，意大利还没有做好准备，但是纳粹的快速、全面的胜利似乎是确定无疑的，用墨索里尼自己嘲讽的话说，他需要"一千个意大利人死在会议桌上"。一直对轴心国联盟持怀疑态度的公众舆论，暂时停止了怀疑，团结起来支持轴心国联盟。在1915年的"光辉五月"里，可没有看到任何类似的场景。墨索里尼深知自己有被更强大的德国吞并的危险，于是他一开始试图发动一场平行的战争，使意大利的立场有别于德国，但这一尝试最终被证明是徒劳的。在希腊和北非，意大利的战役都面临着灾难，不得不靠德国国防军的干预获救。海上战争同样糟糕，海军发现自己在关键时刻缺乏必要的空中掩护。1941年墨索里尼坚持派意大利军队到苏联前线，是为了在一场完全失控的冲突过程中保持一定的政治主动权，这是一种绝望的尝试，但就连这种尝试也惨遭失败。1942年，斯大林格勒战役结束后，大部分意大利士兵在试图徒步回乡的途中阵亡。希特勒曾两次拒绝听取墨索里尼关于苏联和平协议的建议。

领袖发现自己有责任，但没有权力——这对独裁者来说可不是什么好事。具有讽刺意味的是，一个一贯鼓吹战争美德的政权竟然在这次事件中被发现如此欠缺。事实上，缺乏准备和战争中的拙劣表现体现了该政权的弱点。这些问题与其说是由于客观因素——原料和食物短缺，无法实现自给自足——不如说是由于法西斯主义的决策结构不完善造成的。墨索里尼总是故意保持他周围的法西斯精英分裂，也同样鼓励武装部队之间的竞争，以便更好地进行分治和统治。随着权力的集中，为了满足即时要求，决策往往显得随意、不协调，而且往往是相互矛盾的。领袖总是当场作出决策，并没有经过深思熟虑。的确，可以说墨索里尼的弱点之一是无法作出选择；面对一种选择，他要么推迟决定，要么试图两者兼得。这些缺陷在整个法西斯主义架构中得到了再现：外表连贯统一，内部脆弱分裂。法西斯主义大厦的某些部分实际上可能运作得很好，但整体却无法协调统一。墨索里尼自己清楚地知道，战争的紧张局势暴露了这种结构的裂痕，法西斯主义没有通过为自己设置的终极考验。

在军事灾难、粮食短缺和盟军轰炸等多重因素的影响下，意大利的舆论迅速转向反对法西斯主义。到1943年初，那些长期支持墨索里尼的保守势力开始寻找出路，希望能尽可能挽回局面。之后的事件让他们的想法进一步明确，3月份，工人们在都灵的工厂举行罢工，公众的不满情绪日益明显——这是近二十年来的第一次大罢工。以共产主义组为主的秘密反法西斯组织开始领导抗议活动，抗议活动起初只是针对恶劣工作条件的罢工，很快就演变成了公开的政治行动。面对激进的民众参与，事件性质可能发生演变的威胁，保守派和温和派开始指望国王和梵蒂冈帮助结束意大利卷入战争。墨索里尼在7月被法西斯主义大议会赶下台，至少在纸面上，这预示着一种新的、更为温和的法西斯主义将继续存在。事实上，随着墨索里尼被捕，法西斯主义几乎在一夜之间瓦解，权力回到了国王手中。

德国在9月8日停战后入侵意大利。控制民众情绪的希望破灭，国王仓皇从罗马逃到布林迪西，德国军队占领了意大利北部和中部以及南部那些尚未被盟军控制的地区。墨索里尼被德国滑翔机从山上的监狱里救了出来，他以法西斯傀儡国家首脑的身份回到了意大利，成立意大利社会共和国或萨洛共和国。强烈的反法西斯情绪现在有了具体的形式；共产主义者、社会主义者和天主教徒拿起武器与纳粹主义和法西斯主义斗争，这场战争既是民族解放战争，也是内战。游击战争是有效的，尽管常常是悲剧性的。纳粹分子和法西斯分子对手无寸铁的平民进行了无数次野蛮攻击，其结果是大部分人民团结起来积极或被动地抵抗法西斯。墨索里尼的共和国试图重新获得支持，可悲地试图复辟1919年和1920年法西斯激进的社会主义思想。更显著的例子是意大利社会共和国时期"黑人旅"的残酷暴行，当时，他们以残忍对待意大利同胞而闻名。

反抗运动由共产党人主导，代表了意大利民众参与政治的一个新阶段，通常被认定为1919—1922年失效斗争的延续。对年轻人来说，他们不记得那些斗争，但他们面临着可能被强制征召到意大利社会共和国去的风险，这是一个作出抉择的时刻；事实上，许多前法西斯主义者选择了游击部队，而不是被视为德国走狗的黑人旅。这些部队为那些为其战斗的成员组建了一个政治学派，正是在他们（以及梵蒂冈）的影响下，游击政治在意大利再次发展起来。共产党领导人帕尔米罗·陶里亚蒂以民族解放优先的名义，搁置了所有革命主张（莫斯科永远不会支持这些主张），为这一进程提供了帮助。抵抗运动虽然不被反共同盟（特别是英国）看好，但它代表着战后初期社会冲突的巨大进展；在抵抗运动结束时，工农在政治框架内的地位再也没有理由被质疑。

1945年4月抵抗运动结束。米兰获得解放，墨索里尼从科莫逃离，企图逃往奥地利。他被游击队拦住、认出，并枪毙。第二天，他的尸体被运到米兰，倒挂在洛雷托广场示众。几天前，被谋杀的游击队员同样曝尸在这个广场，以警告不安的民众。具有讽刺意味的是，墨索里尼成功地团结了意大利人，只是因为反对，而不是支持法西斯主义。然而，法西斯主义的影响将是深远的。除了在意大利领土上进行的一场灾难性的战争，法西斯主义还遗留了贫穷、效率低下、因知识分子孤立而产生的平庸的文化狭隘主义，一种在制度上树立了依附主义的政治实践，将轻微腐败普遍化，并使利用公职谋取私利成为常态。意大利在法西斯主义统治下进行的经济改组，显示出由该政权的社会优先事项所决定的所有不平衡——这种不平衡肯定阻碍而不是加速发展。但法西斯主义真正的失败是在政治层面：试图建立一个国家，让意大利人在意大利国家中有一个单一的身份，结果完全失败了。在威权民粹主义中，这或许是不可避免的。因为威权民粹主义试图通过过去的伟大神话和对未来征服的幻想——以牺牲物质福祉为代价的幻想——来实现动员。最后，甚至对法西斯主义的支持者来说，它的好处变得越来越不明显，缺点变得越来越突出。法西斯主义的自命不凡最终远远超出了这个政权的能力范围。许多人一直都知道这一点：悲剧在于，经历了一场世界大战，泡沫才被戳破，人们才醒悟过来。

第十一章
20世纪的意大利文化

大卫·福加茨

乡村与城市

20世纪末意大利的文化版图与19世纪末的大不相同。最显著的变化是通信的增加，以及可以感知到的意大利内部的各种界限、意大利与外部世界之间的边界被打破。在国内，交通、电话网络和大众传播媒介打通了不同地区的联系，居民能够听到、看到不同的东西，也可以到其他地区走动。自20世纪60年代以来，随着多种意大利语的传播，方言的使用急剧下降。这些趋势可能并没有带来"地方主义"的终结，但使地方与周围世界的隔绝程度有所降低。迫使他们在更大的社区重新定义自己的身份，并在全国不同地区之间产生了一定程度的共同经历，这在1900年是不可能的。跨越意大利的外部边界，20世纪以来，意大利与其他国家的文化交流日益频繁，从书籍到音乐，从时装到电影，涉及各种形象、风格和文化产品的交流，不再像过去那样局限于一小群受过教育的人，使更多的人参与进来。与此同时，宗教的作用已被世俗化重新定义，特别是自20世纪50年代末以来。在意大利，大多数人不再去教堂做礼拜，他们中的大多数人花在看电视上的时间（平均每周将近20个小时）比除了工作和睡觉以外的任何其他日常活动都要多。对许多人来说，宗教信仰已经成为一件更私密的事情，不再那么依赖于公共仪式。

在世纪之交，人们感受到的最强烈的界限之一就是城市和农村之间的界限。在受过教育的旅行者和观察者的叙述中，所有农村地区或多或少都被认为是偏远和原始的，南部农村是所有农村中最偏远的。托斯卡纳的土地所有者利奥波德·弗兰切蒂将1876年他和西德尼·松尼诺一起从巴勒莫前往内陆考察西西里岛的社会状况之行描述为一次对充满"神秘和未知事物"的内陆探险。来自巴勒莫的民俗学者朱塞佩·皮特雷详细描述了西西里岛人民的风俗习惯，但在某种程度上，他再现了一种广泛的共识，即这些风俗习惯是奇珍异物，与观察者自己的文化格格不入，而且在历史上是一成不变的。对于社会党知识分子来说，意大利农村的文化落后被视为该党向这些地区扩张的主要障碍。从19世纪90年代到第一次世界大战，他们最常使用的形容是扫除（文盲）、提升（农村人民的文化水平）和传播（来自城镇的文化）。对于法西斯政府在20世纪30年代的乡村化和土地复垦计划，以及在1945年之后在美国专家的帮助下建立的促进南方发展的机构来说，传统农村同样是一个需要开发、复垦和改造的地区。

城市和农村之间的差别确实很大，但这些叙述往往从都市文化的角度来判断农村社会，都市文化中的作者认为都市文化比较理性和先进，或者说是唯一真正名副其实的文化。这种观点并不总是由于缺乏同情心导致的；在许多情况下，也是出于对知晓农民社会的渴望。因此，卡洛·列维的《基督停在埃博利》（1945年），记录了他在20世纪

30年代中期因反法西斯活动被流放到马泰拉省（巴斯利卡塔大区）的一个山顶村庄的时光，书中仔细记录了这个村庄居民的行为和信仰。但列维仍然把他们的世界理解为时间和历史之外的世界，因为这里不受现代文明的影响，并且，他以一种近乎神秘的方式与之产生了共鸣，因为他捍卫这个村庄保持自治权，免受中央集权国家的侵犯。

想要反对这种解释，必须坚持两个重要的观点，即意大利农村不同地区之间有着高度的内部文化多样性；而且，在20世纪的进程中，城市和乡村之间的文化依存度日益加深。例如，大约在20世纪初，位于伦巴第大区比耶拉和米兰的纺织厂开始依赖来自边远乡村的农民家庭的未婚妇女的季节性工作，她们拿着工资回家换取食物。通过这种方式，她们既与村庄保持着密切的联系，同时也能体验到来自工业城镇的新文化；这种接触反过来又改变了家庭和村庄的文化。在普利亚大区的塔沃拉塔和波河三角洲，统一后的资本主义农业和薪资合同的发展深刻地改变了这些地区的文化。不像小农家庭的孩子，农业散工的孩子可以上学读书，学到了读写和算术技能，因为这些地区没有儿童劳动力市场。这意味着出生在1900年前后的农业散工的下一代，能够阅读社会主义或无政府主义的宣传。在雇佣劳工中流传的流行歌曲和口头叙述也反映了社会冲突。例如，在第一次世界大战前的十年里，从皮埃蒙特到威内托，整个波河河谷都在唱女性抗议歌曲《联盟之歌》。乡村地区的歌曲反映了其他重大事件，比如1943年至1945年的入侵和内战，以及战后对卡拉布里亚或阿布鲁佐土地的占领。农村文化变化的其他因素包括：一是移民和回返移民（特别是在东北和南方），这在流行歌曲和文学中留下了许多痕迹；二是新通信技术的逐步不均衡渗透，如20世纪20年代和30年代的电影和广播电台，以及20世纪50年代的电视。卡洛·列维在他的书的第一页告诉读者加里亚诺村没有受到历史的影响，但在随后的几页中向他们展示了村子的人口平衡是如何受到第一次世界大战期间移民和征兵的影响的，以及法西斯国家是如何以罗马任命长官的形式影响到那里的（即使影响的程度有限），一名教师让自己的学生参加巴利拉青年运动，并要求村民们在主广场上用带有扩音器的收音机收听墨索里尼的演讲。

城市文化

如果说农村地区的生活在19世纪发生了变化，那么城市的生活也是如此，只不过节奏有所不同。这里的变化是由大城市人口的快速增长、更高的识字率（这为报纸创造了市场，更大程度上是为杂志创造了市场）和较新的商业休闲形式的发展所推动的。在19世纪的最后一个季度，城市大众娱乐的模式开始以音乐咖啡馆为中心，后来演变成各种剧院，1900年前后，随着电影技术的发展和波利塔玛剧院的兴起，这种模式开始发生改变。波利塔玛剧院是可容纳4000人的大型多功能剧院，提供巡回演出、歌剧、杂耍，以及有音乐伴奏的默片放映。从18世纪晚期到19世纪中叶，依靠不断更新的作品和国际巡回演出，歌剧或歌剧院在意大利一直是繁荣的文化产业。随着戏剧娱乐的多样化和现代化发展，它开始转变为一种主要基于古典和浪漫剧目重现的艺术，并占领历史学家约翰·罗塞利所说的"观赏性运动"这一新地位。1900年后创作歌剧时，他们要么回顾过去，寻找故事情节、语言和音乐习语的一部分，例如贾科莫·普契尼的最后一部歌剧《图兰朵》，于1926年，即作曲家去世两年后，首次在米兰上演，要么是面向少数专业观众实验作品。

　　和其他地方一样，意大利电影始于在集市和杂耍表演中放映的一分钟的新奇短片。随着电影的时长不断增加，风格越来越戏剧化，逐渐被纳入剧院或特定用途影院的混合娱乐节目中。在第一次世界大战之前，这种新媒介已经在城镇中非常流行。低廉的票价是重要的推动因素：剧院老板只需支付租金和一名放映员的费用——没有演员、技术人员或舞台工作人员的费用支出。1910年，米兰《晚邮报》写道："自匈奴入侵以来，没有比电影更可怕的入侵了。"到1927年，电影票房收入占包括体育和现场戏剧表演在内的意大利所有观众娱乐收入的50%以上；到1936年，这一比例已升至70%，到1941年高达83%。然而，电影需求日益增长，而意大利电影制片人越来越无法满足这一需求。意大利起初是世界上主要的电影制作国家之一，尤其以其华丽的服装闻名，如史诗作品《末日庞贝》（马里奥·卡塞里尼，1913年）和创新型作品《卡比利亚》（导演乔瓦尼·帕斯特洛纳，字幕加布里埃尔·邓南遮，1914年）。1915年意大利公司共制作了562部电影，意大利成为一个电影净出口国。到1930年，这一数字已降至12部，意大利显然成为他国（尤其是美国）电影的主要进口国。到1938年，就在法西斯政府引入保护主义立法之前，外国电影占意大利总票房收入的87%。

　　虽然不同的城市保留了各自的特色，但其功能和特性以及相互间的关系在19世纪中经历了变化。佛罗伦萨、都灵和那不勒斯的文化重要性有所降低，而罗马和米兰的文化重要性却更加突出。时至今日，佛罗伦萨仍是欧洲最伟大的文化遗产城市之一，但它已不再像19世纪初至第二次世界大战期间那样，是现代哲学、文学和艺术文化的中心。那时，佛罗伦萨出版了多期杂志，如《呼声》（1908—1914年）、《日光浴室》（1926—1939年）、《火星领地》（1938—1939年）；还开设多家咖啡馆，例如红衬衫咖啡馆和帕兹科夫斯基咖啡馆。因此吸引了诸多有创造力的人才，包括作家和哲学家乔凡尼·帕皮尼、诗人埃乌杰尼·奥蒙塔莱、画家阿登戈·索夫维奇和作曲家路易吉·达拉皮科拉。佛罗伦萨作为文学中心衰落的主要原因之一是，1945年以后，作家们开始较少关注小型文学评论，更多地依赖于大型出版公司、报纸和大众发行的杂志。这就把他们吸引到了米兰、都灵或罗马。20世纪20年代和30年代，佛罗伦萨主要的新文学出版商瓦列奇在1945年之后设法保留或招募了一些作家。战后，几位杰出的年轻小说家，包括切萨雷·帕韦斯、埃利奥·维托里尼、纳塔莉亚·金兹伯格和伊塔洛·卡尔维诺，都在都灵的艾奥迪编辑团队工作；从1959年起，安伯托·艾柯在米兰为邦皮亚尼做顾问。

都灵至今仍是几家著名出版公司和一个重要图书展的所在地，但它作为电影制作中心（第一次世界大战前）、广播网络中心（20世纪20年代）和艺术与建筑设计中心（从新艺术时期到40年代）的地位已经衰落；前两个角色逐渐让给了罗马。那不勒斯则是个更为特殊的例子。这个城市不仅产生了这个世纪最有影响的知识分子——哲学家、历史学家和文学评论家贝尼代托·克罗齐——它也是那不勒斯歌曲的故乡，从19世纪80年代到20世纪50年代，那不勒斯歌曲是国内外最负盛名的意大利流行歌曲类型。《登山缆车》（巴比诺·图尔科和路易兹·邓察创作，1880年）、《我的太阳》（阿尔弗雷多·马祖奇和爱德华多·迪·卡普阿创作，1898年）和《重归苏莲托》（詹巴迪斯塔和埃内斯托·德·柯蒂斯创作，1902年）等音乐作品的成功，得益于组织良好的音乐事业和高度可出口的影像传统的营销：皮迪格罗塔节，维苏威，那不勒斯湾，还有众多岛屿。在这一时期的大部分时间里，那不勒斯流行文化逐渐成为整个意大利流行文化的象征，这一进程得益于典型那不勒斯或南部食物（如比萨和通心粉）的传播、意大利南方移民以及那不勒斯歌手在国际上的成功，特别是在美国生活多年的恩里科·卡鲁索（1873—1921年）。那不勒斯还拥有蓬勃发展的喜剧传统，包括综艺剧院，这是在意大利北部媒介衰落很久之后的事。这个传统造就了20世纪最伟大的两位戏剧艺术家：演员兼剧作家爱德华多·德·菲利波（1900—1984年）和舞台兼银幕演员托托（安东尼奥·德·柯蒂斯的笔名，1898—1967年）。这些那不勒斯文化形式从20世纪50年代末开始衰落，很大程度上是因为它们塑造了贫穷和具有方言传统的古老意大利，在经济腾飞的年代，这样的国家形象开始失去吸引力，尤其是对年轻人来说更是这样，因为这与意大利的现代化形象格格不入。

罗马在1870年成为首都后的快速发展造就了其文化的扩张，它成为国家教育和文化政策的中心，并成为一所新大学和一所新国家图书馆的所在地。不仅电影工业和广播业在战争期间向罗马集中；自19世纪80年代以来，这座城市一直吸引着作家和文学记者，与佛罗伦萨不同的是，它在第二次世纪大战后发展为文学知识分子的聚集地。他们中的一些人甚至把自己的作品罗马化：米兰作家卡罗·埃米利奥·加达撰写罗马题材小说《梅鲁拉纳之路》（1957年）；皮尔·保罗·帕索里尼，1950年从弗留利搬到罗马，写了几部作品——《求生男孩》（1955年）、《暴力人生》（1959年），以及他死后出版的《石油》（1992年）——还导演了多部罗马电影，包括《乞丐》（1961年）和《罗马妈妈》（1962年），以及短片《软奶酪》（1963年）。自19世纪早期以来，米兰一直保留着意大利主要出版城市的地位，包括书籍和期刊出版；它也是无可争议的广告业中心。此外，自20世纪70年代末私人电视网络崛起以来，米兰已成为第二个电视之都，并重新成为仅次于罗马的电影制作和发行中心。用媒体历史学家皮皮诺·奥尔托列娃的话来说，1945年后，意大利在文化上已不再那么"多中心"，而是形成以罗马—米兰为轴心的"两极"，1980年以后尤为明显。

现代与传统

在第一次世界大战之前，米兰是未来主义运动的官方阵地，主要发起人是作家菲利波·托马索·马里内蒂（1876—1944年）。虽然未来主义在意大利有一些先例，最著名的是《新武器（机器）》（1905年）的作者马里奥·莫拉索的机器崇拜，但它实际上是意大利艺术家和法国文化之间联系的产物，包括亨利·柏格森和乔治·索雷尔的思想，还有象征主义文学和立体派艺术。马里内蒂本人是一个国际化的人物，他曾在埃及上过一所法国中学，在定居米兰之前曾在巴黎住过几年，可以用法语和意大利语写作。1909年2月20日，他的《未来主义宣言》首次刊登在巴黎《费加罗报》的头版。大多数未来主义奠基人于第一次世界大战前都在巴黎至少待过一段时间。未来主义刺激了国外同类运动的兴起，从英国的贪婪主义到俄罗斯的未来主义。马里内蒂周游列国，传播理想信仰，并组织展览，包括四次伦敦之行（1910—1914年）和一次彼得格勒和莫斯科之行（1914年）。

与此同时，未来主义有几大意大利特色。第一，它具有强烈的民族主义特征。马里内蒂自愿参加利比亚战争（1911—1912年），在1915年成为热忱的干涉主义者，像他的几个未来主义战友一样，都参加了第一次世界大战。意大利未来主义者的军国主义、殖民主义和民族主义造成了他们与俄罗斯未来主义者之间的裂痕，俄罗斯未来主义者中的一些人，比如弗拉基米尔·马雅科夫斯基，接受了左翼的反军国主义和国际主义。第二，未来主义张扬地自我推销，坚持不懈地强调速度或活力（这被马里内蒂认为是现代生活的基调），它顽固地坚持工业主义，反对乡村主义；提倡现代化，反对落后；提倡未来，反对过去；提倡暂时，反对永久。所有这些都可以被解读为一种特殊的意大利焦虑的症状，这种焦虑就是试图把意大利从自己的过去中拯救出来，试图在一个没有多少现代化城市、非现代化的农村大量存在、拥有两千多年艺术遗产以及保守的艺术派传统的古老国家中推动一场现代运动。第三，未来主义崇尚年轻和斗争。伊内蒂在《未来主义宣言》中宣称："斗争之外没有美的存在。任何没有好斗特性的作品都不可能成为杰作。"这场运动认为的许多积极因素——速度、暴力斗争和战争——都与阳刚之气和活力有关，而它所反对的过去、博物馆、古典裸体画、月光、优美流畅的句子、音乐和谐、社会主义、民主、和平主义——则与阴柔气质、疾病或死亡有关。马里内蒂称威尼斯是"世界各地妓女的珠宝浴缸"；帕皮尼将罗马形容为一个"像妓女一样吸引人，并把古老的慢性梅毒传给她的爱人"的城市。正如评论家克劳迪娅·萨拉里斯所记录的那样，这些态度并没有阻止一些女性作家和艺术家认同这场运动，并将激进主义与她们对女性政治和社会解放的要求关联起来。

第一次世界大战是未来主义的分水岭。翁贝特·波丘尼从马上掉下来摔死了；富有远见的年轻建筑师安东尼奥·圣·埃利亚在行动中丧生；其他艺术家，包括索夫维奇、吉诺·塞弗里尼、卡洛·卡拉和马里奥·西罗尼，其风格发生转变，脱离了运动。1917年，卡拉加入了由乔尔乔·德·契里柯于战争期间在巴黎创立的形而上学艺术，到1920年，他一直主张回归传统和本土价值观。1922年，西罗尼成为20世纪艺术的创始人之一，20世纪20年代的特点是其形象魔幻现实主义和突出的造型或触觉品质，这是对未来派画家僵硬形式分解及其相互渗透平面的一种有意识的反应。马里内蒂毫不掩饰地继续推进未来主义，并将其引导到新的领域，包括政治领域（在1919年大选中，他领导的短命的未来主义政党与法西斯主义站在同一阵线上）。他还主持了一场被称为第二未来主义（晚期未来主义）的战后延续的运动，一直持续到20世纪30年代末。这让福图纳托·德佩罗、恩里科·普兰波里尼和保加利亚移民尼古拉·迪尔格洛夫等艺术家声名鹊起。这些艺术家的战后作品，连同创始未来主义者之一的贾科莫·巴拉的作品，都以其鲜明的几何图案为特点。受飞机飞行的启发，1929年飞行绘画推进了这一时期未来主义的发展。

这场战争并没有像在英国、法国、德国或俄罗斯那样，在作家和艺术家中激起不满、和平主义或玩世不恭等情绪。诚然，几位意大利作家有力地记录下了堑壕战和山地战所带来的身体和精神上的极端苦难，但他们通常用爱国情绪的宣言来补充这些描述，或者用平民主义概念来说明他们与普通步兵以及芬特人是一个共同的群体，比如，皮耶罗·贾希尔的《我与阿尔卑斯军团》（1919年）、索夫维奇的《科比莱克》（1918年）、马里内蒂的《钢铁婚房》（1921年），甚至还有朱塞佩·昂加雷蒂在他的诗集《喜悦》（1919年）中经常出现的尖刻的战争诗。库尔齐奥·马拉帕尔特（科特·埃里克·祖克特的笔名）写了一本具有煽动性的小册子，名为《卡波雷托万岁！》，在书中，卡波雷托战役（1917年9月）带来的国家"耻辱"（当被击败的意大利军队撤退到后方时）被解释为被剥削的芬特人反抗压迫的军官阶层的积极叛乱，但即使是这样，在政治上也是模棱两可的。在法西斯分子掌权后的1923年出版的第二版小册子中，马拉帕尔特修改了最初支持布尔什维克的信息，使卡波雷托成为民族主义法西斯革命的先驱。20世纪20年代末，马拉帕尔特和包括米诺·马卡里和索菲西在内的诸多托斯卡纳艺术家和作家一起，成为超级国家运动的领军人物（其货币就是他的），该运动主张基于意大利本土（南部、地中海、天主教）传统的艺术，批判了未来主义美学和被马拉帕尔特称为"超级城市"的现代主义文明的崇拜，他主要在马西莫·邦坦贝利（1878—1960年）和他的罗马期刊《'900》（1926—1929年）中指出了这一点。该期刊是国际现代主义写作的展示平台。

其他拒绝接受未来主义教训的艺术家寻求的不是恢复民族传统，而是不同方式的现代化，朱塞佩·特拉尼和他在第七组的理性主义建筑师同伴，包括勒·柯布西耶、格罗皮乌斯、密斯·凡德罗、奥托·瓦格纳，以都灵和米兰为中心，发展了国际现代运动，与未来主义者安东尼奥·圣埃利亚斯不同，他们强调建筑严格的几何性、功能性和节约性。1926年至1927年，该组织在《意大利拉塞尼亚报》发表了一份纲领性声明，建议回归秩序：他们声称，先锋派建筑以"毫无意义的破坏性愤怒"为基础，而他们的建筑则基于"古典基础"和"传统精神"。20世纪20年代末和30年代的抽象艺术家——普拉姆波里尼、奥斯瓦尔多·利西尼、福斯托·梅洛蒂、曼廖·罗——也受到了外国作品的影响，他们的作品以有序的几何结构、简化且清晰的线条及形式为特征。

作家也尝试以多种方式来协调与现代主义的关系。加布里埃尔·邓南遮（1863—1938年）是个花花公子和势利小人，总是吹嘘他自己反现代主义的品位和他对传统和优雅的崇拜。然而，他至少在早期现代主义中迈出了一步，从19世纪80年代末开始，他摒弃了现实主义和自然主义的教条，投身于色情主义、唯美主义和风格折中主义。费德里戈·托齐在他的作品《闭着眼睛》（1919年）中，通过一系列随机的干扰和对主人公及其故事的偏离，削弱了角色的中心地位和情节决定论。

伊塔洛·斯韦沃（埃托雷·施密茨的笔名，1861—1928年）在三十年的时间里，以他的家乡的里雅斯特为背景，创作了三部小说，慢慢腐蚀着现实主义和自然主义的传统。在第二部作品《暮年》（1898年）中，叙述者质疑男主人公对事件和自己感受的叙述的可靠性。在第三部作品《季诺的意识》（1924年）中，主人公讲述了自己的故事，但文本却滑稽地从内部切断了他的叙述，因为他不断地重复自己的生活，试图为自己辩解，并向精神分析学家解释。在路伊吉·皮兰德罗的《一个，谁都不是，十万个》（1926年）一书中，叙述者讲述了当他意识到自我意识是从他人对自己的定义中拼凑而成时，他是如何变得精神错乱的。皮兰德罗在他的剧作《是这样，如果你们以为如此》（1918年）、《六个寻找剧作家的角色》（1921年）、《亨利四世》中也运用过类似的主题，后两部剧作进一步揭示了非自然主义舞台表演的戏剧幻觉。诗歌方面的现代主义也呈现出多种技巧：圭多·戈扎诺将资产阶级俗气的日常物品引入诗歌词汇；翁加雷蒂把诗的字里行间拆成了单词和短语；迪诺·坎帕纳在诗歌与散文、梦与醒之间的边缘进行了实验；蒙塔莱将象征主义和传统打油诗相融合，并赋予诗歌丰富的音乐性。其他作家坚持认为，一个人可以在保持传统的同时进行创新。由诗人文森佐·卡达雷利等人编写的罗马文学期刊《哨兵》（1919—1923年）代表了战后秩序的恢复，代表了"红色的两年"的社会冲突，代表了在未来主义的反传统主义和《呼声》的实验主义之后，对意大利文学过去的"纯粹"路线的恢复。

其中许多似乎有相互对立的趋势——未来主义者激进的现代性与邓南遮对过去的崇拜相对立，邦坦贝利和西罗尼的新生主义与马拉帕尔特和索夫维奇的超级国家运动相对立，梅洛蒂和罗的几何抽象与乔治·莫兰迪的具象现实主义相对立，达拉皮可拉和戈弗雷多·佩特拉西的实验音乐与皮埃特罗·马斯卡尼和翁贝托·佐丹奴的流行音乐对立，但又在意识形态上与法西斯主义相容，至少在20世纪30年代末是这样。法西斯时代的文化词汇：现代与传统，革命与古典，成为极具灵活性的象征，艺术家、建筑师、作家、音乐家和评论家都根据自己的目的，不管是出于热情还是自我保护，来宣称他们的作品与政权的一致性。

法西斯主义

政治哲学家诺贝托·博比奥在1972年声称，意大利从未有过真正的法西斯文化。他提请人们注意，正直的学者们在意大利百科全书（1929—1937年）等具有代表性的文化工程中，只对法西斯政权的价值观作出了极小的妥协。这种观点在一定程度上是正确的，最低程度合作的概念有助于解释，在1945年后，有很多曾在这个政权中生活过的文化人物能够坚定地坚持自由主义的价值观（就像克罗齐那样），或者民主抑或社会主义价值观（墨索里尼宣称法西斯主义已经取代了这些价值观）。这一观点也使许多具有坚定文化信仰的人物摆脱了困境，他们在政权中找到了一个合适的位置，接受政权的保护，对政权进行颂扬，或者以亲法西斯的姿态展示自己的作品。除上面提到的名字之外，还可以加上几个名字：翁加雷蒂在1919年法西斯运动初期加入运动；普契尼在1922年墨索里尼上台之际送上祝贺；皮兰德罗在1924年马泰奥蒂危机最严重的时候申请了一张法西斯党证。这些人物的崇拜者们争辩说，他们对法西斯主义的献身是表面上的，或模棱两可的，或者说他们是政治上的无辜者，或者说他们作品的美学价值与政治无关。他们这样做似乎既没有必要，也没有任何历史意义。他们能够公开认同法西斯主义，实际上告诉了我们很多关于他们、关于法西斯主义与艺术之间的关系，也就是说，至少在20世纪30年代中期之前，法西斯主义能够包含多种多样的艺术风格和意识形态。这与其说是容忍或者任何有意的政策选择的结果，不如说是源于意识形态潮流的多样性，这些潮流在法西斯主义内部找到了归宿，而这些政权在十多年来缺乏一种单一的、连贯的文化政策。法西斯政府当然很快就镇压了反对派。1923年至1926年间，它镇压了社会主义的新闻出版公司、图书馆和教育界等文化产业。它确保了包括以前的自由主义报纸《晚邮报》和《新闻报》在内的非党报的所有权和编辑控制权落入友方的手中。它还设立了新的审查机构，比如审查报纸报道的斯特凡尼机构，并鼓励地方政府加强警惕，阻止或修改可能被视为反法西斯或反意大利的书籍、戏剧和电影剧本。但在采取了这些镇压措施的同时，法西斯政府为任何准备公开表明自己与政权利益一致的人提供了相当大的文化活动空间，呈现出许多艺术家眼中激进或革命性的一面，并允许与其他国家在不同领域进行文化交流，尽管内部存在"顽固不化"的法西斯主义者的反对声音，他们本希望文化政策的方向能够更加明确。

法西斯主义缺乏真正的文化，这一概念也将文化的定义局限于精英阶层的高雅文化——博比奥实际上明确指出，他的言论主要是指学术界。这样的说法忽略了该政权在大众文化领域的广泛工作，例如提供大众休闲和娱乐设施，成立妇女、青年和学生活动团体，以及促进体育和公共纪念活动，诸如1932年在罗马举行的纪念"向罗马进军"十周年的大型法西斯革命展览。它还忽略了政权对广播和电影等新兴大众文化形式的影响。共产党领导人帕尔米罗·陶里亚蒂于1935年在莫斯科就法西斯主义发表了演讲，他在演讲中指出，由法西斯主义者开发的大众休闲组织国家康乐俱乐部是一种雄心勃勃、富有创新精神的尝试，目的是塑造工人阶级对该政权的认同，同时他告诉在意大利从事地下活动的共产党人，要渗透进去，试图从内部使其成员变得激进。国家康乐俱乐部实际上是一个多分支的组织，包括男子和女子团体、戏剧团体、电影俱乐部、自行车俱乐部，还有保龄球比赛。针对城市工人阶级，国家康乐俱乐部为儿童假期、城市成年人和家庭周末出游做安排，为他们提供被称为大众火车的廉价火车；在农村地区，国家康乐俱乐部官方赞助了当地的乡村节日，从而把许多地区和地方的各种民间传统纳入了该政权的民粹主义。美国历史学家维多利亚·德·格拉齐亚在对国家康乐俱乐部的详细研究中，提请人们注意该组织许多活动故意不涉及政治，并辩称，与其说它成功地促进了对该政权的认同，或者通过消费文化有效地分散了人们的注意力，不如说它成功地创造了一系列休闲活动，在一定程度上缓解了工人阶级受减薪影响的压力，从而削弱了潜在的异见。然而，各种各样的证据表明，在这个政权下长大的一些人，包括在左翼传统地区工作的年轻工人，因为把国家康乐俱乐部与体育、身体健康和竞争精神联系在了一起，因此也积极地把它与19世纪30年代的现代化联系在了一起。

广播和电影这两种媒介都是政权用来进行宣传的工具，虽然它们作为宣传工具的社会影响有时比想象的要小。和出版、音乐、戏剧等文化产业一样，广播和电影产业在法西斯统治时期的意大利从未像在苏联那样完全国有化。意大利政府仿效英国政府与英国广播公司（BBC）的模式，将垄断权授予一家广播公司（1926年以前被称为意大利广播公司，1944年以前被称为意大利广播接收局，此后被称为意大利广播电视台），但这家公司在法律上仍属私有，资金来自广告收入以及邮政部征收的许可费。这意味着广播公司对其工业股东（无线电设备制造商、电气公司、电话公司和化学公司）和广告客户的责任与对国家的责任一样大。20世纪20年代，广播成为中产阶级听众的媒介。有许可证的用户相对较少，政治节目只占节目表的一小部分；大多数广播时间都被音乐和其他娱乐节目占用了，尽管像马里内蒂这类的人——到目前为止，他是一位坚定的法西斯主义者，同时也是一位敏锐的广播员——试图证明广播是最具未来主义色彩的工具。直到1933年，当意大利广播接收局并入国家控股公司意大利广播电视台时，政府才成立了农村广播公司，将教育广播带进了农村地区。同时，政府采取了更协调一致的行动促使人们购买更便宜的电视机，持证订阅用户数量上升到100多万，而将广播作为一种宣传工具服务于政治得以追溯。1933年，每日15分钟的节目"政权编年史"的推出就是一个典型的例子。从那时起，广播开始影响某些地区人们的时间分配和文化节目，开始创造自己的明星，开始被用来在公共场所集体收听体育赛事（足球、自行车、汽车和摩托车比赛）的实况转播——换句话说，广播开始影响人们的品位、价值观和态度。一个证明其在法西斯二十年统治末期社会影响的重要证据来源，是1939年至1940年由意大利广播接收局举行的广播听众公投。即便如此，我们仍然很难评估，在法西斯统治下，广播对公众舆论的政治影响到底有多大。但值得一提的是，第二次世界大战期间，收音机被广泛用于秘密收听外国广播，包括英国广播公司和美国之音用意大利语播出的反法西斯节目。

电影的观众比广播要多得多，墨索里尼公开承认其宣传价值。他效仿列宁的话说："电影是最强大的武器。"在实践中，直到1938年，政府一直在宣传利益与自由放任政策之间进行权衡。意大利政府对私人电影制片人和影院所用者采取自由放任政策，私人电影制片人只要得到审查机构的批准，就可以制作受欢迎的娱乐影片；而影院所有者可以从国外进口热门电影，以吸引更多观众。因此，人们对电影的记忆主要是观看美国电影，包括西部片、浪漫情节片、恐怖片，其次才是意大利电影，在放映主要影片之间穿插新闻宣传片和短纪录片。在意大利受欢迎的电影中，有一些诙谐的社会喜剧，尤其是马里奥·卡梅里尼的《给我一百万》（1935年）、《马克斯先生》（1937年），拉斐尔·马塔拉佐的《在佛罗伦萨和罗马之间的铁轨上》（1943年）和阿历山德罗·布拉塞蒂的《云中漫步》（1943年）等最为著名，它们与法西斯民粹主义和阶级平等的精神相容，而不是宣传片。政府确实赞助了一些宣传影片，比如乔瓦基诺·弗尔扎诺为1932年的十周年庆典制作的《黑衬衫》，以及布拉塞蒂的《旧卫队》（1935年），但它们在商业上并不成功。随后，1938年和1939年的两项立法使意大利电影业更加自给自足：《阿尔菲利法案》承诺向商业上成功的意大利电影提供奖金，而《垄断法》赋予意大利发行商对包括进口影片在内的所有影片租赁的控制权。这意味着租赁收入无法再流向海外，好莱坞各大电影公司纷纷退出意大利市场。此前，这些公司在意大利拥有自己的分销商。这些措施一直有效到1945年。

相对自由放任的状态一直持续到20世纪30年代中期，随后法西斯对文化活动采取更加集中和干涉性的政策（以1937年创建的大众文化部为标志），这种模式成为法西斯二十年统治期间的主流，也是区分历史阶段的重要标志。教育政策也遵循同样的模式。1923年，哲学家秦梯利（1875—1944年）担任教育部长，在法西斯政府领导下对国家教育进行了第一次改革，当时被墨索里尼大肆宣扬为"最法西斯的改革"。这项改革实质上是一项自由主义立法，遭到了更顽固的法西斯主义者的抨击。尽管引入了一项新的国家考试制度，但《秦梯利法》通过向私立学校开放大片区域（实际上，这意味着对天主教学校开放），减少了国家控制的学校数量。现有的对小学后教育进行三方导流制度也得以加强，其中的三方包括以人文为基础的中学、技术专业学校和教师培训机构。在这些类型的学校中，它优先考虑了第一类学校，即秦梯利所说的"文化学校"，而当时雇主对技术和科学技能的需求日益增长。改革保持了对大学入学的限制，对课程的改动也很小。直到1939年，当时的教育部长朱塞佩·博塔伊才提出了激进右翼的教育宪章。但当时正值1940年6月意大利加入第二次世界大战前夕，这一计划未能得以实施。

第二次世界大战和重建

法西斯政权的最后几年对许多年轻人来说是个心理转折点。官僚主义停滞不前、领袖崇拜、与希特勒结盟、第二次世界大战爆发，让许多人越界走上内部异见或反法西斯的道路。无论是在战争期间（1943—1945年），还是战后，知识分子都大量流向了左翼反法西斯政党，包括行动党、社会党和共产党。共产党尤其有吸引力，因为当时苏联享有国际威望，而且它采取了与中产阶级进步人士广泛结盟的战略。

在哲学领域，意识形态的重新定位引发了对马克思主义的再思考。加尔瓦诺·德拉·沃尔佩的《关于人类解放的马克思主义理论》于1945年出版。1947年，殉难的共产主义领袖安东尼奥·葛兰西（1881—1937年）狱中书信问世，随后1948—1951年又有五卷他的狱中札记出版。后者尤其重要，因为它为意大利共产党及其知识分子提供了弹药，以挑战克罗齐自由主义和新理想主义的持续权威。在艺术方面，马克思主义广泛采用社会承诺、现实主义和表现主义等形式，在许多情况下（如在战后的法国），高举人道主义旗帜，重申已被国际法西斯主义粉碎的人的基本价值。雷纳托·古图索参加了1944年的抵抗运动，1945年在巴黎与毕加索成为朋友。他早在1940年就加入了秘密的意大利共产党，并越来越多地绘制政治题材的画作，比如以战后占领南方未开垦土地为题材的画作。音乐家路易吉·达拉皮科拉在《种族法》（1938年）时期远离了法西斯主义；他与他的犹太伴侣结婚，并创作了《监狱之歌》（1938—1941年），含蓄地表达了不同政见。战后，他又创作了独幕剧《囚徒》（1949年）和《自由之歌》（1955年）。罗伯托·罗西里尼曾在1942年为意大利海军拍摄宣传片，1944年秋开始拍摄《罗马，不设防的城市》（1945年），这是剧情片三部曲的第一部，后两部包括《战火》（1946年）和《德意志零年》（1947年），从反法西斯和左翼天主教的立场描述了战争的社会影响。切萨雷·扎瓦蒂尼在战前以轻喜剧小说和电影剧本作家的身份闻名。在战争期间，他经历了一场深刻的个人危机，从这场危机中，他萌生了观察和向普通人学习的愿望。这成为他自己的新现实主义美学版本的基础（"在大街上、房间里架起摄影机；以永不满足的耐心观看，去教我们自己从人类的基本行为中思考人类"），也是他与导演维托里奥·德·西卡合作电影的基础，包括《擦鞋童》（1946年）、《偷自行车的人》（1948年）和《风烛泪》（1952年）。这些故事都发生在罗马，分别讲述了少年犯的困境、失业带来的绝望以及面临被驱逐的贫困退休公务员的屈辱。

　　电影中的新现实主义更多的是一种倾向或道德品质——扎瓦蒂尼称之为虚拟主义——而不是一种运动或一套固定的审美标准和风格程序。尽管如此，战后早期的意大利电影确实具有一种全新的外观和敏锐的感觉，能够激起怜悯和愤怒，这被习惯了美国和欧洲类型电影的平淡口味的观众迅速捕捉到。意大利电影对外国观众和电影制作人产生了巨大的影响，从印度的萨蒂亚吉特·雷伊到波兰的安杰伊·瓦杰达，再到美国的伊利亚·卡赞。但在意大利，这些电影总体上并没有吸引多少观众。《擦鞋童》和《风烛泪》都没有取得商业上的成功。《罗马，不设防的城市》取得了成功，但首映的时候反应平平。罗西里尼回忆说，当它于1945年9月在一个电影节上首映时，观众们一片嘘声，直到它在巴黎大受欢迎后，才开始在国内赚钱。如果考虑到意大利观众在战争中所经历的苦难和战后的困境，他们对影片的抵制心态是可以理解的。大多数人去电影院是为了分散注意力或体验幻想的世界，而不是为了回忆自己或他人的痛苦，所以喜剧和冒险再次在票房上大获成功。可能那些在商业上相对成功的电影之所以能成功，是因为它们能够调动集体自豪感或愤怒等正面情绪，比如《罗马，不设防的城市》，或者是因为它们将社会现实主义与娱乐性的故事或性诱惑结合在一起，比如朱塞佩·德桑蒂斯的《艰辛的米》（1948年）。

对过于痛苦的故事的抗拒也适用于书面叙述。普里莫·莱维（1919—1987年）的处女作《如果这是一个人》对自己在奥斯维辛集中营的分支机构布纳-莫诺维茨集中营的经历进行了记述，1947年由一家小公司出版成书2500册。结果公司倒闭了，这本书也被遗忘，其原因如同莱维1976年说的一样，因为当时人们不太愿意回顾刚刚结束的痛苦岁月。事实上，这本书所描述的与大多数意大利人所经历的都不一样。在后来的一部作品《灭顶与生还》（1986年）中，莱维讲述了集中营里所有被拘留者都经历过的一场噩梦：他们活着回来讲述自己的故事，没有人相信他们，或者更糟的是，他们只是转过身去不理他们。直到1958年艾奥迪才再次出版了《如果这是一个人》；这一次，它在意大利国内外都产生了深远的影响。在努托·雷维利的《永不迟到》（1946年）以及马里奥·里戈尼·斯特恩的《雪地中士》（1953年）等作品中，那些经历过1941年至1942年俄国战役的苦难和随后撤退的士兵的叙述也许更容易被人接受，因为他们强调重返家园。

战后的现实主义、回忆录和社会批判思潮虽然很重要，但也仅仅是全貌的一部分。1946年后，天主教民主党中间派崛起，成为新共和国的主要成员，它击败了共产主义者和社会主义者，并击败了天主教民主党内的左翼，由此开启了一个教会保守主义成为强大文化力量的十年。从天主教对电影审查的控制，到教区影院占据展览市场主流，再到将冠以淫秽之名的杂志没收，都让人感觉到了它的存在。此外，意大利广播电台和它的新电视服务还存在反左的偏见和性礼节：后者从1954年成立到1975年改革，由天主教民主党一手控制了20年。与此同时，通过欧洲复苏计划获得了美国援助，重建工作开启现代化进程，在这个过程中，美国的经济增长模式（货币主义、刺激私营部门、消费者支出）发挥了强大的作用，其作用之大，无法估量，超过了在英国或瑞典等国的影响力。在英国或瑞典，战后左翼政党仍留在政府，两党之间就凯恩斯主义福利国家达成了共识。这种美国模式在意大利有着不同的文化维度。美国的文化象征——布基伍基、可口可乐和好彩香烟——与现代化和传统权威的放松联系在一起，当美国军队驻扎在那不勒斯和罗马等城市时，这些象征突然变得更接近本土。从20世纪50年代中期开始，摇滚乐（1956年埃尔维斯·普雷斯利的第一张唱片问世）和电影如《无因的反叛》（1955年）——这部电影在意大利发行时采用了更具说教意味的名字《烧焦的青春》——帮助塑造了一种新的青年自治和反叛模式。尽管好莱坞电影在战争年代几乎销声匿迹，但在1945年，它以复仇之心卷土重来；到1948年，《偷自行车的人》

和《艰辛的米》的票房收入再次超过总票房的70%。战争结束后的十年里，电影院和电影观众在主要城镇之外和南部都有了大幅增长，而在1945年以前，这些地方的电影院数量还很有限。意大利电影业本身在20世纪50年代和60年代变得"美国化"，因为奇尼奇塔（意大利规模最大、设备最齐全的电影制片厂）对美国制片人变得有吸引力，一方面是可以降低成本，另一方面是意大利政府出台了一项法律，阻止美国电影的收益回到美国。意大利导演开始与肌肉男史蒂夫·里夫斯等美国小明星一起制作一系列利润丰厚的服装，称为佩普拉。《甜蜜生活》（1960年）中费里尼对"台伯河上好莱坞"这个国际化电影世界以及在威内托大街上为短暂闪耀的明星拍照的狗仔队进行了令人难以忘却的讽刺；这部电影反过来又为新意大利出口了一系列令人向往的标志性产品：韦士柏和兰美达摩托车、浓缩咖啡吧、蜂窝发型、剪裁考究的男装。这些标志性产品有力地证明，意大利在20世纪50年代不是简单被动地屈服于美国化，而且一直在改造美国风格，使之适应当地的习俗，并创造出自己独特的新风格。

经济奇迹及之后

所有这些变化都在20世纪60年代加速，这是经济奇迹或繁荣（1958—1963年）的结果，它带来了大规模城市移民，北方大型工业公司的增长和南方新兴工业化，高速公路网络的建设，大规模机动化，每年的带薪假期，以及电视机拥有量和电视消费的迅速增长。蒙达多利在1965年推出的"奥斯卡"系列低价优质平装书开创了大规模出版的新时代。这些平装书在任何报摊和书店都能买到。最初，每本书的销量约为20万册，这一创意很快就被其他出版商效仿。随着古老的农民文明开始被"大众社会"或"消费"社会彻底打破，知识分子占据了各种各样的位置。民族学家吉安尼·博肖和民族音乐学家罗伯托·莱迪试图记录意大利乡村正在消失的民俗传统、生活方式、歌曲和方言，为未来的文化历史学家创造一个无价的宝库。皮耶·保罗·帕索里尼将20世纪60年代和70年代的变化描述为一场"人类学革命"，他对自己所看到的现象感到惋惜：年轻人缺乏坦率和性的纯真，消费主义无所不在，此外，以商业和广告语言为蓝本的无趣统一的意大利语取代了方言。伊尼亚齐奥·西洛内批评那些只从损失的角度来看待这些变化的人，并提请人们注意与意大利过去的贫困相比，健康、教育和生活水平都有了真正的改善。伊万诺·西普里阿尼研究了大众传媒改变社会习俗和关系的方式。安伯托·艾柯对大众文化进行了开创性的分析，从连环画到詹姆斯·邦德，再到智力竞赛节目主持人迈克·邦乔诺。艾柯在1964年出版的学术作品集《启示录派与综合派》的序言中，总结了知识分子对大众文化的对立态度：一方面是"末日论者"将其视为反文化而拒绝接受，另一方面是"融合论者"将其视为大多数人的文化而乐观接受。这两种态度打破了左派和右派之间的传统政治分歧。艾柯自己的文章站在这两种观点之间，拒绝对大众文化进行污蔑，但同时又拒绝不加批判地接受。

不仅对知识分子，对数百万意大利人来说，20世纪60年代也是混乱和迷失的十年。大规模的国内移徙和随之而来的农业部门的收缩，导致南部乡村地区人口锐减。随之而来的工业和服务业岗位的增加，使大量妇女离开了全职劳动力市场，成为家庭主妇和兼职工人。弗朗哥·阿拉西亚和达尼洛·蒙塔尔迪的《米兰，科里亚》（1960年）与戈弗雷多·福菲的《都灵南部移民》等研究记录了移民和重新安置带来的文化动荡和冲突，小说和电影中也有所体现，其中包括维斯孔蒂的《洛可兄弟》（1960年），讲述了一位母亲和她的五个儿子从马泰拉省移民到米兰的故事。奥蒂罗·奥蒂里在《唐纳鲁玛攻击》一书中，生动地描述了产业转移未能在南方创造当地就业的情况。保罗·沃尔波尼在《纪念》（1962年）中描述了工厂工作的疏离本质，楠妮·巴莱斯蒂尼在《我们想要一切》（1971年）中描述了它与激进抗议的联系。激进牧师唐·洛伦佐·米拉尼管理的位于托斯卡纳乡村的巴比亚纳学校的孩子们写的《致老师的信》（1967年），对教育体系再现的社会不公平进行了谴责。1963年后，中左翼政府未能实施广泛的改革，这在各种社会团体中引发不满。与此同时，20世纪60年代初的梵蒂冈第二次会议开启了天主教改革运动，激发教会内部的批评和许多天主教徒的新愿望。中学的扩大（1962年的一项新教育法引入了一套共同的中学课程，并将最低离校年龄提高到14岁）和大学门槛的放宽造就了受教育程度更高的年青一代，其中许多人对他们成年后将要进入的社会产生了强烈的不满。

所有这些紧张和不满造成的影响在1967年至1972年期间的社会抗议中得以显现。在这一时期，人们确实试图调整文化和政治力量的平衡，尽管没有一个抗议运动达到了它的所有目标，但也取得了部分成功。中学生获得了参加学校委员会的权利。大学生对所学内容有了更多的选择，在某些情况下，他们可以选择自己更感兴趣的课程。新闻记者在任命编辑时获得了更多的集体话语权，编辑对他们报道的篡改有所减少。作为1970年《工人条例》的条件之一，工人在公司工作三年期间，获得150小时带薪离岗学习的机会；这150个小时经常用来学习具有强烈政治色彩的课程，包括马克思主义和女权主义课程。20世纪60年代末70年代初，比较激进的小型出版公司蓬勃发展，比如萨维利、德多纳托、马佐塔；左翼报纸《持续斗争》和《宣言》分别于1967年和1969年发行；还有一些地下杂志如《裸之王》，和女权主义杂志如《女同志》和《埃菲》。

从20世纪60年代初到70年代中期，意大利电影经历了一次创造性和商业性的复兴。这在一定程度上得益于同一时期美国电影行业的危机。自20世纪50年代中期以来，电影制片厂体系制作成本不断攀升，加上电视的冲击，致使电影观众大量流失，美国电影业地位受到削弱。出口到欧洲的美国电影较少，意大利观众观看的本土电影和其他欧洲电影相应增多。到20世纪60年代末，意大利制作的电影已经超过了好莱坞。尽管自1954年电视问世以来，意大利的电影观众人数也开始下降（1955年是电影观众人数的历史高峰，售出8.19亿张票——到1976年，这个数字下降了一半），但影院老板通过提高票价和增加新电影数量来弥补这一损失。意大利电影产业的复兴在一定程度上也受到国内因素的影响：包括对电影制作的重新投资、消费者支出的增加以及意大利电影观众性质的改变等。20世纪40—50年代，大批观众开始观看曾经只吸引少量观众的艺术电影。毫无疑问，意大利电影业的复兴在一定程度上也是得益于更多好电影的问世。除了《甜蜜生活》和《洛可兄弟》（均为1960年票房收入最高的电影）之外，还有安东尼奥尼的三部曲《奇遇》（1960年）、《夜》（1961年）和《蚀》（1962年）；费里尼的《八部半（8½）》（1963年）和《朱丽叶与魔鬼》（1965年）；吉洛·彭特克沃关于第三次世界大革命的电影《阿尔及尔之战》和《奎马达政变》（1969年）；帕索里尼从《寄生虫》（1961年）到他在1975年被杀之前完成的《索多玛120天》；以及贝纳尔多·贝托鲁奇（生于1941年）从《死神》（1962年）开始的所有电影。

在视觉艺术、文学和音乐领域，20世纪60年代和70年代初期也是实验主义和对既有传统和价值观的抗拒时期。1960年，皮耶罗·曼佐尼（1933—1963年）邀请公众吃涂有他拇指印的水煮鸡蛋；1961年，他制作了90个标有"艺术家大便"的小罐，每个罐上都有签名和标号，像黄金一样论克出售。

与20世纪60年代末和70年代贫穷艺术运动有关的艺术家们开始探索新材料，并将不同寻常的图像和材料放在一起，比如马里奥·梅茨用玻璃、钢铁和皮革制作的一系列冰屋，或者画着霓虹灯辉映下色彩斑斓的蜥蜴和鳄鱼的画作。

第63组，也称作新前卫主义，强调未来主义诗人的语言和诗歌形式的重要性。但与之不同的是，该群体中左翼人士，尤其是爱德华多·圣圭内蒂和埃利奥·帕利亚拉尼，避免语言透明度或叙事性，原因是该语言风格太容易被新资本主义社会吸收和否定。伊塔洛·卡尔维诺同样认为，文学可以属于或关于它的时代，但不必用沉重的社会现实主义来表现它。

因此，受到结构主义文学概念的影响，即文学是有限元素的无限组合，卡尔维诺转向了"轻"科学幻想（《宇宙喜剧》，1965年；《零》，1967年）和一种有趣的实验性文本（《命运交叉的城堡》，1973年）。

在《照明工厂》（1964年）中，路易吉·诺诺（1924—1990年）首次把电子和声音结合起来；在《力量与光明的浪潮》（1971—1972年）中，为了以诗歌形式纪念智利革命家卢西亚诺·克鲁兹，他将精心录制的电子音乐与现场钢琴、管弦乐队和女高音声结合在一起。流行音乐领域，法布里齐奥·德安德烈和恩佐·贾纳奇等唱作人得以发展起来，与美国民谣和布鲁斯歌手有相似之处，但形成了独特的意大利风格。

20世纪70年代末以来的趋势

从20世纪70年代下半叶起，一些相互关联的进程开始停止，甚至部分扭转了前十年的一些趋势。第一，由于部分让步和左翼团体自身的分裂，更为重要的是，受到恐怖主义和反恐（紧张战略与隐藏国家的阴谋）等因素的影响，极左的亚文化和学生运动开始瓦解。这些过程在当时一些最令人难忘的作品中得以一探究竟：电影方面，比如弗朗西斯科·罗西的《三兄弟》（1981年）和吉安尼·阿梅利奥的《致命一击》（1982年）；戏剧方面，如达里奥·福的《被绑架的范法尼》（1975年）；写作方面，如列昂纳多·夏夏（1921—1994年）的著作，包括1972年的《比赛》（罗西在1975年将其拍摄为电影，名为《精彩的尸体》）、1974年的《托多·莫多》和1978年的《莫罗事件》。

第二，20世纪70年代末出现了文化产业所有权集中的趋势，跨媒体控股、媒体与政治利益相互纠缠，构成之后80年代的主要特征。这一趋势使得小公司更难独自进入市场或生存，20世纪60—70年代建立的几家小型出版商和杂志社纷纷倒闭。1974年，图书和杂志出版商里佐利收购了《晚邮报》报业集团的控股权；随后，该公司接管了《米兰体育报》和多家地区性报纸，并将业务扩展到私人电视和建筑、金融等非文化领域。到1982年，该公司背负着逾700亿里拉的债务，并卷入腐败丑闻，濒临破产。1984年，集团控制权移交给菲亚特（菲亚特已经拥有另一家主要日报《新闻报》），菲亚特进入了新的增长阶段。西尔维奥·贝卢斯科尼的菲宁维斯特集团（1996年更名为梅迪亚塞特集团）的崛起更为瞩目。从20世纪70年代末创办开始，贝卢斯科尼涉猎私人电视和广告特许经营，并在80年代涉足电影发行、制作和出版，1991年收购了蒙达多利的多数股权，包括其图书和杂志以及《共和报》。

一定程度上，由于这些趋势和伴随而来的新企业文化，自20世纪70年代中期以来，媒体版图发生了多维度改变，包括所有权、分布、模式和消费等方面。例如，以前所有的意大利报纸在售卖上都有区域性倾斜，比如伦巴第的《晚邮报》、皮埃蒙特的《新闻报》、托斯卡纳的《国家报》、拉丁姆的《信使报》等。到1976年，罗马发行一份新日报——《共和报》，是真正意义上的全国性日报，没有特定的地区基础，不久就在米兰、都灵、佛罗伦萨和罗马获得了或多或少规模相当的读者群。在广播领域，私人广播和电视的兴起——1976年宪法法院的一项裁决终结了意大利广播电视公司的垄断，使之成为可能——不仅大大增加了频道的供应，而且开辟了人们收听的新时段，培养了一种新的消费模式，为观众提供更多浏览节目的机会。与此同时，它重新燃起了人们对媒体的琐碎化和成瘾影响的忧虑，并引发了人们对"电视统治"的新担忧，尤其是在贝卢斯科尼领导的意大利力量党于1994年迅速崛起之后。1980年后，电视成为意大利第一个真正无处不在的文化形式。1993年，据电视收视率测量公司估计，有99.5%的意大利家庭拥有和使用至少一台电视机，不同地区之间的差别微乎其微。在同一时期，电视机逐渐成为一种多用途工具，也用于录像带、电脑游戏、电传和接收卫星节目。无论人们对电视节目的看法如何，有一点是确定的，电视节目在文化上具有重要的统一作用。自定期播出开始以来，它一直是共同语言传播的主要媒介，在一定程度上使意大利人的时间安排变得同质化（例如，晚间新闻是许多观众的定期预约节目），并造就了一系列全国知名人物，同时也让从政治家、歌手到体育明星等人都能获得全国范围内的关注。电视配上盒式磁带录像机早已取代电影院，成为观看电影的主要手段。自20世纪80年代中期以来，在大银幕上和小银幕上，美国电影占据了最大份额。到1990年，电影票房收入与20世纪

50年代初持平。

第三，20世纪70年代末80年代初出现了对宏大思想体系的信心危机，其中最显著的迹象是马克思主义的衰落——这种衰落早于苏联和东欧共产主义政权的崩溃，却也因此加速了衰落进程。把握住这种文化变迁脉搏的书籍之一是《软弱的思想》，该书由吉安尼·瓦蒂莫和皮尔·奥尔多·罗瓦蒂编写（1983年）。在他们的引言中，瓦蒂莫和罗瓦蒂描绘了意大利哲学从20世纪60年代相对乐观的时期，走过20世纪70年代相对悲观的时期，最后到20世纪80年代信念瓦解的时期。在20世纪60年代，还有可能为哲学提供不同的基础（无论是马克思主义、结构主义还是现象学）；到了20世纪70年代，哲学的特点是消极和怀疑主义，但仍然植根于对理性的基本信念；而在20世纪80年代，这种信念也已瓦解，再也不可能把思想建立在任何形而上学的确定性之上。因此，瓦蒂莫的哲学在20世纪80年代发展成一种后现代怀疑主义的形式，以潜在的激进形式展现。例如，他在1989年的《社会》一书中指出，马克思主义认为世界历史是个单一的进程，阶级是其优先研究主体，这一观点的终结，催生了多重、交叉的微观历史和主体的多重性。经验丰富的政治哲学家诺贝托·博比奥的回应更为传统，他试图在后马克思主义视角下重新思考民主与社会主义之间的关系。

对宏大计划和制度保持警惕的倾向影响了其他领域的文化产出。文学创作不再那么关注公共主题和意识形态，而是更多地关注个人、表面、旅行、风景和场所，比如安东尼奥·塔布其的《印度夜曲》（1984年）和吉安尼·塞拉蒂的《平原的叙述者》（1985年）；或者是融合了历史、回忆录和幻想等形式的混合作品，比如文森佐·康索的《未知水手的微笑》（1976年）、杰苏尔多·布法里诺的《瘟疫播种者》（1981年）和塞巴斯蒂安·瓦萨里的《白日梦》（1990年）。

在视觉艺术方面，20世纪70年代末和80年代，"贫穷艺术"运动的概念主义通过对人物形象的令人难忘的大胆运用而获得成功，例如米莫·帕拉迪诺、桑德罗·基亚和恩佐·库奇的画作。在音乐方面，卢西亚诺·贝里奥使用了蒙太奇手法并引用风格多样的元素。在由卡尔维诺创作，贝里奥改编成音乐剧的两部作品中——《一个真实的故事》（1982年）和《国王的倾听》（1984年）——音乐符号和语言符号可以有多种解读。

第十二章
1945年后的意大利

大卫·海因

现代经济的发展

1945年后意大利的发展可以说是西欧其他国家发展的缩影。同整个欧洲共同体一样，意大利实现了持续的经济增长，生活水平更接近欧洲主要国家。意大利社会越来越倾向于世俗化和唯物主义观念，以往激烈的阶级斗争和宗教冲突得以缓和，民主得以巩固。尽管战后的意大利共和国一开始表现得脆弱而不稳定，但后来意大利的体制变得更加稳固，虽说经历了20世纪90年代的种种困难，但与1945年相比，该国抵御法西斯主义和共产主义等极端主义思想的能力已大大增强。

然而，意大利的发展不仅是战后欧洲运动的缩影，同时也具有独特的意大利色彩。它从一个落后的农业社会的转变比大多数其他国家都要迅速而壮观；但是，正因为如此迅速，过程也就显得更加痛苦。意大利对欧洲一体化理想的热情也远非其他主要国家可以匹敌，但是，它有时可能采取更谨慎的态度，这种谨慎适合于一个并不总是有能力应付完全开放和竞争的欧洲经济体。在政治上，基于对自由宪法制衡的正式承诺，意大利比战后欧洲任何地方更加全面地分散权力，保护了这个国家免受强权统治者的侵犯，但也削弱了历届政府提供有效和权威领导的能力。

以上特性将在后面进行讨论。从更广泛的角度来看，它们不如该国追赶欧洲主流的能力重要。意大利在战后初期是一个战败国，是地中海地区相对落后的边缘化国家。1945年，几乎一半的劳动人口从事农业。意大利经济的工业基础在很大程度上局限于西北部都灵、米兰和热那亚之间的小三角地带。在随后的几十年里，那些显示出最快速持续增长的地区，特别是东北部和中部地区——威内托、埃米利亚和托斯卡纳——以小规模农业和古老的佃农模式为主。

该国的转变之所以可能，最重要的是因为它融入了更广泛的国际进程。没有欧洲重建提供的自由民主模式和市场经济，意大利就不可能有今天的发展。它的出口导向型经济的成功是建立在欧洲经济增长的基础上。尽管冷战对其国内政治产生了复杂的影响，但是大西洋联盟和对民主的捍卫确定了它的政治身份。然而这一切并非不可避免。地理位置使该国有可能在第二次世界大战后落入西方势力范围，但在地中海的其他地方，同样属于一般意义上西方势力范围的国家，经济孤立和政治威权主义同样存在。

因此，需要解读的第一个发展是围绕重建时代的：广义地说，是1943—1951年。在这一时期，意大利就未来的经济发展、政府结构和政党联盟形式作出了重要决定，致力于发展市场经济、开放贸易制度和大西洋防务共同体。

重 建

意大利政府的这些努力值得称赞，因为尽管政治生活最初是在同盟国相对较少直接干预的情况下重建的，但到1947年，意大利各党派已经把该国变成了冷战冲突的竞技场。同盟国虽然急于确保意大利在西方势力范围内的安全，却很少关注该国的政治重建。这是因为，意大利在战争结束之前就通过政权更替和改变效忠对象，在一定程度上恢复了其国际地位。而且，尽管意大利过去有法西斯主义和好战行为，但它在战后欧洲秩序中并未被视为主要角色。其潜在的工业基础有限，而且因为落后，民主复兴的空间似乎有限。

因此，从1943年7月墨索里尼倒台开始的政治生活的重建，比德国重建过程更为缓慢。波恩共和国同魏玛决裂，战后的意大利共和国在某种程度上是法西斯之前的自由国家的延续，诚然，所有在法西斯统治下遭受苦难的人的鲜明历史记忆在一定程度上预防了极端主义的复苏，但它的影响力不如德国那么明显。在意大利南部，强烈的君主主义和威权主义情绪得以幸存，滋养着极端保守的团体，使战后多年的政治生活变得更为复杂。在意大利中部和北部，抵抗运动为意大利共产党的未来奠定基础。该党领导工会和其他工人组织的群众运动，使这个国家成为传统社会民主的不毛之地。

这项复杂的重建工作的高潮出现在1947年。在那之前，曾参与抵抗的政治团体之间建立起脆弱的政治联盟，包括左翼的共产党和社会党，以及中间派的天主教民主党和各种小型自由团体。冷战的爆发带来了根本性的变化。左翼一直以来是政府的重要组成部分，但很快就被排除在外。新政府由阿尔契德·加斯贝利领导的天主教民主党人以及来自中间派的联盟组成。政府的政党范围明显缩小，议会中占多数席位的党派也是如此。正是对极右和极左的共同反对，才让新政府党派凝聚在一起，并一直延续到20世纪60年代。

这些极端情况构成了强大的挑战。随着冷战的到来和左翼被排除在权力之外，权力被牢牢地掌握在共产党手中。社会党出现分裂。一小部分人加入了政府中的天主教民主党；激进的大多数加入了共产党的反对阵营，但被其盟友的优越组织和资源击败。到20世纪50年代中期，共产党选票是社会党选票的两倍多。一个共产党领导的政府是否会沿着东欧路线建立专制政权，这引起了广泛的争论。左翼的历史学家总是争辩说意大利共产党与其东部姐妹党不同，但是选民们总是回避这个问题，不予验证。然而，尽管左翼力量太弱，无法强行进入政府，但它的力量足以引起中产阶级选民的警觉。对中产阶级来说，最好的防御是团结在天主教民主党的领导下，但对于这样一个举足轻重的群体来说，尤其是在政治上较为保守的南方，解决办法是直接采取行动。到1946年，一种反动的民粹主义已经以"普通人战线"的形式出现。1948年，它摆脱暧昧的伪装，以意大利社会运动的形式，成为墨索里尼厚颜无耻的继承人。

1948年大选证实了冷战开始时政治生活所呈现的基本形态。天主教民主党以微弱优势胜出，并与较小的中间派自由党、共和党和社会民主党结盟。在接下来的十年左右的时间里，这种模式为政策制定奠定了基础。尽管执政联盟中有多达四个政党，议会中至少有八个政党，但事实证明，这种模式相当稳定，足以经受住频繁的内阁危机，以及在加斯贝利1953年去世后成为常态的总理更迭。

自然，冷战的两极分化使得西欧广泛实行的和解性社会伙伴关系在意大利行不通。然而，它的缺席使联盟能够在没有与劳工运动定期谈判的情况下追求经济自由化，这在1947年以前是必要的。这种自由提高了商业信心和意大利工业的竞争地位。主导公众辩论的意识形态斗争的氛围，往往会转移人们对国内政策细节问题的注意力，让经济学家和技术专家在经济管理方面相对自由。一旦左翼脱离政府，意大利银行和财政部中自由市场经济学家的影响力迅速占据上风。1947年的稳定计划，加上货币贬值、严重的信贷紧缩和严格限制公共支出，为意大利在20世纪50年代初进入迅速扩张的国际贸易和支付体系铺平了道路。消费者需求和就业最初受到影响，工会运动花了多年时间才完全恢复自信，但这也为高自筹资金商业投资政策打下了基础，而20世纪50年代和60年代的经济奇迹正是建立在这些政策之上的。

　　但也不是完全没有国家干预。自20世纪30年代以来出现的大型国有控股公司——最著名的是工业重建研究所和埃尼集团——它们的发展是为了刺激钢铁、造船、汽车和能源等行业的发展，而这些领域的私人市场显然没有满足更广泛的社会需求。尽管因为公有的性质，国家对这些公司的政治干预降低了其效率，但在最初几年，高效能干的国有企业家队伍建设对管理观念的现代化作出了重大贡献，公共投资对增长进程也作出了同样重要的贡献。

　　尽管意大利的开端并不乐观，冷战最紧张的几年还出现了裂痕，但它却很好地利用了刚刚开始的欧洲贸易的大规模扩张，在20世纪50年代初迅速崛起。

意大利的经济和政治奇迹

　　意大利所谓的经济奇迹大体出现在1950年至1970年，尽管到20世纪60年代后半期，推动增长的因素开始发生重大变化。这20年与近

20年之间的对比是显著的。1951—1960年的年均经济增长率为5.3%，1961—1970年的年均经济增长率为5.7%。20世纪70年代，这一增长率降至3.8%，20世纪80年代降至2.3%。到20世纪90年代，年均2.5%的经济增长率在多数经济学家看来已经比较乐观了。

经济在这段时间进入良性循环的原因很复杂，关键是不能把增长与绝对福利混为一谈。经济奇迹的年代代表着一场剧烈的结构转型，将许多工作人口从低生产率的岗位或失业岗位转移到工业生产中。毫无疑问，收入水平最终会上升，但工作条件往往会恶化，大规模移民让许多人感到迷失，收入越高，租金、交通费用等也就越高。更重要的是，这段时期是资本积累非常迅速的时期之一，个人消费的增长远远落后于产出的增长，经济奇迹才能够持续如此之久。生产能力的持续扩大防止了通货膨胀的瓶颈。通货膨胀率很少超过3%，而在20世纪70年代中期，通胀率达到超过20%的历史高位。外贸增长进入良性循环，直到1963年才出现严重的国际收支问题。这一奇迹显然是由出口拉动的，那些主要面向外国市场的行业生产率增长最为迅速。

劳动力市场的疲软，以及农业和其他低生产率工作中未充分利用的现成劳动力，对增长进程作出了重大贡献。1950年至1963年间，失业率稳步下降，从9%降至2.6%，直到这段时期结束时，工会权力才初露端倪。直到20世纪60年代中期，大量的劳动力储备，尤其是在南方，使得投资和产出得以增长，而工资成本却没有大幅上涨。诚然，这些劳动者的技能相当低，对未来构成了严重挑战。在这20年里，意大利依靠相对低技术含量、高劳动力含量的产业实现了增长。东亚的潜在竞争对手还未出现，而中欧的竞争对手被困在经济互助委员会体系内。意大利有效地抓住了机会，尽管它在提高工人技能方面做得太少，但增长并不完全局限于低技术领域。几家技术日益先进的大型现代企业集团涌现出来，提升更为复杂的生产领域。

经济奇迹并未缩小意大利的贫富差距。相比于其他欧洲国家，战后的意大利贫富分化更为明显。这种二元性深深扎根于意大利历史，南部地区在地缘上与欧洲商业和文化影响绝缘，外加历史悠久的封建阶级关系。国家统一又进一步加大了这种差距。今天，其后果不仅体现在产业结构和生活水平的差异上，而且体现在教育、文化水平、行政能力等方面。

战后初期，意大利为解决发展不平衡问题作出了第一次认真的努力，但是，面对这样一个多层面的问题，决策者的理解还很不成熟。尽管该国的经济增长率很高，但年轻人的大规模外流以及意大利北部有吸引力的就业机会加剧了该地区面临的问题。20世纪50年代，国家为运输、通信、水和能源等基础设施项目设立了发展基金，并在公共领域作出特别努力，将主要企业设在南部地区。然而，与问题的规模相比，努力的结果往往显得不足。

鉴于意大利增长模式的性质，政府对经济发展不平衡问题的反应不可能是充分的。政策的目的是限制公共消费，如果国家一开始就在教育、医疗服务、公共住房和其他基础设施上大举投资，就会造成更高的个人税收或更重的公共借款方面的负担，而且商业信心旺盛的氛围肯定会被削弱。事后看来，许多人认为，如果发展道路放缓，从一开始就更加强调公共消费，并在福利和收入分配方面采取更加平等的做法，将会产生更令人满意的结果。然而，一个社会，不论是资本主义社会还是社会主义社会，很少能在一段相当紧张而且往往痛苦的资本积累时期之前就成功地建立起高水平的普遍福利。当然，在20世纪40年代或50年代，没有人强烈主张一种独特的社会民主主义第三条道路。共产主义反对派后来声称支持这种主张，尽管出于历史一致性的明显原因，拒绝接受社会民主主义的称谓。但在战后早期，除了对社会不平等的弊病和集体所有制的方案提出可预见的批评外，这条路没有什么令人信服的东西可以提供给选民。至于社会党，在20世纪60年代之前，它太过软弱和分裂，无法为政策辩论作出重大贡献。因此，在整个20世纪50年代，意识形态冲突主导了政治，反映的是市场经济和集体主义制度之间的广泛分歧，而不是通过现代福利网络重新分配收入而产生的更为复杂的政策问题。

然而，即使在20世纪50年代，执政党也没有完全成为经济增长过程的被动旁观者。天主教民主党建立在广泛的跨阶级宗教联盟的基础之上，联盟的性质使之无法忽视意大利社会较贫穷阶层的利益。它的根基——虽然比共产党的根基要弱——是工人阶级，特别是在天主教亚文化根深蒂固的东北地区。天主教民主党在农村和农业社区最为强大。的确，20世纪50年代天主教民主党改革的主要焦点是农业。50年代初，根据土地再分配的主要方案，通过强制购买来分割管理不善的大庄园，在土地改革机构的支持下对其加以改善，然后以较低的成本卖给小农和无地农民。土地改革机构还以能源、技术、牲畜和住房等形式提供援助。大型合作社（所谓的农业联合协会）和通过国有银行获得的廉价补贴信贷进一步完善了援助范围。

这种做法在很大程度上缓解了农村的困难，而且有效阻止了20世纪50年代南方选民中可能出现的过激的政治极端倾向。然而，并非所有的结果都是积极的，许多经济学家批评土地所有权的分散化。他们认为，政策的主要目标应该是使产出最大化，并降低城市生活成本和农业进口。类似的批评也针对零售业、餐饮业、手工作坊和其他个体经营服务供应商等领域的政策。就像在农业领域一样，特别许可法（例如，禁止超市发展）、廉价信贷和补贴保险等政治保护手段在这些领域被广泛使用。所提供的短期保护带来了心怀感激的选民的支持，但是从长远来看，由于现代化的延迟而付出的代价是巨大的。

向左翼开放与关于规划和改革的辩论

意大利经济在整个20世纪60年代保持持续增长势头。但在政治上，随着冷战的开始而出现的中间派联盟在20世纪50年代末或多或少地破产了。联盟起初得以成立主要是出于人们对极端主义的恐惧，而不是对联盟各政党的选举热情。随着实际收入和私人消费的增长速度低于经济的生产能力，联盟的破产并不意外。20世纪60年代的意大利选民比50年代富裕得多。联盟之所以可行，主要是因为别无选择，而且在20世纪60年代宪法得到全面实施之前，它的制衡机制并没有正常运作，甚至在某些情况下根本没有发挥作用。一开始，没有宪法法院来推翻法西斯主义的刑法典，没有地方政府，对地方自治的保护很少，广播和电视系统完全由政府控制。

然而，强大的中央控制不可能让执政联盟永远掌权。由于意大利实行的是纯粹的比例代表制，执政党需要在议会选举中赢得绝对多数选票——这在民主选举中总是一项艰巨的任务。天主教民主党在冷战最紧张的时刻取得了最重大的胜利，当时的社会环境基本上没有受到战后富裕所造成的世俗主义的影响。在1948年的大选中，该党赢得了48%的普选选票，并主导了联合政府。到1963年大选时，这一比例已降至38%，相当大一部分选票从执政党手中流失。在同一时期，支持共产党和社会党的选民比例从31%升至39%；极右翼政党的得票率稳定在6%至7%。因此，到20世纪60年代初，如果所谓的反民主极端主义的选票比例超过了民主中心联合力量的选票比例，那么这个国家就有可能变得完全无法治理。社会党从左派反对党转变为执政党，成功阻断危险，这一行动后来被称为"向左翼开放"。

对于一个从未赢得明显超过15%的普选选票的政党来说，社会党在随后30年的意大利政治生活中，即使并非始终都是一股良性力量，但也非常具有影响力。它的起源可以追溯到世纪之交，经历了两次戏剧性的分裂，一次在1921年，另一次在1947年，极大地削弱了它的力量，对更大、更强的共产党产生了严重的自卑情结。这种情结反倒有助于其在截然不同的形势下求得发展。直到20世纪50年代末，西欧社会主义政党中，它是唯一一个始终与共产党密切合作的政党，并在国际事务上坚决反对大西洋主义。从20世纪60年代初开始，社会党立场发生转变，进行了一场恶性的反共运动。它之所以能够这样做，是因为即使有选票和组织力量方面的不足，其在中左翼的战略地位也能够弥补这些不足。其10%至15%的选票份额（纯比例代表转化为相似比例的议会席位），使其成为中间派政党一个有吸引力的潜在盟友。只要冷战持续，只要社会党将左翼团结置于其政治战略的核心地位，这种潜在可能性就不可能实现。然而，到20世纪50年代末，情况发生了变化。去斯大林化正在破坏苏联模式的可信度，在党内，社会党与共产党的密切关系受到了攻击。该党开始谨慎地走向更传统、更明确的社会民主前景，这与天主教民主党正在发生的变化不谋而合。天主教民主党的几位领导人意识到中间派联盟模式的不可行，开始向社会党示好，并鼓励在地方政府中与之结盟。

将联合政府扩大到左翼不仅仅是简单的席位增加，还需要大量的政策修订。即便意大利自由市场经济经历奇迹发展，取得巨大成功，到20世纪60年代初，对政策修订的需求越发迫切。移民、城市化和经济增长迫切需要该国行政结构和福利制度的现代化改革。这在北方工业城市最为明显，那里人口增长迅速，计划外的投机扩张、过度拥挤、高租金和超负荷服务等情况突出。与西欧其他国家相比，意大利工人觉得自己的社会福利少得可怜。行政和立法方面的缺陷使问题显得更加突出。许多社会服务是由财政拮据的地方政府提供的，大多规模太小，无法有效运作。他们大多倚仗中央政府的特别赠款和贷款，而中央政府的相关立法基础薄弱，根据地方名流在罗马发挥政治影响力的不同，地方之间差异明显。公务员制度本身也存在较多问题。招聘和培训急需彻底改革，以减少对19世纪法律基础的依赖，更多地体现现代管理价值。

可以想象，"规划"成为20世纪60年代初的流行口号，包括改革派社会党、中间派共和党、左翼基督教民主党都采纳了这一口号。"规划"的确切意思各不相同。一种观点是，它仅仅意味着公共当局对私人市场进行更好的监管，特别是在城市规划和建筑管理方面。另一种观点认为，它意味着一种接近中央计划经济的实际规划控制体系。偏中立的观点则认为，它暗示了一种指示性经济规划的形式，这种规划是法国政府在战后年代经常实行的。国民经济至此有了宏伟的计划。预算部更名为预算和经济规划部，并最终制定了1965年至1969年的五年发展规划，但讽刺的是，该规划直到1967年才得到议会的批准。各大区政府也重获发展动力。自20世纪50年代初以来，大区政府陷于停顿，20个大区中只有4个在运转。这些大区将成为权力下放的行政体系中的一个重要组成部分，卫生、教育、福利和土地使用规划将通过区域规划体系实现更好的区域协调。

中左翼联盟及其困境

20世纪60年代初，有关规划的辩论主导了政治生活，构成联盟政治逐渐向左翼转变的大背景，最终导致自由党逐渐退出政府，被社会党取代。然而，过程绝非一帆风顺。起初，保守的天主教民主党强烈反对，1960年，试图建立一个由新法西斯社会运动党议会暗中支持的政府，意大利险些陷入内战。此后的两年，意大利由少数党天主教民主党看守政府执政，效率低下。直到1962年，在阿明托雷·范范尼的领导下，社会党成为议会多数党。在1963年大选后的第二年，他们从议会多数党直接进入内阁。天主教民主党左翼领导人阿尔多·莫罗开始了为期四年的总理任期，社会党的皮埃特罗·内尼任副总理。另外还有五名社会党部长，但和过去一样，天主教民主党仍然占有联合政府多数席位。

起初，改革似乎占据上风。政府采取了多项措施，其中最持久的是对中学教育的全面改革，以及电力行业的国有化。此外，政府采取初步措施，通过按农业价值强制购买开发用地的普遍制度来控制房地产投机。股息收入将从源头征税，以遏制广泛存在的逃税行为。然而，到了1964年夏天，联合政府开始陷入困境，严重的经济过热迹象初露端倪。1963年，工资增幅开始超过生产率增速，单位劳动力成本增幅高达14.5%。经济开始拉动进口，国际收支经常账户一度出现严重赤字。多年的经济增长可能终结，国内投资者和外汇市场的信心都出现了动摇。作为应对措施，意大利银行和财政部实施了严厉的货币紧缩政策，并严格控制公共开支，该国经济陷入了痛苦但短暂的衰退。

1964年，金融和政治危机令社会党陷入困境。社会党自称代表劳工运动，但实际上对其几乎没有控制权。在1962年和1963年的几轮工资谈判中，如果工会采取温和政策，或许可以防止经济过热，但工会领袖们却无意作出让步，因为他们中的大多数人与共产党的关系远比与社会党的关系密切。这是自第二次世界大战结束以来，他们第一次在劳动力市场谈判中有所收获，而且不打算出于社会党的考虑而作出任何让步。面对来自联合政府同僚、商界领袖和意大利银行要求放慢改革步伐以遏制公共支出、恢复商界信心的呼声，社会党不得不在接受要求和退出政府之间作出选择。后者充其量意味着回到反对派的荒野，与共产党并肩作战。在最坏的情况下，它可能会引发彻底的政治崩塌，因为如果该党放弃了政府，那么是否有其他方案可以取而代之，也很难说。事实上，在1964年的危机中，意大利可能比四年前更接近内战和政变。社会党领导层不愿试探右派决心的底线，在新的规划中作出较大让步，得以重新执政。前沿改革被抛弃。公共开支遭到大幅度削减，征用开发用地的计划被搁置，国有化进程暂缓。在预算部里，规划被简化为左翼知识分子的一种无伤大雅的户外救济。此次危机的教训是，社会党在联合政府中扮演着不可或缺的角色，但这种角色非但没有给他们带来真正的谈判筹码，反而将他们困在了政府中。

中左翼改革的失败当然没有摧毁联合政府本身。20世纪50年代是中间派的十年，接下来的60年代是中左翼的十年。然而，天主教民主党一直控制着联合政府，1968年大选后，乔瓦尼·利昂纳、马里亚诺·鲁莫尔和埃米利奥·科隆博追随莫罗的脚步成为总理。事实上，联合政府以这样或那样的形式一直持续到1972年，即使在那时，它也只是被短暂地抛弃了，取而代之的是一种旧的中间派模式，这种模式很快被证明缺乏可行性。到1973年，社会党重返政府短暂执政，一直到1976年那次具有里程碑意义的选举。

然而，1964年的危机凸显出意大利在适应自身现代化过程中面临的困境。经济增长促进了通信的发展，选民视野更开阔，要求随之增多。经济增长正在改变劳动力市场的力量平衡，这一点在60年代末变得尤为明显。在未来的某个时候，国家不得不面对选民在更好的福利、养老金安排、教育和公共住房方面的需求。在阿尔卑斯山以北，福利国家的模式随处可见，越来越多的意大利选民开始横向比较。20世纪50年代的意识形态斗争转移了对改革的要求，但选民们逐渐对改革议程可能包含的内容有了自己的想法。

意大利之所以比其他地方更难满足这些要求，原因在于政治体系的复杂性。只要左翼被强大的共产党所统治，就不可能掌权，尽管意大利共产党自称与其他地方的共产主义不同。在幕后，在议会委员会和其他半私营领域，共产党在20世纪60年代就已经对政策施加了一些影响力。但是，在不断增长的改革要求面前，为适应当权党派的要求，意大利共产党继续被定义为反体制、反民主的。但这无法阻止支持共产党的选民人数长期以来的缓慢增长，1976年，共产党选民以34.4%的选票达到顶峰，但是选民增长速度可能有所放缓。因此，由于共产党被孤立在对立面，改革议程必须由一个跨越政治版图中心的政党联盟来管理。政党联盟内部的谈判总是很困难，因为他们为大多数相同的选民而竞争，而且总是寻求短期的选举优势。

由于该国社会结构在各党派内部表现出来的复杂性，困难叠加。南方有大量失业和未充分就业的选民，很大比例的活跃选民都是从事小规模的个体经营活动，因此对公共资源的竞争相当激烈。向南方的区域性转移和对特殊群体的补贴使得这个新兴的福利国家只靠有限的纳税人缴税支撑，同时税基也并不固定。对个体经营者偷税漏税的容忍变成了一种隐蔽的补贴形式，而受雇的工人发现自己的税负越来越高，因为他们的税可以直接从账户扣掉。在福利国家的发展中，受雇的工人拥有最大的利益，从这个意义上说，意大利工人阶级成为自己福利成本的主要贡献者。

公共部门对20世纪60年代发展起来的政治代表制的悖论负有责任。这个悖论就是：执政党，尤其是天主教民主党，正在逐渐成为其队伍中公共部门员工比例过高的政党。特别是在南方，公共就业作为解决长期失业的方案得到了扩大。工资水平有限，但社会保障很好，找两份工作很常见。但正是因为执政党积极寻求公共部门人士的支持，提高生产力的改革变得越来越困难。没有人质疑公共部门改革——再培训、重组和重新分配公务员——的必要性。负责官僚体制改革的部长在历届内阁中都占有一席之地。但执政党越是依赖公共部门员工的选票，他们就越屈从于公共部门工会，这些工会只关注工资发放、薪酬和工作条件，而不是生产率的提高。

如果说20世纪60年代后半期在意大利战后历史上经常被视为一个浪费机会的时期，那首先是因为执政党无法处理这些事态发展的后果。20世纪60年代，政治代表制陷入了一种难以摆脱的困境。天主教民主党逐渐失去其宗教内涵，坚定的天主教徒选民人数自然有所减少。鉴于这种情况，它扩大选民基础，赢得在政治上得到帮助的南部地区选民和公共部门员工的支持。随着公共支出的扩大，天主教民主党以前作为私营部门喉舌和市场经济代言人的角色变得模糊不清。值得注意的是，社会党开始走一条类似的道路。由于在政府中受困，它发现南方选民和公共部门的员工可以弥补北方传统工人阶级选民的损失。社会党从社会民主改革主义演变为选民依附政治，并最终演变为政治腐败，这场源于20世纪60年代的失望情绪在20世纪90年代彻底摧毁了这个党派。

"火热的秋天"及其后果

20世纪60年代政治停滞带来的更为直接的后果在这个十年结束时显现出来。重大社会变革的第一个迹象是，意大利大学生迅速效仿越南战争引发的席卷西方世界的学生和中产阶级激进主义浪潮。骚乱迅速从大学蔓延到职场，从1968年开始，意大利经历了数年断断续续的暴力社会动荡，其中以1969年所谓的"火热的秋天"（以下简称"热秋"）劳工斗争最为激烈。不过，与法国更为集中的"五月事件"不同，这一事件一直持续到下一个十年，带来了政治价值观的持久改变。在这些动荡中，意大利民主出现了根本性改变，行动主义更为明显，参与程度有所增加，直接行动变得普遍。志愿协会的成员有所增加，更重要的是，它们从无所不能的政党中独立出来。

影响最为深远的是各大工会联合会的观点和行为，以及他们与普通工人的关系。在"热秋"斗争之前，意大利工会运动因意识形态上的分歧而四分五裂。意大利劳工总联合会是三个主要联合会中最大的一个，主要由共产党人领导。它倾向于把工会行动看作共产党政治功能之一。其领导人普遍对集体谈判持怀疑态度。他们认为：根据长期经验，如果没有罢工基金或长期劳资纠纷的传统，意大利工人很少会有罢工行动的意愿。因此，在20世纪50年代和60年代初的经济长期增长期间，劳动力市场处于静止状态。对意大利劳工总联合会领导人来说，集体谈判无论如何都是一把双刃剑。通过参与其中，员工们逐渐接受了市场的逻辑。而这一切在20世纪60年代末发生了改变。车间里的武装冲突，大部分是自发的，引发了空前规模的罢工和示威。1969年，因劳资纠纷而损失的工作时间超过3亿个小时，几乎是过去四年平均损失时间的四倍。直到1976年，这一数字才再次降到每年100万个小时以下。

1970年，制造业的时薪增长了20%。1968年至1975年间，工会成员增加了50%，其中公共部门和白领部门的成员增幅尤为明显。

20世纪60年代末的政治激进主义多少让人有些意外。长期繁荣昌盛本该有助于去除政治极端化和激进主义。然而，和其他地方一样，在意大利也出现了激进的左翼团体，不仅主导了学生运动，还在工会中站稳了脚跟，甚至在一小撮左翼选民中打下了坚实的基础。20世纪60年代后期，该团体中一小撮坚定的激进分子自觉幻想破灭，从议会策略转向了恐怖主义。

劳工武装的崛起同样出人意料。劳动力市场紧缩只是其中一小部分原因。一些组织良好的工人群体当然能够利用他们的战略地位，迫使弱势雇主在薪资方面作出让步，但是，"热秋"期间发生的事情远远超出了英国式的车间集体谈判，包括谈判的基调和具体诉求。事实上，之所以出现这种现象，主要是因为工人对中左翼政府倍感失望，而且劳工阶层发生了社会变迁，后一点特别重要。领导早期罢工行动的主要是年轻工人，其中有不少移民，他们中的一些人已经在德国和法国学习了车间罢工的技巧。由于计件工作的普及和生产线的加快，他们与雇主的关系日渐疏远，雇主们不再愿意通过新的投资来提高生产率。他们还经常批评工会联合会和共产党对待劳资关系的谨慎态度。

工会领导人最初对普通员工的好战行为感到惊讶，但几年后就适应了。他们不再关注传统的政党和意识形态差异等问题，反倒实现了前所未有的团结。结果，工会逐渐从领导"热秋"运动的激进分子手中夺回了对劳资关系的控制权，在雇主和政府眼中获得了新地位。它们不仅关注特定部门的工资和工作条件，而且还关注与养老金、住房和社会服务相关的更广泛问题。获得参与关键决策领域的权力成为关键目标，在接下来的十年，政府必须在其咨询和协商委员会中增加工会联合会的代表，所参与的不仅涉及工作场所问题，还包括区域发展规划、运输等基础设施投资、社会服务等广泛问题。工会影响力的迅速扩大还体现在劳动力市场政策的平等主义主旨上。随着时间的推移，出现了一种有利于低收入者的工资指数化体系。根据一项特别慷慨的临时裁员计划，所有工人一旦首次就业的某些权利得以确认，就能确保获得持续的收入来源。不同技能水平工人之间的工资差距缩小了，选择性奖金和计件工资的差距也是如此。

意大利社会的其他领域也出现了类似的情况。天主教的道德与宗教价值观日益受到消费主义和休闲文化价值观的挑战。在中小学、大学、媒体、法律专业和其他地方，自由派或左翼人士正逐渐上升到有影响力的职位。

与其他西方社会一样，性自由和两性间更大的平等被提上了社会议程。从这个意义上说，意大利的价值观正变得更加多元化。在20世纪50年代和60年代，可取代基督教民主主义统治地位的，主要是共产党主导的马克思主义亚文化。从20世纪70年代初开始，思想和组织的范畴都有明显扩大。起初由两大政党建立的社会组织变得更加独立，而其他非政党组织也有所壮大，包括妇女运动团体、同性恋权利团体、环保主义者团体、地方行动团体。共产党当然得益于政治价值观的普遍左倾，特别是在年轻选民中，对它的助力在1976年达到了历史顶峰。但正如后来的事件所显示的那样，这种关系更为偶然，几乎没有反映出人们对共产党左派传统观点和目标的热情。

这些变化最明显的证据出现在1974年著名的公民离婚公投中。当时宪法中对全民公投机制有规定，但从未实施。离婚的诉求是四年前提出的，通过公投方式，天主教徒有机会越过议会，诉诸人民。他们这样做了，却发现人们以60∶40的比例赞成离婚。这种心理影响是深远的，并导致了接下来20年的一系列公投，其中许多是由行动派激进党推动的。公投被用来解决与离婚、堕胎、核能和其他各种民权相关的问题。20世纪90年代，公投甚至解决了党内长期以来对选举改革的抵制问题。

寻求政治新秩序

20世纪60年代末70年代初，意大利经济生活中的权力制衡变化，无论持续时间还是强度，相比于20世纪60年代初的中左翼联盟，都是更为重要的政治转折点。意大利开始广泛探索更加稳定的新联盟模式。在20世纪70年代期间，该国试验了三种截然不同的联盟模式。最有争议的是，1976年之后，将共产党人短暂地纳入议会多数党，直到20世纪80年代，又回到与20世纪60年代的中左翼联盟并无二致的解决方案。

正是因为意大利经济问题日益突出，才会带来这些政治变化。20世纪70年代，意大利经济变数比之前20年大得多。通货膨胀和国际收支严重制约了经济增长，商业周期波动更加明显。在1970年至1973年间，意大利经济增长比大多数邻国都要缓慢。投资业绩甚至更糟。1973年至1974年出现了短暂的复苏，但并非得益于投资和出口，而主要是靠国内消费和公共支出的拉动。贸易平衡问题的出现，以及工资膨胀明显，显示出经济约束过于僵化，随着劳动力成本上升，劳动力灵活性下降，意大利开始失去制造业的竞争优势。1974年的第一次石油危机暴露了意大利对进口能源的高度依赖。到1976年，意大利政府被迫求助于外部力量——国际货币基金组织和欧盟——以帮助其度过危机。外汇交易被迫暂停超过5周，进口须缴纳特别附加费，里拉贬值约20%。直到70年代末，经济才重新回归更为持续的增长。

在经历了漫长而痛苦的重组过程后，意大利才得以恢复持续的经济增长。大型企业被迫将许多业务分包给不太受工会权力制约的更小、更灵活的公司。工厂不再允许按件计酬的"外包工作"，却又出现在小作坊和家庭中。外包工是意大利一直存在的地下经济的一个基本特征，雇主不用缴纳社会保障费用，工资免受税务部门的监管。调整过程比较漫长，其影响直到20世纪80年代才得以体现。它促进了意大利中北部和东北部充满活力的小企业的发展，但也并非没有代价。对新技术和培训的资金投入放缓，大公司在高科技领域的发展受到抑制，并且由于鼓励逃税，在整个20世纪80年代，政策制定者面对的困难加剧。

20世纪70年代后期至80年代初期的改组最终为重返市场铺平了道路，欧洲共同体内部市场方案的意识形态影响日益扩大，进一步刺激了这一进程。然而，在20世纪70年代，很难预见这样的结果。联盟僵局、社会紧张局势和恐怖主义等因素，加剧了意大利政治生活的不确定性。人们普遍认为，中左翼联盟已经失败，但对于如何应对这一情况，存在较大分歧。一些人认为，应对的关键在于平息工会运动，现在需要的是像1947年和1964年那样，采取削减开支和紧缩货币的强硬政策，向工会表明，要求过高的工资就意味着失业。另一些人则认为，政府和企业必须认识到，新工会的力量和团结是生活中的既定事实，应按照德国或斯堪的纳维亚的社会伙伴关系进行建设性对话。由于共产党在工会内部影响力巨大，这一政策在一定程度上将需要与意大利共产党进行对话，甚至结盟。

这种困境在执政的基督教民主党和商界都造成了严重分歧。天主教民主党一直处于政治领域的中心，但在20世纪70年代，它的左右两翼之间的分歧大大增加。中间派的大多数属于实用主义者。左翼的阿尔多·莫罗成为与共产党对话的主要倡导者。右翼没有同等声望的人物，但一些天主教民主党人游走在各种秘密的极端保守网络边缘，这些网络将安全部门、武装部队、黑手党和部分高级公务员联系在一起。事实证明，最有能力利用这些分歧的人是朱利奥·安德烈奥蒂。1972年至1973年，他担任了政府总理，尽管任期短暂而失败。该政府试图将基督教民主党重新转向与自由党的保守联盟。1976年，他再次执政，但这一次，在与阿尔多·莫罗的密切合作下，他努力与共产党开展对话。

尽管安德烈奥蒂与保守派有联系，或者也许正是由于这些联系，他才能够将共产党带入所谓的民族团结政府，尽管时间很短。该届政府代表了通过和解和妥协来处理"热秋"影响的努力的高潮。政府这样做，证明了这个国家所面临的经济危机的严重性——毫无疑问，这是自战争结束以来最严重的一次，有传言可能会进行军事干预，同时人们也担心国家正处于恶性通货膨胀的边缘。中左翼联盟已经垮台，除非共产党也加入进来，否则社会党拒绝回归。安德烈奥蒂成功地组成了这样看似不可能的联盟，几乎涵盖了整个政治领域，这证明了他和阿尔多·莫罗具有非凡的调解天赋，同时映射出共产党和工会领导层的悲观主义情绪。他们从"热秋"的极左价值观中获益，对其带来的经济和政治影响感到震惊。意大利共产党秘书长恩里科·贝林格的批评者说，他很欣慰看到自己所在的政党可以在支撑政府中扮演温和的角色，但这个政府与20世纪60年代声名狼藉的中左翼联盟并无二致。

全民团结的政府是否成功取决于评判它的标准。从1976年到1979年，它持续了不到三年。构建这个政府的"首席设计师"之一阿尔多·莫罗被红色旅恐怖分子抓获并杀害，付出了生命的代价。对共产党来说，随着党员和工会成员大批离开，失望的结果可想而知。在他们看来，尽管只有议会多数派中的一部分人参与，但该党做的唯一一件事就是鼓励工会放弃工资诉求。在1979年的大选中，意大利共产党的选票下降了4个百分点，它要求与联盟合并，充分获得内阁地位，但遭到选民和其他政党的拒绝。到了20世纪80年代，左翼似乎已远离执政。乐观主义者甚至可以辩称，天主教民主党乘风而上，意大利经济度过了最严重的危机，意大利工业获得了至关重要的喘息空间，慢慢适应"热秋"带来的后果。

中间派治理：五党联盟和政治腐败

现实情况有所不同。首先，1979—1980年的复苏是短暂的。更广泛的欧洲经济经历了一场漫长而轻微的衰退，三年来意大利经济的平均年增长率仅为1%。经济衰退不像1975年那么严重，但它让选民们感到比过去更没有安全感和富足感。20世纪80年代的长期繁荣始于1984年。其次，尽管共产党左翼从全民团结的政府中落败，但取而代之的方案——所谓的"五党联盟"——并不比以前天主教民主党和意大利社会党联盟更稳定。在某些方面，情况更糟。自由党和社会党合并，联盟现在由5个政党组成。更重要的是，基督教民主联盟为把共产党赶出政府付出了沉重的代价。随着意大利共产党失势，社会党扮演的关键角色再次显现，该党要求作出重大让步。如果不成立政府就发动政变的威胁似乎已经结束。意大利的民主现在太成熟了，而商界也太了解意大利在欧洲所付出被视为贱民的代价。此外，尽管天主教民主党挺过了20世纪70年代的困难，但其选举基础已进一步削弱。在1983年的大选中，该党在全国选票中所占的比例降至33%，为历史最低水平。

相比之下，社会党则显示出选举复苏的迹象，在1979年至1983年的大选中，该党的支持率上升了2个百分点；在1983年至1987年的大选中，该党的支持率又上升了3个百分点。因此，如果出现对抗，社会党可能会考虑举行大选，而不像他们的基督教民主联盟伙伴那样感到不安。这是社会党好斗的领袖贝蒂诺·克拉克西计算好的，1983年大选后，这一结论得到了证实。早在1981年，在臭名昭著的共济会第二传教会丑闻之后，天主教民主党就被迫放弃了总理职位——这是自1945年以来的第一次。在那次选举中获胜的是乔瓦尼·斯帕多利尼，他是规模虽小但颇具影响力的共和党领袖。1983年，克拉克西本人成为意大利历史上第一位社会党总理，几乎在1983年至1987年的议会任期内一直担任总理。

克拉克西政府之所以能够成立，是因为20世纪80年代两大政党走弱。尽管共产党在1979年后发现自己被孤立，失去可信的策略，但也没给天主教民主党带来什么好处。天主教民主党最大的长期困难是，他们正在成为一个日益南化和农村化的政党。其主要选民基础和主要领导人都集中在罗马以南的地区。因此，为了在这个依赖国家的地区生存下去，该党必须充分利用意大利政府的庇护可能性，以及适用于整个政党，也适用于其派系领导人的东西。后者为获得党内的一部分庇护进行了艰苦的斗争，党内的每一项公开任命或任命的公职人员都成为激烈竞争的来源。政府缺乏实际的人员流动助长了这一趋势。连续40年由同一政党执政对任何民主制度都是不健康的，意大利也不例外。正是在20世纪80年代，这个自满的政党出现了更广泛的政治腐败。

除了一党或多党执政时间过长，腐败现象增加，还有其他原因。其一是对司法事务的公然政治干预。政治人物可以通过各种方式阻止调查法官追查政治腐败案件。他们可以操纵职业生涯，为政治顺从者有选择性地提供激励；调查人员可能会因被认为存在政治偏见的竞选活动而名誉扫地；在极端情况下，正如过于频繁地发生而使人感到不适的情况一样，暴力和人身恐吓可以，而且已经被使用。议会豁免的制度——直到1993年才最终改革——也是腐败猖獗的原因之一。然而，也许最严重的压力是政治成本的上升。费用的增加与普通选民与其政治制度的疏离以及新闻媒介和政治传播机制的复杂性成正比。在20世纪50年代和60年代，党费较高，志愿者和资金有保障。到20世纪80年代，这种保障正在减少。一方面，一个政党的支持者，而后其他政党的支持者对政治感到失望，这导致人们普遍脱离政治活动。另一方面，党员生活无法再与大众文化、大众娱乐和作为社会活动来源的私人市场竞争。这些问题对执政党的打击尤其严重，由于党员越来越集中在南方，那里个人对政党的贡献，不论是现金还是实物，都不足，因此政党不得不求助于其他不太健康的收入来源，以维持其庞大组织的运转。

这些发展渗透到执政联盟的所有党派，其危害程度可想而知。一方面，选民似乎可以作出真正的选择；但另一方面，他们越来越意识到这些政党的运作方式和政策方案基本上大同小异。社会党对自己寄予厚望，希望取代天主教民主党，声称自己之所以留在基督教民主联合政府，只是因为考虑到议会人员构成形式和政党政治形态。但经过了中左翼联盟统治的30年，如今，这种说法不过是一片遮羞布，用以掩盖其赤裸裸的狼子野心。到20世纪80年代，社会党只不过是天主教民主党的一个半独立派别。左翼并没有消失，共产党和其他左翼政党仍获得30%以上的选票，但这不足以击败中间派的广泛联盟，赢得权力。20世纪80年代末市场经济复苏，共产主义尽管相对诚实，却显得不合时宜。

20世纪80年代后半叶，对于"五党联盟"中的政党来说，有点像爱德华七世时期的夏天。经济繁荣，选民富裕，但在表面之下，紧张局势一触即发。天主教民主党的南化在政府和北方选民之间形成不可逾越的鸿沟。北方选民虽不倾向于投票给共产党，但也逐渐意识到，执政党就是把北方纳税人的钱输送给腐败懒散的南方的代理人。20世纪80年代中期，地方和区域政党开始出现。到1992年大选时，北方联盟在北方工业省份赢得了20%的选票，其纲领看上去更像是分离主义，而不是权力下放。在整个20世纪80年代，政治腐败案件更加明目张胆地受到压制。尽管经济快速增长，但在协调相互竞争的支出诉求方面作出的努力给公共财政带来了沉重的压力。多年来，政客们通过公共借贷方式，一方面保持低税收，以满足北方纳税人；另一方面保持高支出，以满足各地依赖的游说团体。然而，这条路在20世纪80年代中期开始行不通了。无论是预算赤字的规模，还是公共债务的累积存量，都令政府在意大利和海外的债权人感到担忧。欧洲经济正忙于解除资本管制，由于债权人提高了利率溢价，偿债成本上升。甚至在《马斯特里赫特条约》设定加入共同货币所需的预算公正目标之前，意大利的政策制定者就发现自己越来越受制于欧洲共同体的成员资格。

因此，在20世纪90年代初，意大利政治暗流涌动，并不像天主教民主党和社会党联盟所暗示的那样稳定。彻底破坏其稳定的是冷战的结束和大规模政治腐败的暴露。冷战的结束代表着共产主义威胁的终结。但共产党并未因此而终结，而是改名为民主左翼党，它抛弃了原教旨主义者，尽管最初流失不少选民，但之后逐步稳定下来，并开始复苏。但冷战的结束确实让选民相信，任何形式的共产主义或集体主义攻击意大利市场体系和民主制度的可能性都是微乎其微的。具有讽刺意味的是，其结果是将影响转移到中间党派。多年来，温和派选民一直捏着鼻子投票给天主教民主党，如今他们终于得出结论，他们可以冒抗议政府质量的风险。结果，在1992年和1994年的大选中，中间派选民出现了戏剧性的分裂。选民们或者转向地方政党，或者转向各种奇异的替代方案，或者转向长期沉寂的意大利社会运动党，或者转向弃权票。即使在选举制度改革之后（表面上的目的是简化体制，建立更稳定的联盟），政党制度仍然混乱不堪。数十名政客，包括许多高级官员，因腐败指控被逮捕，司法部门最终决定报复政治阶层。就连电视大亨西尔维奥·贝卢斯科尼的财力和广告实力也无法在混乱中创造秩序。在1994年的大选中，他通过将自己的意大利力量党与北方联盟和意大利社会运动党这两个不太可能的盟友结盟，似乎短暂地打造了一个获胜的联盟，但他的政府在上任后8个月内就被推翻了。

经济战胜政治

20世纪90年代初的政治崩溃既是一场悲剧，也是一场胜利。对于一个政治制度来说，这是一场悲剧，尽管政治制度不稳定，但在最初几年有许多可取之处。在冷战、南部欠发达和新法西斯主义的潜在威胁下，自由民主幸存了下来。政府作出了困难的决定，这些决定使意大利经济能够融入更广泛的欧洲经济，这对大多数普通意大利人的富裕大有裨益。但是，一个在西欧国家所独有的政治制度的扭曲最终抵消和掩盖了重建时代的政治成就，而这一制度在维持民主的过程中无法产生所需的政府更替。随着有组织犯罪的出现，政治生活变得愤世嫉俗、腐败，甚至暴力。最终，由于无法面对困难的分配选择，政治制度成为一种无法忍受的负担。

然而，从另一个角度看，20世纪90年代的崩溃是选民们战胜其政权领袖的一次胜利。事实证明，该体系并不像人们担心的那样一成不变。在过去十年的一半时间里，政治生活的新面貌仍不明朗，但至少作出了一些艰难的决定。在缺乏权威政治家的情况下，权力被移交给了技术官僚。在这些人中，意大利银行的代表——意大利银行始终享有较高的声望和诚信——扮演了最重要的角色，难怪在1992年后的困难时期，意大利银行的两位主要人物卡洛·阿泽利奥·钱皮和兰贝托·迪尼应邀担任总理。技术官僚应该执掌政府，外汇市场应该在提醒意大利人谨慎地面对政治经济现实方面发挥突出作用，这些都是半个世纪以来使意大利与欧洲主流接轨的发展的恰当结论。这一解决办法不能作为政治的长期替代方案，但与墨索里尼70年前在类似情况下提出的即时解决办法相比，它似乎具有巨大的优势。

索　引

第一章

Nola 诺拉

Nucerians 纽塞利亚人

Numantia 努曼提亚

O

Oscan 奥斯坎语

Ostia 奥斯提亚

P

Pagi 帕奇

Papinius Statius 帕皮尼乌斯·斯塔提乌斯

Pedani 无票决权元老

Picenum 皮西努姆

Placentia (Piacenza) 皮亚琴察（皮亚琴扎）

Plautus 普劳图斯

Pliny the Younger 小普林尼

Pompeius Saturninus 庞培乌斯·萨图尔尼努斯

Pontus 本都

Praetextati 长袍者

Pyrrhus of Epirus 伊庇鲁斯的皮洛士

Q

Quaestoricii 财政长官

Quinquennalicii 监察官

Quintus Aurelius Symmachus 昆塔斯·奥列里乌斯·叙马库斯

R

Ramsay MacMullen 拉姆齐·麦克穆伦

Res Gestae 《功德碑》

Rhegion (Regium/Reggio di Calabria) 雷吉昂（雷焦卡拉布里亚）

Romatius Firmus 罗马提乌斯·菲尔姆斯

S

Sabellian 赛贝里语

Samnium 萨姆尼

Turc 图尔西

Turcius 特尔齐乌斯

Tuscana (Tuscania) 托斯卡纳（图斯卡尼亚）

U

Umbria 翁布里亚

Umbrian 翁布里亚语

Upper Arno Valley 上亚诺河谷

V

Valerius Flaccus 瓦莱里乌斯·弗拉库斯

Veii (Velo) 维爱（维洛）

Veleia (Velleia) 韦莱亚（韦勒亚）

Velleius Paterculus 维莱伊乌斯·帕特尔库鲁斯

Venetia-Istria 威尼西亚-伊斯特里亚

Venosa 韦诺萨

Vergil 维吉尔

Vespasian 韦帕芗

Via Appia 亚壁古道

Via Aurelia 奥勒良大道

Via Clodia 克罗迪亚大道

Via Flaminia 弗拉米尼亚大道

Vicus Laurentium 劳伦迪乌斯村

Virius Nicomachus Flavianus 维利乌斯·尼科马霍斯·弗拉维努斯

Volcei (Buccino) 沃尔塞（布奇诺）

第二章

A

Aistulf 艾斯杜尔夫

Alaric 阿拉里克

E

Enzo 恩佐

F

Francesco Bernardone 弗朗西斯科·贝尔纳多内

Franciscans 方济各会

Fraxinetum 法拉克西内图姆

Frederick Ⅱ 腓特烈二世

G

Gaeta 加埃塔

Garibaldi 加里波第

Garigliano River 加利格里阿诺河

Gregory the Great 格里高利一世

H

Hengest 亨吉斯特

Henry Ⅱ 亨利二世

Henry Ⅳ 亨利四世

Henry Ⅵ 亨利六世

Hippo 希波

Hohenstaufen 霍亨斯陶芬

Horsa 霍萨

I

Innocent Ⅲ 英诺森三世

Ivrea 伊夫雷亚

J

John Sobieski 扬·索别斯基

Justinian the Great 查士丁尼大帝

L

Legnano 莱尼亚诺

Lombard League 伦巴第联盟

Lucca 卢卡

第三章

E

Egidian Constitutions《埃吉迪安宪法》

Este 埃斯特

Estouteville 埃斯托特维尔

Ezzelino da Romano 维洛那的埃杰里诺

F

Facino Cane 法西诺·凯恩

Feltre 费尔特雷

Ferdinand 斐迪南

Fernand Braudel 费尔南多·布罗代尔

Ferrante 费兰特

Ferrara 费拉拉

Filippo Maria Visconti 菲利波·马里亚·维斯孔蒂

Fornovo 福尔诺沃

Francesco Maria della Rovere 弗朗切斯科·玛利亚·德拉·罗维雷

Francesco Sforza 弗朗切斯科·斯福尔扎

Frescobaldi 弗雷斯科巴尔迪

G

Galeazzo Maria Sforza 加莱亚佐·马里亚·斯福尔扎

Gattamelata 格太梅拉达

Giangaleazzo Visconti 吉安加莱亚佐·维斯孔蒂

Gian Giacomo Trivulzio 吉安·贾科莫·特里武尔齐奥

Giannozzo Manetti 吉安诺佐·马内蒂

Girolamo Riario 杰罗拉莫·利亚里奥

Guelph 归尔甫派

Guicciardini 圭恰迪尼

H

Habsburg Empire 哈布斯堡帝国

Henry VII 亨利七世

第四章

Gonzaga 贡扎加

Guardi 瓜尔迪

Guidobaldo Montefeltro 吉多巴多·蒙特费尔特罗

H

Hampton Court 汉普顿宫

Healing of the Possessed Man (Carpaccio)《治愈的疯子》（卡帕乔）

Hell《地狱》

Hermetic Corpus《赫姆提卡文集》

History of Florence (Francesco Guicciardini)《佛罗伦萨史》（弗朗西斯科·吉查尔迪尼）

History of Italy (Francesco Guicciardini)《意大利史》（弗朗西斯科·吉查尔迪尼）

History of the Florentine People《佛罗伦萨人的历史》

Holy Family (Leonardo)《圣母子与圣安妮》（莱昂纳多）

I

Il Cortegiano《朝臣》

Il Principe《君主论》

J

Jacopo Sansovino 雅各布·桑索维诺

Judith and Holofernes (Donatello)《朱迪思和霍洛芬斯》（多纳泰罗）

L

Last Supper (Leonardo)《最后的晚餐》（莱昂纳多）

Legend of the Holy Tree (Piero)《圣树传说》（皮耶罗）

Leonardo Bruni 莱昂纳多·布鲁尼

Leonardo da Vinci 莱昂纳多·达·芬奇

Leon Battista Alberti 利昂·巴蒂斯塔·阿尔贝蒂

Lorenzo Valla 洛伦佐·瓦拉

Lucrezia Borgia 卢克雷齐亚·博贾

Ludovico Ariosto 卢多维科·阿里奥斯托

M

Maesta《宝座圣母像》

第五章

第六章

Francis Stephen of Lorraine 洛林公爵弗朗西斯·斯蒂芬

Frederick Ⅱ of Prussia 腓特烈二世

G

Galileo Galilei 伽利略·伽利莱

Galleria Ambrosiana 安布罗西亚纳美术馆

Galli-Bibiena 加利-比比埃纳

Giacomo Girolamo Casanova 贾科莫·吉罗拉莫·卡萨诺瓦

Giacomo Quarenghi 贾科莫·夸伦吉

Giambattista Marino 吉安巴蒂斯塔·马里诺

Giambattista Tiepolo 吉安巴蒂斯塔·蒂波罗

Giambattista Vico 吉安巴蒂斯塔·维科

Gianantonio Guardi 吉安安东尼奥·瓜尔迪

Gian Lorenzo Bernini 吉安·洛伦佐·贝尔尼尼

Giordano Bruno 乔尔丹诺·布鲁诺

Giorgio Strehler 乔治·斯特勒

Giorgio Vasari 乔治·瓦萨里

Giovanni Antonio Canaletto 乔瓦尼·安东尼奥·卡纳莱托

Giovanni Antonio Pellegrini 乔瓦尼·安东尼奥·佩莱格里尼

Giovanni Battista Pergolesi 乔瓦尼·巴蒂斯塔·佩戈列西

Giovanni Battista Piranesi 乔瓦尼·巴蒂斯塔·皮拉内西

Giovanni Lanfranco 乔瓦尼·兰弗兰科

Giovanni Paisiello 乔瓦尼·帕伊谢洛

Giovanni Pietro Bellori 乔瓦尼·皮耶特罗·贝洛里

Girolamo Frescobaldi 吉罗拉莫·弗雷斯科巴尔迪

Giuseppe Luigi Lagrange 朱塞佩·路易吉·拉格朗日

Gottfried Leibnitz 戈特弗里德·莱布尼茨

Guarino Guarini 瓜里诺·瓜里尼

Guercino 圭尔奇诺

Guido Reni 圭多·雷尼

Gustavus Ⅲ 古斯塔夫三世

第七章

第八章

Giuseppe Soli 朱塞佩·索利

Giuseppe Valadier 朱塞佩·瓦拉迪耶

Giuseppe Verdi 朱塞佩·威尔第

Goffredo Mameli 戈弗雷多·马梅利

Grand Commertaire《大评论》

Guillaume Tell (Rossini)《威廉·退尔》（罗西尼）

H

Henriette Blondel 亨丽埃特·布隆德尔

Henry Brougham 亨利·布鲁厄姆

I

Iginio Ugo Tarchetti 伊吉尼奥·乌戈·塔切蒂

Il barbiere di Siviglia (Rossini)《塞维利亚的理发师》（罗西尼）

Il Conte di Car magnola (Manzoni)《卡马尼奥拉伯爵》（曼佐尼）

Il Crepuscolo《暮色》

Il marchese di Roccaverdina (Capuana)《罗卡维迪纳侯爵》（卡普阿纳）

I Lombardi all a prima crociata (Verdi)《伦巴第人在第一次十字军中》（威尔第）

Il Politecnico《米兰理工报》

Il Quarto Stato (Volpedo)《四分之一》（沃尔佩多）

Il Re Travicello (Giusti)《王日志》（古斯蒂）

Il tramonto della luna (Leopardi)《致月亮》（莱奥帕尔迪）

Il trovatore《游吟诗人》

I Malavoglia (Verga)《马拉沃利亚一家》（维尔加）

Imperial Chapel 帝国教堂

Inni Sacri (Manzoni)《圣歌》（曼佐尼）

Ippolito Caffi 伊波利托·卡菲

Ippolito Nievo 伊波利托·涅埃沃

I Puritani di Scozia (Bellini)《清教徒》（贝里尼）

I sepolcri (Foscolo)《墓地哀思》（福斯科洛）

L

La battaglia di Legnano《莱尼亚诺战役》

Manon Lescaut (Puccini)《玛侬·雷斯考特》（普契尼）

Massimo D'azeglio 马西莫·达齐格里奥

Mastro-don Gesualdo (Verga)《堂·杰苏阿多师傅》（维尔加）

Matthew Arnold 马修·阿诺德

Medardo Rosso 梅达多·罗索

Memorie (D'azeglio)《记忆》（达齐格里奥）

Mirandolina (Goldni)《女店主》（哥尔多尼）

N

Nabucco《拿布果》

Niccolo Paganini 尼科罗·帕格尼尼

Norma (Bellini)《诺尔玛》（贝里尼）

Novelle rusticane《乡村故事》

O

Otello《奥赛罗》

P

Palazzo Pitti, Florence 佛罗伦萨皮蒂公爵宫

Paolo Tosio 保罗·托西奥

Pasquale Poccianti 帕斯奎尔·波恰尼

Pelizza da Volpedo 佩里泽·达·沃尔佩多

Per la Liberazione d' Italia (Monti)《为了意大利的解放》（蒙蒂）

Piazza Beccaria 贝卡里亚广场

Piazza del Popolo 波波罗广场

Piazzale Michelangelo 米开朗基罗广场

Pietro Borsieri 彼得罗·博西埃里

Pietro Mascagni 皮埃特罗·马斯卡尼

Pincio Gardens 平西奥花园

R

Ricordanze della mia vita (Settembrini)《纪念我的生活》（塞特布里尼）

Ricordi di gioventi (Visconti)《年轻人的回忆》（维斯孔蒂）

Rigoletto《弄臣》

W

William Ewart Gladstone 威廉·尤尔特·格莱斯顿

第九章

A

Agostino Depretis 阿戈斯蒂诺·德普雷蒂斯

Aigues-Mortes 艾格斯–莫特斯

Alessandro Rossi 亚历山德罗·罗西

Alfredo Rocco 阿尔弗雷多·罗科

Andrea Costa 安德里亚·科斯塔

Anna Kuliscioff 安娜·库利西奥夫

Antonio Salandra 安东尼奥·萨兰德拉

Arturo Labriola 阿图罗·拉卜里奥拉

B

Banca Generale 兴业银行

Banca Romana 罗马银行

Benedetto Brin 贝尼代托·布林

Benito Mussolini 贝尼托·墨索里尼

C

Cabiria 《卡比里亚》

Camillo Olivetti 卡米洛·奥利维蒂

Camillo Prampolini 卡米洛·普兰波利尼

Canzoni d'Oltremare (Songs of Overseas) 《海外之歌》

Casse rurali 农村银行

Confederation of Labour 劳工联盟

Corriere della Sera 《晚邮报》

Count Gentiloni 根蒂罗尼伯爵

Credito Mobiliare 信贷银行

第十章

A

Adolf Hitler 阿道夫·希特勒

Antonio Gramsci 安东尼奥·葛兰西

B

Battle of Caporetto 卡波雷托战役

Bonifica integrale 土地复垦计划

C

Camicia Nera (Blackshirt) 黑衫军

Catholicism carries on the meeting 公教进行会

Corfu Island Incident (1923) 科孚岛事件（1923年）

E

Ethiopian War of Resistance against Italy 埃塞俄比亚战争

F

Fascism 法西斯主义

Francesco Nitti 弗朗西斯科·萨维里奥·尼蒂

G

Gabriele d'Annunzio 加布里埃尔·邓南遮

G. Salvemini G. 萨维米尼

H

Hague Conventions (1907)《海牙公约》（1907年）

L

Locarno Treaties《洛迦诺公约》

M

MVSN 法西斯民兵组织

P

Palmiro Togliatti 帕尔米罗·陶里亚蒂

Pius XI 庇护十一世

第十一章

Radiotelevi-sione Italiana (RAI) 意大利广播电视台

Rebel without a Cause 《无因的反叛》

Renato Guttuso 雷纳托·古图索

Re nudo 《裸之王》

Riso amaro (De Santis) 《艰辛的米》（德桑蒂斯）

Roberto Leydi 罗伯托·莱迪

Roberto Rossellini 罗伯托·罗西里尼

Rocco e i suoi Fratelli (Visconti) 《洛可兄弟》（维斯孔蒂）

Roma città aperta (Rossellini) 《罗马，不设防的城市》（罗西里尼）

S

Salò o le 120 giornate di Sodoma (Pasolini) 《索多玛120天》（帕索里尼）

Sandro Chia 桑德罗·基亚

Satyajit Ray 萨蒂亚吉特·雷伊

School of Barbiana 巴比亚纳学校

Sciuscià 《擦鞋童》

Sebastiano Vassalli 塞巴斯蒂安·瓦萨里

Sei personaggi in cerca d'autore (*Six Characters in Search of an Author*) 《六个寻找剧作家的角色》

Senilitd (Svevo) 《暮年》（斯韦沃）

Se questo è un uomo (Primo Levi) 《如果这是一个人》（普里莫·莱维）

Sidney Sonnino 西德尼·松尼诺

Silvio Berlusconi 西尔维奥·贝卢斯科尼

Socialist Party 社会党

Soffici 索夫维奇

Solaria 《日光浴室》

Steve Reeves 史蒂夫·里夫斯

T

The Bay of Naples 那不勒斯湾

The village of Gagliano 加里亚诺村

Ti con zero 《零》

第十二章

A

Alcide De Gasperi 阿尔契德·加斯贝利

Aldo Moro 阿尔多·莫罗

Amintore Fanfani 阿明托雷·范范尼

B

Bank of Italy 意大利银行

Bettino Craxi 贝蒂诺·克拉克西

C

Carlo Azeglio Ciampi 卡洛·阿泽利奥·钱皮

CGIL 意大利劳工总联合会

D

Democratic Left Party 民主左翼党

E

Emilio Colombo 埃米利奥·科隆博

ENI 埃尼集团

Enrico Berlinguer 恩里科·贝林格

F

Forza Italia 意大利力量党

G

Giovanni Leone 乔瓦尼·利昂纳

Giovanni Spadolini 乔瓦尼·斯帕多利尼

Giulio Andreotti 朱利奥·安德烈奥蒂

I

IRI 工业重建研究所

L

Lamberto Dini 兰贝托·迪尼

M

Maastricht Treaty 《马斯特里赫特条约》

激发个人成长

多年以来，千千万万有经验的读者，都会定期查看熊猫君家的最新书目，挑选满足自己成长需求的新书。

读客图书以"激发个人成长"为使命，在以下三个方面为您精选优质图书：

1．精神成长

熊猫君家精彩绝伦的小说文库和人文类图书，帮助你成为永远充满梦想、勇气和爱的人！

2．知识结构成长

熊猫君家的历史类、社科类图书，帮助你了解从宇宙诞生、文明演变直至今日世界之形成的方方面面。

3．工作技能成长

熊猫君家的经管类、家教类图书，指引你更好地工作、更有效率地生活，减少人生中的烦恼。

每一本读客图书都轻松好读，精彩绝伦，充满无穷阅读乐趣！

认准读客熊猫

读客所有图书，在书脊、腰封、封底和前勒口都有"**读客熊猫**"标志。

两步帮你快速找到读客图书

1. 找读客熊猫君

2. 找黑白格子

马上扫二维码，关注"**熊猫君**"

和千万读者一起成长吧！